2018年度河南省软科学研究项目:"中原崛起"战略背景下河南男子篮球职业化发展对策研究(182400410111)研究成果

中国男子篮球职业联赛改革研究

刘 岗 李艳华 著

人民体育出版社

图书在版编目（CIP）数据

中国男子篮球职业联赛改革研究／刘岗，李艳华著. -- 北京：人民体育出版社，2023（2024.10 重印）
ISBN 978-7-5009-6243-4

Ⅰ.①中… Ⅱ.①刘…②李… Ⅲ.①男子项目－篮球运动－联赛－研究－中国 Ⅳ.①G841.735

中国版本图书馆 CIP 数据核字（2022）第 235868 号

*

人民体育出版社出版发行
北京明达祥瑞文化传媒有限责任公司印刷
新 华 书 店 经 销

*

710×1000　16 开本　14 印张　246 千字
2023 年 12 月第 1 版　2024 年 10 月第 2 次印刷

*

ISBN 978-7-5009-6243-4
定价：62.00 元

社址：北京市东城区体育馆路 8 号（天坛公园东门）
电话：67151482（发行部）　　邮编：100061
传真：67151483　　　　　　　邮购：67118491
网址：www.psphpress.com

（购买本社图书，如遇有缺损页可与邮购部联系）

作者简介

刘岗，1980年出生，男，博士，副教授，2011年毕业于北京体育大学体育教育训练学专业，现就职于河南科技大学体育学院，研究方向为学校体育改革、体育赛事管理。工作期间共发表论文十余篇，主持省级课题1项、厅级课题2项，参与多项国家级、省级、厅级课题，个人研究成果获河南省教育厅科学研究一等奖1次、三等奖2次，全国体育科学大会二等奖1次。

李艳华，1977年出生，女，博士，讲师，2009年毕业于北京体育大学体育人文社会学专业，现就职于河南科技大学体育学院，研究方向为体育管理、体育史。工作期间共发表论文4篇，主持完成国家社科基金一般项目1项，参与多项国家级、省级、厅级课题，个人研究成果获河南省教育厅科学研究二等奖1次。

前言

中国男子篮球职业联赛于 1994 年正式启动，随着我国经济体制的改革和体育综合实力的不断提升，中国职业体育发展环境也在逐渐改善，在中国男子篮球职业联赛近 30 年的发展进程中，各项改革文件、纲领及制度相继破土而出、开花结果，中国男子篮球职业联赛也已度过最初的稚嫩期，逐渐茁壮。2017 年 3 月 31 日，国家体育总局办公厅下发《关于篮球改革试点有关事项的通知》，标志着我国男子篮球职业联赛进入改革的关键时期。之后，我国男子篮球职业联赛进行了大刀阔斧的改革，联赛的影响力得到进一步提升。但同时，改革中也出现过阵痛，如部分俱乐部、运动员因不适应改革从而暂离或者长期离开我国男子篮球职业联赛等，成为联赛发展成长中的遗憾。因此，回顾中国男子篮球职业联赛发展改革进程，总结经验及教训，并在此基础上挖掘探索我国男子篮球职业联赛发展的特色道路，便成为一项值得研究的重要课题。

本书以 1995—2021 赛季中国男子篮球职业联赛改革发展为研究对象，主要运用文献资料法、历史研究法、专家调查法、数理统计法、逻辑分析法对联赛发展过程中的各种赛制改革措施、运动员管理制度改革措施、裁判员管理制度改革措施、俱乐部相关管理制度改革措施等内容进行分析讨论。研究时间节点截至 2020—2021 赛季结束，对于 2021—2022 赛季，由于处在新冠肺炎疫情防控的特殊时期，其所实行的赛制、空场比赛等特殊制度的普遍适用性需待观察，因此本书没有将其纳入研究范围之内。

本书共分为五章。

第一章为导论。本章对研究目的、研究对象和方法、研究思路及框架、研究重点和难点等进行说明，明确本书的研究背景。

第二章为中国男子篮球职业联赛历史回顾。本章将 1995—2021 赛季的中国男子篮球职业联赛依照时间线索划分为联赛初创期（1995—2004 年）、改革探索期（2005—2016年）和改革深化期（2017—2021年）三个阶段，详细介绍每一阶段联赛的基本情况、发展中遇到的问题和改革措施，并对三个阶段的改革进行评述，从而展示中国男子篮球职业联赛整体发展概况。

第三章为中国男子篮球职业联赛赛制改革研究。本章主要内容包括参赛队伍历史沿革、比赛时间和比赛场次历史沿革、竞赛种类和竞赛方法改革，通过分析现有赛制方案措施，探索未来优化赛制、提升比赛质量的改革策略。

第四章为中国男子篮球职业联赛球员和裁判员管理制度改革研究。本章主要以国内球员和外援的管理制度为主要研究对象进行研究：在国内球员方面，从注册、选秀、聘用、交流、工资帽制度等方面展开探讨；在外援方面，从引入、使用、管理制度等方面展开分析。同时，针对球员管理制度的实施背景及对球员的影响进行评述，进而探索未来实现球员、俱乐部、联赛公司三方协调发展的球员管理改革方案。

第五章为中国男子篮球职业联赛俱乐部发展改革研究。本章从俱乐部的概况入手，并从俱乐部分布的地域演变、俱乐部经营改革、俱乐部文化建设等方面的改革展开，力图探索适合我国篮球俱乐部健康发展的模式。同时，对在中原地区增设中国男子篮球职业联赛俱乐部的可行性和必要性也进行了初步的分析和论证。

本书的研究创新：一是在资料的收集和整理上，本书对1995—2021赛季我国男子篮球职业联赛发展改革中的各项规章、政策进行最大限度的挖掘、整理、分析，因此在研究资料的完整性和连贯性方面，较前人研究有所推进，具有一定的创新性。二是在研究的框架及视角上，本书基于产品三层次理论，即将我国男子篮球职业联赛产品划分为核心产品、有形产品及延伸产品三个层面，在此基础上探寻各个层面相关要素的改革举措，并由此构成本书的整体思路及框架，具有一定的创新性。

本文的研究不足：一是受新冠肺炎疫情影响，作者出行不便，无法进行实地调研；二是由于作者能力所限，在研究深度和广度上有待进一步提升；三是中国男子篮球职业联赛近两个赛季均实行了空场制，使得对于现场观众方面的调查也无法进行。这些都对本书的深入研究产生了一定影响。针对上述问题，作者将在条件具备时，继续深入挖掘，努力开展后续研究。

目录 CONTENTS

第一章 导论 ... 001
第一节 研究目的 ... 001
第二节 研究对象和方法 ... 002
一、研究对象 ... 002
二、研究方法 ... 002
第三节 研究思路及框架 ... 003
第四节 文献综述 ... 004
一、中国男子篮球职业联赛赛制改革方面的研究 ... 004
二、中国男子篮球职业联赛球员管理方面的研究 ... 006
三、中国男子篮球职业联赛俱乐部发展方面的研究 ... 008
第五节 研究重点和难点 ... 008
一、研究重点 ... 008
二、研究难点 ... 008

第二章 中国男子篮球职业联赛历史回顾 ... 010
第一节 中国男子篮球职业联赛初创期（1995—2004年）... 011
一、探索时期（1995—1997年）... 011
二、快速发展时期（1998—2004年）... 014
三、中国男子篮球职业联赛初创期评述 ... 018
第二节 中国男子篮球职业联赛改革探索期（2005—2016年）... 020
一、改革过渡时期（2004—2005年）... 020
二、改革推进时期（2006—2008年）... 023
三、改革稳定时期（2009—2016年）... 026

四、中国男子篮球职业联赛改革探索期评述 ……………………… 030
　第三节　中国男子篮球职业联赛改革深化期（2017—2021 年）……… 032
　　一、比赛基本情况 ………………………………………………… 033
　　二、发展中遇到的困难 …………………………………………… 033
　　三、改革措施 ……………………………………………………… 035
　　四、中国男子篮球职业联赛改革深化期评述 …………………… 037

第三章　中国男子篮球职业联赛赛制改革研究 ………………… 039
　第一节　参赛队伍历史沿革 ………………………………………… 039
　　一、参赛队伍历史回顾 …………………………………………… 039
　　二、参赛队伍历史沿革评述 ……………………………………… 042
　第二节　比赛时间和比赛场次历史沿革 …………………………… 043
　　一、比赛时间和比赛场次的历史回顾 …………………………… 043
　　二、比赛时间和比赛场次的历史沿革评述 ……………………… 046
　第三节　竞赛种类和竞赛方法改革 ………………………………… 047
　　一、竞赛种类简介 ………………………………………………… 047
　　二、竞赛方法历史回顾与分析 …………………………………… 049
　　三、竞赛方法改革评述 …………………………………………… 061

第四章　中国男子篮球职业联赛球员和裁判员管理制度改革研究 … 073
　第一节　国内球员管理制度改革 …………………………………… 073
　　一、球员注册制度改革 …………………………………………… 073
　　二、球员选秀制度改革 …………………………………………… 079
　　三、球员聘用制度改革 …………………………………………… 092
　　四、球员转会制度改革 …………………………………………… 102
　　五、球员工资帽制度改革 ………………………………………… 116
　第二节　外援管理制度改革 ………………………………………… 120
　　一、外援引入方式回顾与分析 …………………………………… 120
　　二、外援使用方式回顾与分析 …………………………………… 122
　　三、外援管理方式回顾与分析 …………………………………… 130
　　四、外援管理制度改革建议 ……………………………………… 134

第三节　裁判员管理制度改革 …………………………………… 137
　　　一、中国男子篮球职业联赛裁判员管理制度背景 ……………… 137
　　　二、管办分离后中国男子篮球职业联赛裁判员管理制度改革回顾与分析 … 138
　　　三、中国男子篮球职业联赛裁判员管理制度改革评述 ………… 144

第五章　中国男子篮球职业联赛俱乐部发展改革研究 ………… 150
　　第一节　中国男子篮球职业联赛俱乐部简介 …………………… 150
　　　一、中国男子篮球职业联赛退出俱乐部或球队回顾与分析 …… 150
　　　二、中国男子篮球职业联赛现有俱乐部简介 …………………… 153
　　第二节　中国男子篮球职业联赛俱乐部地域演变分析 ………… 155
　　　一、俱乐部空间分布特征 ………………………………………… 155
　　　二、俱乐部主场城市选择特征 …………………………………… 158
　　　三、中部地区建立中国男子篮球职业联赛俱乐部的可行性分析 … 160
　　第三节　中国男子篮球职业联赛俱乐部经营改革 ……………… 168
　　　一、俱乐部产权改革回顾与分析 ………………………………… 169
　　　二、俱乐部盈利能力分析 ………………………………………… 178
　　　三、俱乐部盈利模式评述 ………………………………………… 185
　　第四节　中国男子篮球职业联赛俱乐部文化建设改革 ………… 187
　　　一、俱乐部物质文化建设 ………………………………………… 188
　　　二、俱乐部制度文化建设 ………………………………………… 198
　　　三、俱乐部精神文化建设 ………………………………………… 203

主要参考文献 ………………………………………………………… 207

附　录 ………………………………………………………………… 209

第一章 导 论

第一节 研究目的

　　1895 年篮球运动自西方传入中国，因其规则简单、对场地要求不高且集趣味性与健身性于一体，很快受到我国人民的喜爱，成为人们体育锻炼和娱乐休闲的重要选择。根据最新的调查结果显示，全国 6~65 岁人口中，参与篮球运动的人口比例为 10.9%，将篮球作为主要体育运动的人口比例为 6.7%，这一数据在所有球类项目中居首位，在所有体育运动中位于前列[1]。我国篮球运动的普及与中国男子篮球职业联赛的开展有着密切关系，中国男子篮球职业联赛于 1994 年正式启动，当时只有 8 支球队参赛，故被称为"八强赛"。随着我国经济体制的改革和体育综合实力的不断提升，中国职业体育发展环境也在逐渐改善。时至今日，在经历了近 30 年的改革发展后，中国男子篮球职业联赛已经成为国内著名的职业体育联赛，这其间联赛所颁布的各类改革方案及所实施的各项改革举措则成为联赛发展进程中的里程碑。基于此，本书旨在回顾并梳理中国男子篮球职业联赛改革过程中的各项政策、规定及相关文件，并对其实施后的现实效果进行分析和总结，以期归纳出联赛改革发展的特点及运行机制，并挖掘出影响联赛改革发展的各要素，从而为联赛未来更好的发展提供参考。

　　探讨分析中国男子篮球职业联赛改革进程的历史沿革及各项措施，找出其成功和不足之处，提出对于联赛改革发展的建议，对于联赛的健康发展有着重要的现实意义。目前，我国男子篮球职业联赛处在深化改革管办分离后的特殊时期，各种方针政策也处于探索阶段，本书对于联赛未来相关政策的制定具有理论援引

---

[1] 中国篮球运动发展研究课题组. 中国篮球运动发展报告（2021）：总体特征与多元价值认知 [M]. 北京：社会科学文献出版社，2021.

价值。另外，尽管本书的研究对象是中国男子篮球职业联赛的改革发展，但对于我国其他体育项目职业联赛的发展也有着一定的借鉴意义，因此对于我国职业体育联赛的整体发展具有一定的启发作用。

第二节　研究对象和方法

一、研究对象

本书以1995—2021赛季中国男子篮球职业联赛改革发展为研究对象，具体内容涉及各种赛制改革措施、运动员管理制度改革措施、裁判员管理制度改革措施、俱乐部管理制度改革措施等。

二、研究方法

（一）文献资料法

通过中国知网、中国硕博士优秀论文库、万方等网络期刊数据库及河南科技大学大学图书馆，对"篮球联赛""CBA""中职篮""联赛公司""俱乐部""外援""改革"等关键词进行搜索、查阅，分析和归纳前人对我国男子篮球职业联赛改革的相关研究，为本书奠定理论基础。同时，通过中国男子篮球职业联赛官方网站查阅并整理出1995—2021赛季发布的各项通知公告，为本书提供科学支撑。

（二）历史研究法

立足史料，通过研究中国男子篮球职业联赛成立至今所出现的有较大影响力的事件，分析不同历史时期相关主管部门制定的各项规章制度对联赛产生的影响，对不同时期联赛发展改革措施形成的原因进行剖析，探寻影响联赛发展的因素，进而寻求联赛未来改革的可能性。

（三）专家调查法

就我国男子篮球职业联赛改革发展相关问题，对中国篮球协会相关工作人员，北京体育大学、天津体育学院、南京体育学院、武汉体育学院、河南科技大学等高校从事体育产业、体育管理方面的相关专家、学者进行访谈，为本书提供丰富的具有科学性、专业性的资料。

（四）数理统计法

通过中国男子篮球职业联赛官方网站，搜狐体育、新浪篮球数据库等网站查阅并整理出中国男子篮球职业联赛1995—2021赛季相关球队、球员数据，用Microsoft Excel等软件进行统计学处理，并将结果进行分析总结，为本书提供数据支撑。

（五）逻辑分析法

通过归纳整理近30年来中国男子篮球职业联赛发展历程中的各项规章政策，结合同时期联赛发生的重要事件，找出影响联赛发展的因素，并针对问题，努力探索我国男子篮球职业联赛未来改革策略。

第三节 研究思路及框架

职业体育比赛作为一种产品，有其特殊之处。首先，观众观看（购买）的是比赛本身；其次，观众所追求的是观赛所带来的身心享受；最后，观众在观看比赛时，还能感受到比赛场地的设施、球队文化、现场解说、啦啦队表演等延伸产品的服务。上述三个方面与产品三层次理论不谋而合。

产品三层次理论由世界营销之父菲利普·科特勒提出，包括核心产品层次、有形产品层次和附加产品层次。其中，核心产品是最基本、最主要的部分，能够实现消费者购买时追求的效用和利益，是顾客真正要买的东西；有形产品包括质量、式样、特征及包装等，涉及产品外观呈现形式的内容；附加产品指消费者购买产品时获得的在实体产品以外的相关附加利益。产品三层次理论提出后，被广泛应用于对不同行业产品的分析上[1]。

因此，以产品三层次理论对中国男子篮球职业联赛这一产品进行分析，发现联赛所提供的核心产品是观众观看比赛所获得的身心享受，有形产品即为比赛活动本身，其所提供的附加产品则是与比赛相关的周边，如比赛氛围、场地设施、

---

[1] 吴晓宇. 产品整体概念视角下的中国IP电影产品优化研究［D］. 济南：山东大学，2020.

赛场解说，甚至是球队文化及啦啦队等，而与这三者紧密相连的各要素便成为关系联赛产品质量的各要素，也成为本书的主要研究视角。首先，对于核心产品而言，由于观众观赛所带来的身心享受与球员的竞技水平密切相关，因此有关球员竞技能力的提高和管理方面的改革便成为本书的研究视角之一，主要内容涉及国内外运动员注册、选秀、交流、合同工资等方面。其次，对于有形产品而言，由于比赛的举行很大程度上取决于赛制，因此赛制管理方面的改革便成为本书的研究视角之二，主要内容包括夏季联赛、季前赛、常规赛等相关制度的改革。最后，鉴于附加产品涉及与比赛相关的一切周边，因此，除了上述视角内容的其他相关内容的改革则构成本书的研究视角之三，主要内容包括联赛品牌运营及俱乐部管理等方面。具体框架如图 1-1 所示。

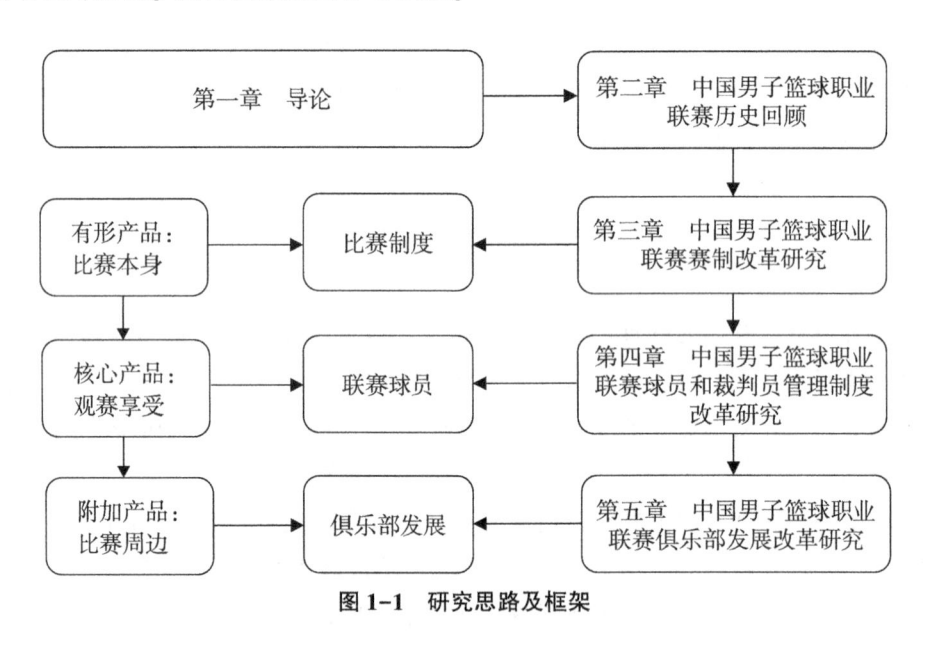

图 1-1 研究思路及框架

第四节 文献综述

一、中国男子篮球职业联赛赛制改革方面的研究

（一）夏季联赛方面的研究

有关中职篮（中国男子篮球职业联赛，也称 CBA）夏季联赛方面的研究不

是很多，李昊对2018年CBA夏季联赛的参赛队伍、赛制等方面进行了研究，认为赛事以篮球为媒介，通过积极搭建体育文化交流平台，有效促进了海峡两岸球队的学习与交流，进而增强了彼此在经济、体育、文化等领域的合作与互动[1]。

（二）赛制改革方面的研究

在研究思路方面，已有研究多从竞赛种类与竞赛制度、竞赛时长与竞赛场次、球队数量与地域分布、裁判员制度、球员选拔、外援制度等方面探讨CBA改革，并且从公正性、观赏性、均衡性、健康性、独特性五要素对联赛赛制改革目标进行评价，这些思路均值得本书借鉴。如盛保桦梳理了1995—2018年共23个赛季CBA的发展历程，并对上述几个方面进行了探讨[2]，对于推动CBA的可持续发展具有一定的指导意义。姚健则以2014—2015赛季CBA中存在的主要问题为切入点，对联赛竞赛制度改革的目标进行了总结与提炼，进而提出了实现目标的保障措施，主要包括发动机制、依托基点、推进方式、动力支持、运行机制等[3]，以上内容均为本书提供了研究基础。

在研究内容方面，已有学者研究的未竟部分也成为本书继续探索的方面，如本书将探讨外援和国内球员和谐共存的改革模式。另外，由于本书所需资料的时效性，已有研究者大多针对2016—2017赛季及之前的赛季进行分析，对2017—2018赛季及之后的研究较少涉及，而这部分又是中国篮球协会管办分离，CBA公司获得授权拥有办赛权、商务权后的重要改革时期，因此本书将对此进行大力补充。同时，鉴于管办分离是我国男子篮球职业联赛发展的一个重要改革时间分界点，因此本书也将对之后的改革措施进行着力分析，并探索进一步改革和提升的可能性。

（三）全明星赛方面的研究

该类研究针对性较强，特别是针对全明星比赛的赛制不足之处提出了改进举措，如赛事常规赛半程举办、队员选拔办法优化、开幕式内容精简、比赛项目创新、球星访谈完善、社会公益活动拓展等[4]，上述有些举措已经在现实中得以

---

[1] 李昊.2018CBA夏季联赛暨海峡两岸长三角职业篮球俱乐部挑战赛开赛[J].台声，2018（16）：91.
[2] 盛保桦.CBA联赛赛制发展现状研究[D].长沙：湖南师范大学，2019.
[3] 姚健.CBA联赛竞赛制度改革的目标分析与保障路径[J].沈阳体育学院学报，2016，35（6）：22-28.
[4] 姚健.CBA全明星周末赛制改革优化研究[J].成都体育学院学报，2016，42（3）：55-60，95.

实施。同时，也有学者立足史料，如李娟、商光昊对 CBA 全明星周末的发展历程进行分阶段研究，归纳其特点并提出改进措施[1]。本书将力图在已有研究的基础上，结合国内当前新冠肺炎疫情特殊时期的特殊背景，进一步挖掘并力图周全考虑，探寻更为合理的全明星赛的改革措施。

二、中国男子篮球职业联赛球员管理方面的研究

(一) 球员转会方面的研究

在研究内容上，已有研究涵盖联赛转会制度、联赛品牌运营等方面，且有关联赛转会制度、裁判员职业化改革方面的建议已经在 2018 年以后 CBA 公司进行的联赛改革中有所体现，证明了已有研究的卓然成效。本书将根据现行的转会制度，结合案例，从俱乐部、球员双方出发，继续探寻合理的有关球员转会、裁判员职业化等措施。在研究工具上，有学者运用交叉学科理论，解释我国篮球职业联赛运动员转会制度，如辛松和通过俱乐部与运动员之间委托代理的混合策略博弈分析，提出通过事前、事中、事后不同时期改革的具体路径[2]，这一点拓宽了本书的研究视角。在研究方法上，已有研究采用对比研究法，对比 CBA 和 NBA（美国职业篮球联赛），这给本书以启发，本书拟在相关问题的讨论上，结合我国实际，借鉴 NBA 相关举措，继续探索未来可行的各项改革措施。

(二) 球员选秀方面的研究

该类研究在研究方法上多使用数理统计法对研究对象进行科学量化，对于不同群体的新秀表现进行量化分析，结论具有较强的说服力。如牛维娜收集 2015—2019 年 CBA 选秀人员的信息并分析选秀群体中大学生球员与青年俱乐部球员的进攻能力与防守能力，进而找出两者之间的差距，并提出合理建议[3]，为今后大学生球员参加选秀提供理论参考。本书对于新秀运动员的表现也将采用数据统计的方法进行分析，以增强研究的科学性。在研究内容上，已有研究也较为全面，有学者全面客观地分析了 CBA 选秀制度所涉及的各个方面，甚至提出扩大

---

[1] 李娟，商光昊. CBA 全明星周末发展历程回顾 [J]. 辽宁体育科技，2020，42 (5)：30-33，43.
[2] 辛松和. 基于俱乐部、运动员委托代理的我国职业篮球运动员转会制度研究 [J]. 西安体育学院学报，2018，35 (2)：157-163.
[3] 牛维娜. 对 CBA 联赛选秀大学生球员的研究与分析 [J]. 安徽体育科技，2020，41 (3)：91-95.

CBA选秀的范围[1],具有较强的启发性,这为本书开阔了思路。本书将结合最新的选秀制度,进一步分析探索CBA新秀的新来源及选秀新模式。在研究对象上,前人研究认为大学生球员是CBA新秀主要群体,本书也拟对该群体的选秀措施进行重点分析,并争取提出关于选秀的优化策略。

(三) 工资帽方面的研究

工资帽制度是2020—2021赛季推出的约束俱乐部、球员工资的重要制度,关于工资帽的研究无论是从理论工具还是学理根基上都为本书提供了参照。杨杰、冯鑫采用SWOT管理学理论,对于工资帽的优势、劣势、机遇和威胁进行了全面论述[2],而中国政法大学学者徐伟康从法理学角度对于"限薪令"进行了客观分析[3],为"限薪令"的实施提供更为专业的意见参考,本书将在上述研究基础上,进一步探讨保障"限薪令"实施效果的可能措施。

(四) 外援管理方面的研究

CBA外援的科学使用一直是体育领域较为关注的研究问题,如何正确、有效地使用外援,且不过于依赖外援提升俱乐部成绩是需要认真思考、解决的现实问题。已有研究在内容上主要集中在外援引用模式、外援联赛发挥、外援组合模式优化及外援流动等方面。另外,已有研究提到的诸如加强外援引用细节管理、外援政策要兼顾多个群体的权益诉求等举措具有一定的创新性,值得借鉴,如王清梅、陈彦、赵文男等人围绕外援流动的原因、迁移与引进模式、职业生涯、转会市场及对俱乐部战绩、传播效能、竞争平衡、观众需求等方面的影响展开探讨[4]。本书将在此基础上,就外援管理效果、外援与本土球员的合作优化模式及多方权益诉求等方面继续深入挖掘。同时,本书将对外援流动进行梳理统计,力图在数理统计的分析上探究适合俱乐部建设的外援流动改革措施。

---

[1] 蔡林杰. CBA联赛选秀制度研究 [D]. 武汉:武汉体育学院,2021.
[2] 杨杰,冯鑫. CBA联赛工资帽制度的SWOT分析 [J]. 哈尔滨体育学院学报,2021,39 (5):68-74,81.
[3] 徐伟康,田思源. 我国职业体育"限薪令"的法律困境及优化路径 [J]. 体育学研究,2020,34 (1):69-76,86.
[4] 王清梅,陈彦,赵文男,等. 中国职业篮球联赛外援流动特征及影响价值的实证研究 [J]. 沈阳体育学院学报,2017,36 (3):104-112.

三、中国男子篮球职业联赛俱乐部发展方面的研究

该类研究重点关注俱乐部的文化运营，同时指出球迷对于俱乐部运营的作用。将球迷感受引入俱乐部建设中，不失为俱乐部改革发展的有益尝试。任康龙认为，经过长期发展，CBA 已经取得了丰硕的改革成果，但依旧可以通过球迷、俱乐部、其他有关主体共创行为来促进联赛服务生态系统健康持续发展[1]。文化建设是俱乐部发展改革的重要内容，也是 CBA 延伸产品的重要依托，是联赛产品附加值部分，在该方面，赵述强、汪作朋、韩重阳从 CBA 俱乐部文化体系内涵入手，对俱乐部文化体系建设中存在的问题进行剖析，认为成绩主导思想、主体地位缺失、运行机制不健全及球迷文化薄弱是制约俱乐部文化体系建构的关键[2]。本书将采用文化的三层次理论，从物质、制度、精神三个层次分析未来俱乐部文化建设的改革策略。除此以外，本书还将对俱乐部的地域演变进行探索，并对中原地区设立新的篮球俱乐部必要性、可行性进行论证，同时对目前 CBA 俱乐部经营情况进行探讨，以期提出未来改革的进一步对策。

第五节 研究重点和难点

一、研究重点

一是分析中职篮赛制改革发展过程中的成功和不足，进一步探索能够激励球队力争上游的赛制制度；二是针对现行的球员管理制度进行分析，探索进一步规范和激励运动员提高竞技水平、合理流动及全力参赛的方案策略；三是针对目前俱乐部分布现状，探索中原地区设立篮球俱乐部、进而加入中国篮球职业联赛的可能性。

二、研究难点

一是由于中职篮自身发展所涉及要素较多，如中国篮球协会、俱乐部、球

---

[1] 任康龙. 球迷价值、主观幸福感、价值共创行为与 CBA 俱乐部治理：基于服务主导逻辑的 SEM 实证分析 [D]. 太原：山西财经大学，2021.

[2] 赵述强，汪作朋，韩重阳. 我国职业篮球俱乐部文化体系建设的困境、构思与策略 [J]. 哈尔滨体育学院学报，2022，40（1）：15-21.

员、赞助商、媒体等，这决定了各要素之间的彼此关系也较为复杂，因此在评述中职篮改革发展时，对于各要素之间关系的探讨也势必会有一定的难度。二是由于我国男子篮球职业联赛发展并非一项孤立的体育事业，而是与社会政治、经济、文化等外部要素紧密相连的文化产物，因此在对其进行改革评述时，需结合我国现阶段社会背景及我国职业联赛发展的整体环境而论，特别需考虑当前国内疫情及疫情防控等特殊时期下的特殊背景，这是本书的又一难点所在。

第二章 CHAPTER 02
中国男子篮球职业联赛历史回顾

1994年,是邓小平南巡讲话后的第三年,中国的经济体制正逐步由计划经济向市场经济转变。就在这一年,代表中国顶尖水平的国家男女篮在世界大赛中均取得骄人成绩,男篮第一次进入世锦赛前八名,女篮再次夺得世界大赛的第二名。但此时的中国篮球由于受金牌战略的影响,还没有完全渡过"冬眠期",专业队经费短缺,赛会制的全国联赛场面冷清,篮球人才青黄不接。

面对这一局面,1994年12月20日至21日,中国篮球协会(以下简称中篮协)根据国家体委积极进行训练体制和运行机制改革的精神,在北京召开了全国篮球训练竞赛工作会议。时任中国篮协常务副主席兼秘书长的杨伯镛在全国篮球竞赛训练工作会上郑重宣布:1995年全国男篮甲级联赛将实行主客场、跨年度的新赛制。杨伯镛还在会上说:"今后三年甲级球队将向俱乐部制转变,逐步进行篮球职业化初级阶段的探索。"为了确保1995—1996赛季中国男子篮球甲A联赛的顺利进行,中国篮协决定在1995年2月推出男篮甲级八强赛暨开创季的比赛。

从1995—2021赛季,中职篮(中国男子篮球职业联赛,也称CBA)共进行了26个赛季。其中,1995—2004赛季称之为中国男子篮球甲A联赛(以下简称甲A联赛);2004—2005赛季开始,时任国家体育总局篮球运动管理中心(以下简称篮管中心)主任的李元伟提出"北极星计划",中职篮进入新的时期。2016年,在中国篮协主席姚明的倡导和牵头下,中篮联(北京)体育有限公司(CBA公司)成立,标志着中职篮朝着管办分离迈出重要一步。因此,本章将1995—2021赛季的中职篮划分为三个阶段进行回顾,以期对中职篮的发展有相对完整的了解。

第一节　中国男子篮球职业联赛初创期（1995—2004年）

一、探索时期（1995—1997年）

（一）比赛基本情况

1994年是中国经济体制改革迈出关键性步伐的一年，也是加强和改善宏观调控进一步取得成效的一年，宏观调控体系的基本框架初步确立，宏观经济环境有了改善，整个经济在回落中保持快速增长，运行状况基本平稳。在稳定的社会环境中，人们有更多时间来观看体育比赛。在此背景下，中国男子篮球甲级队八强赛（以下简称八强赛）于1995年2月5日至4月9日举行，8支队伍参赛，拉开了中职篮的序幕。虽然八强赛由于参赛球队较少，赛程较短而存在一定遗憾，但它对于以后全新赛制的中国男子篮球甲A联赛的诞生起到了营造球市、吸引球迷、推波助澜的巨大作用。

八强赛是中国男子篮球第一次实施主客场双循环的联赛，是在专业体制中发展近30年的中国男子篮球改革迈出的第一步，是中国男子篮球竞赛改革的一项重大举措，揭开了中国男子篮球职业化开展的序幕。八强赛的举行，得到了国内众多媒体及境外主要通讯社和媒体的关注。中央电视台和各地方电视台每轮都进行现场直播；法新社、美联社及国际篮联机关刊物等都对该赛事进行了报道。

有了八强赛的经验，中国篮协更有信心将中职篮继续办下去。相继顺利举办了1995—1996赛季、1996—1997赛季中国男子篮球甲A联赛。参赛队伍由8支增加到了12支，比赛场次也随之大大增加。同时，观众的观赛热情不断升温，1995—1996赛季154场比赛共有观众50万人次，平均每场3200多人；1996—1997赛季场均达到3500人[1]，说明当时的篮球联赛得到国人的广泛认可。另外，为了获得更好的成绩，俱乐部开始引入外援，1995—1996赛季，浙江松鼠中欣队聘请了乌兹别克斯坦运动员米哈依尔·萨芬科夫，他也成为中国男子篮球甲级联赛外籍球员第一人；1996—1997赛季共有7支球队先后聘请了15名外籍

---

[1] CBA风雨十年. 中国男子篮球甲A联赛十年权威史料：连载一[J]. 篮球，2005（8）：47-55.

球员,他们的到来大大提升了联赛的观赏性和吸引力,推动联赛不断前进。为增加球员与观众的互动,在1995年八强赛结束后,中国篮协在上海体育馆隆重举办了首次篮球明星对抗赛,有万名观众到现场观看了比赛,首届篮球明星对抗赛的辐射作用远远超出了比赛本身,进一步拉近了比赛与观众的距离。1996—1997赛季开始,全明星赛改为全明星周末,时间增加,内容也更为丰富,并且一直延续至今。

(二) 发展中遇到的困难

1. 参赛球队数量较少,军队系统居多

1995年的八强赛有8支队伍参加,且3支队伍为军旅球队。到了1996—1997赛季,队伍增加到了12支,但军旅球队仍为主体。作为国家级别的篮球联赛,参赛队伍数量直接决定了其影响力,12支球队数量稍显不足。

2. 规章制度不够完善

甲A联赛建立初期,一切都是在探索中进行,对于比赛赛区、运动员、观众的管理制度不够完善。因此,部分比赛中出现过参赛队伍为达到特殊目的而消极比赛的情况,也发生过球迷因支持的主队输球而与客队球员发生冲突的事件,还出现过个别运动员违规参赛的情况。虽然这些行为都受到了相应的处罚,但仍对联赛的发展带来了负面影响。

3. 联赛缺少商业运作

由于体育赛事的运作需要花费大量的资金,而企业也希望借助大型体育赛事的关注度提升自身影响力,因此,在体育赛事中进行企业的商业推广是常见的企业营销策略。作为当时唯一的全国性篮球赛事,甲A联赛有着广泛的影响力,但联赛初期还没有对商业运作进行系统规划,因此,对联赛进行商业运作也是一个急需解决的问题。

4. 比赛双方实力悬殊

1995—1996赛季,八一男篮是冠军,而且所有比赛均获得胜利,实力非常突出。1996—1997赛季,八一男篮继续保持优势,在第9轮输给辽宁猎人沈飞队之前,已经取得了48场比赛连胜的纪录(包括1995年的八强赛)。篮球比赛最精彩的莫过于双方势均力敌、紧咬比分,八一男篮的连胜现象一方面让球迷为部队篮球骄傲，另一方面也使得观看八一男篮的比赛失去悬念。比赛不激烈、没有悬念，也成为当时影响中职篮观赏水平的重要因素。

5. 升降级比赛的双重影响

1995—1996 赛季，甲 A 联赛便开始实行升降级制度，规定甲 A 联赛每赛季排名最后的两支球队降级到甲 B 联赛，甲 B 联赛排名前两位的球队升级进入甲 A 联赛。这种制度的明显优势就是可以保证比赛的精彩程度、增加球队的竞争意识。但是由于升降级制度只看重的是球队的战绩，所以导致一些竞技实力偏弱的球队为了保级、升级，甚至不惜采用不正当手段出现打假球的现象。

(三) 改革措施

1. 有关俱乐部、球员的规章制度不断建立

1996—1997 赛季，中国篮协本着"边探索、边总结、边立法、边完善"的指导思想，相继出台了《中国篮球协会俱乐部管理条例》《中国篮球协会俱乐部篮球队运动员转会管理条例》《中国篮球协会俱乐部篮球队运动员服役合同书》《中国篮球协会注册运动员及注册俱乐部篮球队标志的市场推广管理条例》《中国篮球协会竞赛管理办法》《中国篮球协会裁判员工作管理暂行办法》《中国篮球协会优秀篮球队注册、参赛暂行规定》等法规条例。这些法规性文件的出台，以篮球俱乐部建设为核心，对俱乐部的成立、发展和规范提供了依据，对运动员转会、仲裁等做出了规定，对运动员在俱乐部的合同期限、报酬、变更、解除、终止、争议处理等做出说明，进一步保障了运动员和俱乐部的合法权益。尤其是俱乐部建设，对各个队伍来说都是一种全新的尝试，虽然当时建立的俱乐部的性质和形式不同，但也是极大的进步，标志着我国篮球运动开始从计划经济向市场经济转化。

2. 探索商业运作模式

1995 年，中国篮协在国家体委"坚持正确方向，抓住有利时机，继续深化改革，发展体育事业"的精神指导下，与国际管理集团等外资合作，使 1995—1996 赛季的中职篮成为第一次被商业冠名的甲 A 联赛——555 篮球联赛，使用"555 中国男子篮球甲级联赛"作为联赛名称，体现了联赛的巨大影响力。当然，使用香烟品牌作为联赛赞助商并冠名也存在争议，体育比赛积极健康的形象可能会受到抽烟这一不良行为的削弱。但是，能在第一年就顺利与企业合作争取冠名

赞助，必将为今后冠名带来积极作用。到了 1996—1997 赛季，甲 A 联赛更换了赞助商，希尔顿作为著名酒店管理公司赞助了联赛，"1996—1997 希尔顿中国男子篮球甲级联赛"应运而生，这一称谓使得联赛名称更加规范，为联赛的进一步传播打下了基础。

二、快速发展时期（1998—2004 年）

1997—1998 赛季前，国家体育总局篮管中心正式挂牌成立，这是中国篮球的最高管理机构，也中国篮球管理体制的一项重大改革，形成了在国家体育总局宏观指导下，以篮管中心为核心、以篮球协会为组织网络的新的管理体制，实现篮球项目管理的集约化、系统化。甲 A 联赛也得到了快速的发展。

（一）比赛基本情况

1. 增加港澳台队伍

1997—2001 赛季甲 A 联赛球队一直保持在 12 支。2001—2002 赛季台湾新浪狮队加盟甲 A 联赛，这是甲 A 联赛首次吸纳来自我国港澳台地区的球队，在历史上有着突破性的意义，最终，台湾新浪狮队名列该赛季的第 8 名。2002—2003 赛季，香港飞龙队登陆甲 A 联赛，参赛队伍达到 14 支，规模空前壮大，但该赛季常规赛结束之后，台湾新浪狮队和香港飞龙队因种种原因黯然退出。由此来看，甲 A 联赛的扩军之路需要谨慎前行。

2. 部队球队数量骤减

1995 年的八强赛军旅球队是主要构成球队。1998 年党中央宣布大裁军后，1997—1998 赛季保级成功的空军男篮解散，此时甲 A 联赛只剩下八一男篮和济南军区男篮，但是 1998—1999 赛季济南军区男篮在没有外援的情况下也遭降级。之后的几年也有部队球队升级进入甲 A 联赛，但成绩并不理想，往往一个赛季后便又被降级。从 2001—2002 赛季起，甲 A 联赛就只有八一男篮一支部队球队。

3. 多名球员加盟 NBA

1999 年 NBA（美国职业篮球联赛）选秀大会中，我国甲 A 联赛八一男篮球员王治郅被达拉斯小牛队于第 2 轮第 36 位选中，他是第 1 位进军 NBA 的亚洲球员。2002年2月27日，巴特尔在打完甲A联赛全明星赛之后前往丹佛，正式加盟NBA。2002年6月26日，姚明在NBA选秀中被休斯敦火箭队在首轮第1顺位选中，成为NBA历史上第1位没有美国篮球背景的状元秀。之后，他同火箭队签约，正式加盟NBA。姚明是继王治郅、巴特尔之后，第3位加盟NBA的中国球员。上述三人均是从甲A联赛走出去的优秀运动员。

4. 八一男篮的地位受到挑战

1995—1996赛季到2000—2001赛季的6个赛季中，八一男篮连续拿到了6个总冠军，可以说在甲A联赛没有对手。在2001—2002赛季的甲A联赛总决赛上，上海东方大鲨鱼队以3:1的总比分战胜八一双鹿电池队夺冠，使人们看到了战胜八一男篮的希望。2002—2003赛季，姚明加盟NBA，上海队实力骤减，八一双鹿电池队再次获得甲A联赛常规赛冠军，但在总决赛上，广东宏远药业队同样以3:1战胜八一双鹿电池队获得冠军。自此，八一男篮的地位受到挑战。

5. 比赛观赏性加强

1999—2000赛季的163场比赛中，至少一方得分超过100分的场次有108场，双方比分相差在10分以内的有54场、5分以内的有24场、3分以内的有3场，其中5分以内的场次比上赛季多出近一倍[1]。2000—2001赛季，双方得分均超过100分的场次共有31场，双方比分相差1分的场次有5场。2001—2002赛季，双方比分相差在10分以内的比赛有73场、5分以内的有37场，其中，总决赛有3场比赛在最后1分钟决出胜负，有3场比赛两队得分都在122分以上。2002—2003赛季，双方比分相差在10分以内的场次有79场、5分以内的有49场，常规赛结束时有8支球队积分相同[2]。上述数据表明，甲A联赛的比赛节奏加快，变化增多，观赏性增强，联赛的水平逐步提高，联赛形象塑造初见成效。

6. 增加电视直播，扩大影响力

2001—2002赛季，中国篮协将甲A联赛电视版权授权给中广网集中开发，这在联赛历史上是首次。该赛季的联赛在以往周三和周日晚间转播的基础上，又增加了周六下午的电视直播，从而使得联赛的受众急剧增长。2002—2003赛季，全

---

[1] CBA风雨十年 中国男子篮球甲A联赛十年权威史料：连载二[J]. 篮球，2005（09）：51-60.
[2] CBA风雨十年 中国男子篮球甲A联赛十年权威史料：连载三[J]. 篮球，2005（10）：48-58.

国有 20 多家电视台对联赛进行了直播、转播和重播。电视媒体的广泛宣传既是对甲 A 联赛的充分肯定，也是甲 A 联赛乃至中国男子篮球扩大影响力的有力手段。

（二）发展中遇到的困难

1. 联赛"停摆"危机

1999—2000 赛季前，北京奥神和前卫猎豹两家俱乐部突然向国家体育总局篮管中心提交了一个合并的方案，要求在占有两个甲 A 联赛名额的同时，完成强强联合，组成"前卫万燕奥神队"和"卫士万燕队"（后更名为"卫士亿安队"），该方案获得篮管中心同意。但另外 10 家俱乐部认为该方案对其他俱乐部很不公平，遂联名反对合并方案，双方各持己见，篮管中心坚持认可"合作"，后"纠纷"升级，10 家俱乐部联名上书国家体育总局，表示如果北京奥神俱乐部和前卫猎豹俱乐部合并，那么其他俱乐部将联合退出联赛。赛期迫近，甲 A 联赛面临"停摆"困境。最后，对立的各方都以大局为重，分歧得到了解决：北京奥神俱乐部和前卫猎豹俱乐部合并后将只被允许有一个队参加甲 A 联赛，空出的名额由湖北美尔雅俱乐部递补，这样当年的联赛才得以正常开赛。事后，篮管中心主任信兰成在总结时说，通过这事件，篮管中心也进行了深层次的思考，认为在篮球改革实践中还存在认识滞后、立法滞后的问题[1]。

2. 运动员注册权纠纷

2001—2002 赛季开始前，原北京奥神俱乐部球员马健在离开球队后，以自由球员身份加盟了上海东方大鲨鱼俱乐部。但开赛前，北京奥神与上海东方大鲨鱼两家俱乐部同时注册了马健，为了争夺马健，双方的官司打到中国篮协，鉴于两家俱乐部互不相让和马健问题本身的复杂性，篮管中心最后决定由三方自行解决。之后，马健一纸诉状将北京奥神队告上法庭，最终判决结果一拖再拖，马健成为受害者，其在 2001—2002 赛季无球可打。由于马健没有在中国篮协完成注册，官司整整两年才打完，因此马健耽误了运动员最宝贵的两年青春。从最后的法院判决来看，北京奥神俱乐部注册马健时提供的合同是一份虚假的拼凑合同，但就是在这种情况下，当时的中国篮协也认可了那份合同，存在监督不严的疏忽。

---

[1] 徐济成. 小团体与大联盟：关于前卫、奥神"合并、重组、更名"的思考 [J]. 篮球，1999（23）：18-19.

3. 商业开发模式不稳定

1995—2001 年，国际管理集团代理了联赛的商务运营权，为甲 A 联赛提供了较好的商业运作环境，但国际管理集团在 2001 年未能成功续约甲 A 联赛，在其退出之后，羊城报业集团成功地获得了未来 3 年甲 A 联赛的独家商业推广权。但风云突变，赛前不足两个月时，推广商羊城报业突然主动弃标，这对甲 A 联赛是一个严峻的考验。庆幸的是，篮管中心当机立断，决定自己推广包装联赛，并迅速制订了详细的招商方案，在一个半月的时间里完成了过去至少需要半年才能完成的一系列筹备工作。但该事件本身仍折射出甲 A 联赛商业运作模式的不稳定。

4. 球队申请加入和退出机制不完善

经过多次反复论证后，2001—2002 赛季、2002—2003 赛季甲 A 联赛分别迎来了台湾新浪狮队和香港飞龙队，这对联赛球队的扩充探索大有益处。但仅仅在 1~2 个赛季后，台湾新浪狮队和香港飞龙队两支球队便退出联赛，这样的大起大落，给联赛的发展带来了一定的负面影响。

（三）改革措施

1. 调整竞赛规则，增加比赛对抗性

为进一步增强比赛的竞争性和观赏性，中国篮协在竞赛办法上做出调整。1998—1999 赛季，采用 4×12 分钟比赛办法，将进攻时间 30 秒和过半场 10 秒分别改为 25 秒和 7 秒，同时首次采用三人制裁判员进行执裁。季后赛采用多场决胜制：1997—1998 赛季，以 3 战 2 胜或 5 战 3 胜的决胜制方式来决定季后赛各阶段的胜出者，常规赛名次靠前的球队多一次主场机会，促进了常规赛最后时段有关位次的争夺。为增加季后赛的时间和场次，扩大影响，2001—2002 赛季，季后赛的 1/4 比赛由 3 战 2 胜改为 5 战 3 胜制。为鼓励各队在预赛中力争好成绩，规定预赛前 4 名在决赛阶段可依名次挑选对手和位置，并规定预赛名次在前的队伍多安排 1 个主场。

2. 调整外援政策

1998—1999 赛季，中国篮协规定各支球队在一个赛季中最多允许引进 4 名外援，同时两名外援不能同时登场的规则作废，而是采用了 4 节 4 人次的新规定，并首次允许在赛季中途更换外援。2001—2002 赛季开始,中国篮协规定各支球队可以引进 2~3 名外援,但是比赛中最多允许两名外援上场,同时采用 4 节 5 人次的政策。

3. 实行倒摘牌制度

2002—2003 赛季,甲 A 联赛首次实行临时转会的国内球员公开摘牌的办法。在那次摘牌会上,龚松林、薛玉洋、朱东、张伟刚等 11 名优秀球员得以加盟甲 A 联赛,为联赛发展注入了动力,也为国内球员转会提供了新思路。

4. 为联赛创造时尚元素

2000—2001 赛季,甲 A 联赛首次发布主题曲——《相信自己》,并推出了联赛吉祥物。2002—2003 赛季,甲 A 联赛增加了新的时尚元素,围绕"时尚、动感、青春、健康"这一推广主题,确定了联赛主题曲,并组织了啦啦队,还安排了比赛现场互动等活动。

5. 探索新的职业化改革方案

2003 年 9 月,时任篮管中心主任李元伟亲自组织成立课题组和专题调研组,提出了甲 A 联赛的改革方案,该方案经数次论证之后,正式被命名为《中国职业篮球改革发展十年规划》,简称"北极星计划"。该计划全面借鉴 NBA、NFL(美国国家橄榄球联盟)和 NHL(国家冰球联盟)这些成功联赛的模式,包括改革赛制、招商计划和包装模式等,使得甲 A 联赛的职业化道路有了新的方向。

三、中国男子篮球职业联赛初创期评述

(一)中国男子篮球职业联赛初创期发展瓶颈的原因探讨

1. 市场经济的不成熟是主要原因

不难发现,中职篮在历经短短的探索期(1995—1997 年)后便进入快速发展期(1998—2004 年),这足以说明中职篮可观的市场接受度和不可估量的市场前景。中职篮诞生于中国计划经济向市场经济过渡时期,而中国的职业篮球俱乐部则是由原来计划经济体制下的专业篮球队改制而来,由中国篮协负责全面管理。在联赛发展初期,得到政府的悉心庇护和全面管制,且本身作为新生事物,

与市场的关联度尚低，故该期间发展较为平顺。随着联赛进入高速发展阶段，更依赖于各类市场要素的齐备及各要素之间的协调匹配，包括职业体育市场主体、市场客体、交易精神、交易规则、交易条件和市场媒介等。然而该时期中国整体市场经济尚处在试行阶段，职业体育市场更是处在摸着石头过河的探索期，因此，快速的发展在遇到各种理应配套的市场要素缺失时，各种弊端纰漏自然在所难免。如在联赛"停摆"事件中，北京奥神和前卫猎豹两个俱乐部向篮管中心提交所谓"强强联合"的申请及运动员注册纠纷一案中虚假合同的存在，其本质是市场公平精神和公平交易原则的缺失；而台湾新浪狮队和香港飞龙队的无奈退出则暴露出联赛相关市场机制的不完善。

2. 国家体育总局篮球运动管理中心的"计划制"包揽管辖是直接原因

篮管中心在中职篮发展中的"计划制"管辖亦是中国职业篮球发展初创期发展瓶颈的又一原因，只不过职业化体育市场经济的不完善掩盖了篮管中心"计划制"管辖所带来的弊端。所谓"计划制"管辖是指某些机械式、刻板化制度，以运动员马健注册纠纷为例，在致使其失业两年之殇的众因素中，篮管中心的审核不严是其中一个重要原因。从表面来看，诸多联赛风波是因为联赛发展的步伐已经超越了现行的管理和法规的范围，是实践走在了理论的前面，因此，需要加强对于联赛发展的各项理论研究和计划规范。然而，再事无巨细的计划与理论在瞬息万变的市场面前也是滞后和无济的。市场规律是联赛发展必须遵守的铁律，尽管加强对联赛管理的理论研究是篮管中心的责任之一，但是篮管中心更应转换思维，摆脱不必要的对细节的各种包揽与管辖，减少大小不一的各类理论研讨和计划制订，尽早将联赛放给市场、放给俱乐部，大胆让市场亲自去训练并引导市场的参与主体，让球员、俱乐部甚至篮管中心自身从市场挫折中去学习和总结。随着联赛的发展，篮管中心对于联赛的管理能否与联赛的市场化运作相洽，篮管中心和市场二者能否优化资源配置、彼此搭配合作、高效发挥各自职责，则是决定着中职篮未来能否健康发展的重要因素。

（二）中国男子篮球职业联赛初创期发展瓶颈的对策评述

由上述分析可知，为推动中职篮的发展，一是应大力推行职业体育市场经济建设，创造条件促发、提供或者建立联赛健康发展所需要的各市场要素，并努力使其彼此搭配、协调运转；二是应以与市场化运作相洽接为导向对篮管中心的管理模式进行改革。围绕以上两点，联赛的管理者也确实进行了相应的改革，如调整外援政策、实行倒摘牌制度、增加比赛的时尚元素等。在这些举措中，有些是推动职业体育市场的成熟化，如实行倒摘牌制度，这种做法健全了职业体育人才流动的相关市场规则；再如"北极星计划"的出台，旨在全面借鉴 NBA、NFL 和 NHL 这些成功联赛的模式。有些则是市场导向所带来的必然举措，如增加比赛的时尚元素从而吸引更多的年轻观众等。但有些举措则依然属于头痛医头、脚痛医脚的局部治理，如为增强比赛的对抗性、提升比赛精彩程度，对竞赛规则进行了调整，然而比赛的对抗及精彩程度根源在于球员的技战术能力，提高联赛球员的竞技水平方是根本。总之，该时期的中国男子篮球职业联赛改革在日渐清晰地透露一个事实：联赛的管理早已不能仅依靠计划经济年代的行政命令，更多的是要用市场经济的规律进行经营和管理，这对中国篮球界乃至整个中国体育界都是一个全新的课题。而管理者和决策者必须要有大局意识、长远眼观，敢于将决策权、管理权逐步放归俱乐部，把所有俱乐部的利益放在首要位置，同时作为宏观监管者，提高联赛的整体形象和质量，如此才能吸引更多的观众和赞助商，推动更多人关注和参与篮球运动，从而促进中国职业篮球水平的整体提升。

第二节　中国男子篮球职业联赛改革探索期（2005—2016 年）

一、改革过渡时期（2004—2005 年）

（一）比赛基本情况

从江苏南钢同曦队开赛 20 连胜，到辽宁盼盼队靠年轻球员拿到北区常规赛第 1 名，再到巴特尔从美国回来重新加盟北京金隅队，2004—2005 赛季甲 A 联赛的吸引力和整体实力正不断提升。

该赛季八一双鹿电池队第一次没能进入甲 A 联赛总决赛，辽宁盼盼队卧薪尝胆冲入季后赛，另一只强队江苏南钢同曦队闯入总决赛并险些创造奇迹夺队史首冠，各路诸侯暗潮汹涌。在最终的总决赛中，广东宏远宝玛仕队和江苏南钢同曦队不论谁赢谁输，都将创造历史，因为这是甲 A 联赛实施总决赛 5 战 3 胜制 5 个赛季以来第一次出现打满 5 场才分出胜负的情况，对球员和球队都是极大的考验。第 5 场比赛一波三折，广东队三次落后、三次追平，并在最后阶段反超，蝉联冠军。两支球队给观众奉献了一场精彩的总决赛，也为整个赛季画上了圆满的句号。

（二）发展中遇到的困难

1. 比赛关注度下降

自从王治郅、巴特尔、姚明三大中锋相继离开甲 A 联赛奔赴美国之后，联赛就因为缺少人气而逐渐失去固定球迷的关注，中央电视台和各大地方电视台收视率明显下降。篮管中心多方探索，寻求解决之道，基本思路是提高比赛激烈程度，以此赢回观众和球迷。

2. 北京奥神俱乐部失去参赛资格

2004 年 5 月，中国篮协发布通告：停止北京奥神俱乐部一年的注册资格，原因是北京奥神俱乐部在没有正当理由的情况下拒绝让该俱乐部的运动员孙悦到 20 岁以下国家男篮集训队报到，这样北京奥神队就不能参加 2004—2005 赛季的甲 A 联赛。同时，为保证北京奥神俱乐部成年男子队运动员的比赛权利，允许上一年度在中国篮协注册的北京奥神俱乐部成年男子队运动员可按照有关规定，参加 2004—2005 赛季甲 A 联赛的短期交流。这次处罚的严厉程度是过去从来没有的，失去一年参赛资格对北京奥神俱乐部和整个联赛都是一种损失，但从管理制度来看，可以对其他俱乐部起到警示作用，杜绝此类事件的再次发生。

（三）改革措施

1. 球队数量的增加

篮管中心决定将 2004—2005 赛季中职篮参赛队伍扩军为 14 支，这 14 支球队包括上赛季的全部 12 支球队，以及当年甲 B 联赛的"升班马"河南仁和队和福建浔兴队。尽管中国篮协当时并没有发布官方声明取消升降级制，但这可以看作是从升降级制到准入制的一个过渡。

2. 全新的办赛口号

为拉近甲 A 联赛与观众的距离，该赛季推出了新的联赛口号：我的球队，我的比赛，我的 CBA。同时，积极服务社会，推出了"服务球迷、服务赞助商、服务媒体"的办赛理念。

3. 首次采用南、北分区比赛

为增加比赛场次、锻炼队伍、扩大联赛影响力，中国篮协对赛制进行重大改革：将广东宏远宝玛仕、八一双鹿电池、江苏南钢同曦、云南红河、上海西洋、浙江万马和福建浔兴7支球队划分为南方赛区；将吉林通钢东北虎、山东金斯顿狮、新疆广汇、陕西麒麟盖天力、北京金隅、辽宁盼盼和河南仁和7支球队划分为北方赛区。规定同赛区的球队之间在常规赛要进行两个主客场系列比赛，每支球队有24场比赛；不同赛区的球队之间要进行一个主客场系列比赛，每队有14场比赛。这样每支球队在常规赛共有38场比赛，整个常规赛将有266场比赛，比以往赛季多出84场比赛。常规赛南北赛区总积分的前四名进入季后赛，为保证联赛最好的球队进入最后的总决赛，季后赛采取南北赛区前四名交叉淘汰赛的方式，由南方赛区第1名对北方赛区第4名，北方赛区第1名对南方赛区第4名，南方赛区第2名对北方赛区第3名，北方赛区第2名对南方赛区第3名。

4. 取消冠名赞助商，推出多种赞助模式

2004—2005赛季之前，由于商业运作的原因，每年都有赞助商冠名联赛，因此，每个赛季的联赛名称前都会加上赞助商的名称，同时联赛名称也经历了从"甲级联赛"到"甲A联赛"再到"职业联赛"这样的沿革。2004年，篮管中心提出我国篮球联赛未来发展的"北极星计划"，决定从2005—2006赛季开始，对我国篮球联赛实现职业化改革，其中重要的一个措施就是取消冠名权，实行统一的联赛名称，虽然因此会损失冠名费收入，但对于打造联赛自身的品牌有着重要意义。

新的赞助模式采用国际上比较成熟的"TOP计划"进行招商，即多家合作伙伴式的赞助形式，包括重要合作伙伴、市场合作伙伴、鞋类和服装类合作伙伴、指定赞助商四个部分，这样的改革不但给赞助商提供了比原冠名赞助商更多的回报价值，也使甲A联赛品牌得到极大的提升。另外，公开竞标的模式也由一家中介公司拥有独家权力改革为中国篮协拥有谈判权，直接与赞助商公司和代表赞助商的中介机构洽谈，很大程度上保证了投标的透明程度。

5. 首次赴美集中选外援

2004年9月10—14日，甲A联赛历史上的首次外援选秀活动在美国俄勒冈州尤金市的美国篮球学院举行。500多名外援报名，其中的77名外援参加了这次选秀活动，最终有37人被各俱乐部选中[1]。

6. 首次举行俱乐部高层峰会

2005年1月5日，由中国篮协组织的首届"CBA职业篮球俱乐部高层峰会"在北京昌平小汤山举行，来自14支参赛俱乐部的董事长、总经理和有关方面负责人出席了会议。会议的主题是"研究进一步推进篮球职业化、产业化发展问题"，主要目的是"确立投资目标、明确发展战略、探索经营模式"。会上明确提出"职业联赛俱乐部准入标准及评估细则"，新成立的中国男子篮球职业联赛委员会通过了《中国男子职业篮球联赛委员会章程》，制定了《2005—2008年中国男子篮球职业联赛俱乐部准入实施方案（讨论稿）》[2]。

除此以外，为配合联赛场次的增加，中国篮协推出了一周三赛的比赛安排、总决赛聘请国外资深篮球裁判员进行执裁、为总冠军颁发至尊鼎等改革措施。该赛季结束后，由中国篮协代表、俱乐部代表和其他社会领域的代表三方共同组织成立了"职业联赛委员会"，通过了《职业联赛委员会章程》，标志着中国篮协在推进"管办分离"道路上又迈进了一步。而这一切，都为中国男子篮球职业化改革奠定了基础。

二、改革推进时期（2006—2008年）

（一）比赛基本情况

2005—2006赛季的中国男子篮球职业联赛被时任篮管中心主任李元伟称为"职业元年"，意思是联赛正式步入职业化的第一年。为了让联赛更加新颖，中国篮协公布了联赛新标识"篮球的面孔"和新的联赛口号"CBA！该你登场了！"，联赛继续采用南北分区、一周三赛的赛制进行比赛。为了给中国男篮备战北京2008年奥运会腾出更多时间，中国篮协宣布2006—2007赛季CBA取消南北区，常规赛恢复主客场双循环制，而季后赛首轮和半决赛采用5战3胜制，总决赛采用7战4胜制。另外，2006—2007赛季依旧不采用升降级制。2007—2008赛季是CBA进入职业化改革的第三个赛季，除了继续秉承"一个中心，三个服务"的发展理念和"我的球队，我的比赛，我的CBA"的推广思路，还提出了

---

[1]郭薇.中国男子职业篮球联赛的"外援效应"研究[D].沈阳：沈阳体育学院，2013.
[2]王立国.中国职业篮球联赛准入评估指标体系构建研究[D].武汉：武汉体育学院，2015.

"三剑归一，千锤利刃"的宣传口号，明确了差异化、年轻化、公益化的品牌发展目标。该时期，参赛队伍逐步扩大，2005—2006 赛季的东莞新世纪队和2006—2007 赛季的浙江广厦队分别通过了准入制进入 CBA。2005—2006 赛季，北京奥神俱乐部主动退出 CBA。2006—2007 赛季，河南仁和队搬至山西省后从此退出 CBA，山西中宇队加入 CBA。

(二) 发展中遇到的困难

1. 巴特尔转会事件

2005 年，巴特尔从 NBA 归来后代表北京金隅队参加了一个赛季 CBA 比赛。2006—2007 赛季，巴特尔向北京金隅队申请前往国外治疗膝伤并寻求去欧洲打球的机会。但一年之后，巴特尔回国后便与新疆广汇队签订新的合同。对此，北京金隅队上诉中国篮协。中国篮协经过慎重考虑，认为应该按照规定办事，北京金隅队错过了优先注册权的一年期限，巴特尔已经是自由球员，转会新疆广汇队合理合规。巴特尔这种曲折的转会事件折射出该时期运动员转会困难的现状。

2. 北京奥神俱乐部回归事件

因违反相关规定，北京奥神俱乐部被中国篮协禁止参加 2004—2005 赛季的甲 A 联赛。2005 年起，北京奥神队远赴美国参赛，但因为比赛规模小，在美国的关注度不高，北京奥神队也希望回归国内进行比赛。2007—2008 赛季，北京奥神俱乐部正式提出申请，并想把主场设立在澳门，而澳门博彩业发达，明显不符合当时 CBA 的身份属性，同时，去澳门打客场会给不少 CBA 俱乐部带来不便，所以北京奥神俱乐部的回归最终未能成功。北京奥神俱乐部作为当时一个颇具实力的俱乐部，由于主场设定问题未能顺利返回 CBA，侧面反映了俱乐部发展存在实际困难。

3. 官秀昌事件

1980 年官秀昌出生在澳门，其父母都是越南华侨，从小在美国长大，后入美国籍，曾征战美国 NCAA 联赛。2004—2005 赛季以"马秀昌"为名，代表云南红河队参加了 CBA。2007—2008 赛季开始前，他又以国内球员身份进入新疆广汇队打球。2007 年 12 月，媒体质疑官秀昌是新疆队第 3 名外援，违反了 CBA "每队只能拥有两名外援"的规定。后经过公安部门查实，官秀昌所持的护照的确是美国护照，中国篮协也对新疆广汇俱乐部和官秀昌给予了重罚，决定官秀昌永远不得到中国境内参加中国篮协举办的篮球比赛,同时,官秀昌代表新疆广汇队出战并获胜的15场比赛全部被判0:20负。此事对新疆广汇队造成了重大影响,其常规赛排名直接降至第11名,不仅季后赛资格被剥夺,整个赛季的努力也都付之东流了。而篮管中心因为对球员身份审查不严而导致此事发生,也值得反思。

4. 河南队搬迁事件

2006年9月,中国篮协召开CBA委员会通过一项决议:批准原河南仁和俱乐部迁至山西太原,并更名为山西中宇俱乐部。河南仁和队是2003年通过升降级制进入甲A联赛的,经过两年的磨砺,各方面正在逐渐迈向职业化,在河南省已经拥有了雄厚球迷基础。那它为什么要迁址到山西省?官方理由是仁和集团的大部分业务已经由河南省转移至山西省,但背后原因不得而知。随着山西中宇俱乐部的出现,河南省将不再拥有CBA俱乐部,这对刚刚开始繁荣的河南省篮球市场来说无疑是个打击,而人才外流更是让河南省篮球发展后继乏力。之后随着准入制的实行和自身原因,河南省至今也没有组建能够参加CBA的职业俱乐部,让人遗憾。

5. 王磊注册纠纷事件

2003年6月,河南仁和集团以买断重组的方式建立河南仁和俱乐部。2006年8月,河南仁和俱乐部迁到山西省更名为山西中宇俱乐部,该俱乐部实际上是仁和集团的子公司。值得一提的是,双方在合同中特别商定,队中包括王磊在内的3名河南籍球员,将于2006—2007赛季结束后回到河南队。基于此,王磊的人事权于2007年2月转回了河南队,随后王磊转会至八一男篮。在得知王磊转会之后,仁和集团以其子公司山西中宇俱乐部无权转会球员为由,将山西中宇俱乐部和河南省球类管理中心一并告上了法庭。对此,中国篮协裁定认为,既然事情进入了司法程序,中国篮协也要遵从法院的判决。但是在判决下来之前,王磊属于八一男篮。球员注册纠纷(马健事件)已有先例,这次的王磊注册纠纷也属于同类性质。针对俱乐部球员注册,中国篮协应当尽快完善相关政策,避免此类事件再发生。

(三)改革措施

1. 取消升降级制,实施准入制

2005—2006赛季开始,CBA实施封闭式市场准入制度,取消了升降级制度。

之后，东莞新世纪队和浙江广厦猛狮建设队先后通过准入制进入 CBA。通过对各家俱乐部实施准入评估，初步改变了各家俱乐部以往只抓运动队、忽视俱乐部全面基础建设的意识，使各家俱乐部有精力注重俱乐部建设，奠定了职业化进程坚实的基础。

2. 全新的商业运作模式

2005 年 5 月，瑞士盈方公司与中国篮协签订合作方案，成为 CBA 商业推广伙伴，双方就联赛商务推广权签下"7+5"的超级长约，瑞士盈方公司前 7 年平均每年要上缴 650 万美元，得到 CBA 及各俱乐部除地方冠名和门票收入外的所有商务开发权益。同时，中国篮协和瑞士盈方公司共同出资成立合资公司——中篮盈方公司，其中中国篮协的 CBA 委员会拥有 CBA 的所有权和控制权，获得 51% 的控股地位。这种"合资公司"的商业开发模式为中职篮的发展拓展了新思路。

3. 推出中国元素的联赛口号

联赛口号是联赛推广的一个重要工具，2004—2005 赛季"我的球队，我的比赛，我的 CBA"三个并列词组，形成排比气势，拉近了比赛与观众的距离。2005—2006 赛季 CBA 将主题定为"武侠"，2006—2007 赛季为"烽火诸侯"，2007—2008 赛季为"三剑归一"。"烽火诸侯"和"三剑归一"突出了中国传统文化特有的武侠情结，让人耳目一新，使观众对比赛悬念增加了期待。将中国元素与 CBA 有机结合，也彰显了独特性。

职业联赛在改革的阵痛与不适中，在不断发现问题和解决问题的过程中，继续向着职业化方向和中国最好职业联赛的目标挺进。

三、改革稳定时期（2009—2016 年）

（一）比赛基本情况

2008—2009 赛季，篮管中心主任李元伟退休，前篮管中心主任信兰成重新上位。他在赛程赛制、外援使用方面做了大胆尝试，该赛季的 CBA 可谓喜忧参半，没有备战奥运会的任务，球员们可以放手一搏，CBA 比赛场次也达到历史新高，同时也给球员和裁判员带来更多挑战。而因为比赛场次的增多，球员的身体疲劳、情绪控制都受到了一定影响，直接结果是该赛季针对球员、俱乐部和裁判员的处罚都达到一个新的高度。2009—2010赛季，中国篮协宣布取消南北赛区，常规赛恢复主客场双循环制。而为了给中国男篮备战土耳其世锦赛和广州亚运会腾出更多备战时间，CBA常规赛赛程再度缩水，从2008—2009赛季的50轮缩减至34轮。此后，常规赛就一直保持为主客场的双循环赛制。

2011—2012赛季，北京金隅队战胜广东东莞银行队获得总冠军，这也是北京队历史上第一次获得中职篮的总冠军。此后，北京队创造了一段"四年三冠"的历史。虽然北京金隅队在2012—2013赛季止步于半决赛，但2013—2014赛季、2014—2015赛季分别战胜新疆广汇能源队和辽宁药都本溪队获得总冠军，成为中职篮历史上第3支成功卫冕总冠军的球队。与此同时，曾经辉煌的八一男篮在没有外援的情况下，成绩不断下降，2011—2012赛季之后没有进入过季后赛。2015—2016赛季，四川金强队获得CBA总冠军，也成为中职篮历史上第5支获得总冠军的球队。

此时，外援仍然主导比赛。2008—2016赛季球员数据排名中，得分、篮板、助攻和抢断的前五名中均难觅本土球员的身影。为此，2014—2015赛季，中国篮协决定采用末节单外援模式，给本土球员更多的出场机会。

球队数量方面，天津荣钢队和青岛双星队于2008年通过准入制度的评估而加入，此时CBA俱乐部已有18个。2009—2010赛季，云南红河俱乐部因欠薪被停赛一个赛季，之后被取消注册资格而退出中职篮，此后连续4个赛季（2009—2013赛季）中职篮只有17支球队参赛。2013年四川爱家168队加盟中职篮，2014年重庆三雄极光队和江苏同曦队双双进入，中职篮俱乐部数量增加到20个。2014年之后，中职篮就停止了扩军，也是从那时开始，再也没有发生过有球队从NBL（全国男子篮球联赛）升入CBA的情况了。

（二）发展中遇到的困难

1. 云南红河俱乐部被剥夺赛季参赛资格

2009年11月26日，中国篮协宣布，剥夺云南红河俱乐部2009—2010赛季CBA参赛资格，有条件保留其2010—2011赛季准入资格。原因是云南红河俱乐部2008—2009赛季经营不善，拖欠球员和教练员工资，造成了重大的负面影响。这是CBA俱乐部由于经营不善所受到的最严重的处罚。一年之后，在2010—2011赛季开始前举行的俱乐部会议上，中国篮协宣布，因为恶意欠薪而缺席上赛季 CBA 的云南红河队，该赛季的 CBA 注册已经被注销。而这个时期，联赛商业运作模式的弊端和俱乐部支出过多导致俱乐部盈利困难问题逐渐显现。

2. 北京奥神队再次错过联赛

2008—2009 赛季前，根据 CBA 委员会做出的相关决议，北京奥神俱乐部未在规定时间内提交《2008—2009 赛季中国男子篮球职业联赛俱乐部准入标准及评估细则》的相关评审材料，因此被视为自动放弃参赛资格。北京奥神俱乐部未能及时递交申报材料的主要原因是他们迟迟无法与五棵松体育馆签订合同，也就是没有主场场地。根据前文所述，在此之前，北京奥神队已经两次（2004—2005 赛季、2007—2008 赛季）失去 CBA 的参赛资格。而从此以后，北京奥神俱乐部便没有再进入中职篮。北京奥神队成立于 1997 年，1998 年获亚俱杯冠军，充分显示了球队的巨大潜力，1998—2005 年，北京奥神队在中职篮曾打出第 4 名的好成绩，队内球员孙悦更是入选了中国男篮国家队。北京奥神俱乐部未能进入中职篮对俱乐部和联赛都是一大损失。

3. 凤铝事件

2008 年 6 月，广东凤铝俱乐部在中国篮协主办的 NBL 中获得第 1 名，且通过了评估。9 月，CBA 委员会召开会议，经无记名表决广东凤铝队落选，同年 NBL 第 2 名天津荣钢队获得准入资格。广东凤铝俱乐部随即对中国篮协的投票表示质疑，但中国篮协的回复不能让其满意。10 月，广东凤铝俱乐部向北京市第二中级人民法院递交对中国篮协的诉讼状，北京市第二中级人民法院裁定，凤铝俱乐部的行政诉讼不符合诉讼条件，不予受理；11 月 2 日，广东凤铝俱乐部宣布退出中国篮协组织。11 月 3 日，中国篮协召开新闻发布会，发布了《中国篮协关于"凤铝事件"的说明》。2009 年 1 月，广东凤铝俱乐部遣散了所有的一二线队球员。"凤铝事件"的争议焦点在于由 CBA 委员会以投票的方式拒绝广东凤铝俱乐部的准入是否合法。对此，争论双方各执一词。但事件结果却是两败俱伤，广东凤铝俱乐部不但没有成功进入 CBA，而且还永久地离开了中国职业篮球赛场；而中国篮协尽管顶住了巨大的压力，但其公信度也一度陷入了巨大的危机之中。

上述 3 起俱乐部事件是该时期中职篮发展中出现影响较大的负面新闻，最后都以俱乐部退出联赛为代价，让人惋惜。当然，中职篮在改革过程中，必然会出现一些特殊事件，也需要付出代价。但背后一个重要的原因，就是作为管理方的中国篮协与俱乐部的关系处理不当，联赛各方还没有形成统一的利益共同体，而且特定情况下利益冲突还很激烈。

(三) 改革措施

1. 修改外援政策

2008—2009赛季，中国篮协放开外援政策，取消了从2004—2005赛季开始的统一外援选秀制度，允许各支球队自由挑选外援；取消了外援限薪令；允许各支球队注册两名外籍球员，同时前一赛季最后4名，加上新加入的天津荣钢队和青岛双星队可以再挑选1名亚洲外援。外援采用2人4节8人次（各队对阵八一男篮时采用2人4节5人次），而亚洲外援的使用方式等同国内球员。由于外援被依赖成为球队获胜的法宝，同时还大大压缩了国内球员的成长空间，CBA在2014—2015赛季实施末节单外援政策。末节单外援政策的实行，也使得各队在第四节大胆起用新人，涌现了一些有发展前途的苗子，如郭艾伦、王哲林、周琦等，已经成为所在球队的重要人物。亚洲外援的使用政策还大大改变了联赛竞争的格局。通过亚洲外援的引进，不少球队排名大幅度提升，其中2015—2016赛季获得CBA总冠军的四川金强队就得益于亚洲外援的精彩发挥。

2. 加大裁判员处罚力度，探索职业裁判员道路

2013年1月9日，在八一双鹿电池队主场战胜青岛双星队的比赛中，比赛结束前28秒，青岛双星队因不满裁判员判罚而短暂罢赛，当时比赛被迫中断15分钟左右。中国篮协反复观看比赛录像后认定，八一双鹿电池队的确24秒违例在先，而当值裁判员和技术代表都没有及时做出判罚和纠正。中国篮协随后宣布，主裁判吴敏华被停赛10轮，两名副裁判和技术代表各自被停赛5轮。值得一提的是，这是中国篮协自2002年之后，近10年首次公开处罚裁判员。裁判员在场上出现误判、错判不可避免，所以更应被重视的是出现之后该怎么处罚，以及如何帮助其有效改进，不能一罚了之。2014—2015赛季，CBA裁判员问题一度登上舆论榜的前列，许多场次因为裁判员的失误而改变比赛走向，专家、媒体和球队都针对这一问题提出了自己的看法和解决措施。面对这一不足，中国篮协在赛季结束后提出了裁判员职业化的倾向。

3. 姚明牵头成立中职篮公司

2016年1月16日，CBA各家俱乐部计划成立中国职业篮球联赛俱乐部（北京）股份有限公司，即中职篮公司。这家公司并不是由中国篮协发起成立的，而

是由姚明牵头，由各家俱乐部自己入股组建的。公司目标就是最初中国篮协"管办分离"方案当中的"联赛公司"，其目的是俱乐部形成利益共同体、股东董事化管理、自行运营 CBA 朝 NBA 模式进发。中职篮公司的诞生源于两点：一是管办分离滞后，二是姚明的影响力和责任心。但由于各种原因，中职篮公司在后期运营中并没有发挥太大作用。2016 年 10 月下旬，中篮联（北京）体育有限公司（以下简称 CBA 公司）完成工商注册，其主要职责是全面管理 CBA。

四、中国男子篮球职业联赛改革探索期评述

（一）中国男子篮球职业联赛改革探索期发展困境原因分析

1. 管办不分、政企不分日益成为直接原因

随着中国市场经济改革的逐渐深化，该时期的中职篮也已走过了 10 个年头，此时的市场环境较联赛创立之初时已大为改善。市场的完善也意味着联赛对于市场的更深依赖及市场规律的更严格遵守，这一点与中国篮协对于联赛运营的高度包揽之间的矛盾也日益凸显出来。虽然中国篮协名义上是一个民间组织，似乎与政府关系不大，但实际上中国篮协的人员大都是由篮管中心的人员组成，在组织管理上还依然沿袭着计划经济下的管理模式，对于中职篮依然有着强大的掌控力，可以说在管理权及决策权上牢牢把控着 CBA 各支球队，而多数俱乐部作为出资方，却不具有所有权，更不具有决策权、管理权和经营权，因此，俱乐部很难实现真正的自主经营、自负盈亏，这直接造成俱乐部的产权不明晰，以及与中国篮协在责、权、利方面的矛盾重重。更为重要的是，两者发展目标大相径庭，前者是以提高篮球竞技水平为宏观愿景，后者则是以盈利赚钱为发展目标。这种管办不分、政企不分的乱象严重背离了市场经济规律和职业篮球发展规律，成为阻碍中国职业篮球市场化发展的桎梏所在。因此，对 CBA 进行管办分离的改革显得急需和迫切。

2. 中国篮协公信力下降是潜在因素

回顾该时期中职篮的发展历程不难发现，几次重大事件均与中国篮协的督查不力、疏忽松懈有关，如"官秀昌事件"便与中国篮协对注册球员身份的失察有着直接关系，而"凤铝事件"则直接暴露出中国篮协自身在执法程序方面的纰漏。在中职篮诞生初期，由于市场经济尚处于摸索阶段，各类市场要素尚欠完

备,中国篮协的全方位管理和运营对于联赛的初期成长不仅必须而且必然,然而随着我国市场经济的逐步深化,尊重市场规律则成为联赛健康长远发展的重要条件。该时期发生过的几次风波均以俱乐部退赛为代价,令人惋惜,因此,中国篮协公信力也受到了严重的挑战,这对于联赛的负面影响不言而喻。深究中国篮协公信力下降的根源,跟其一者独大的联赛地位不无关联,而其一者独大的地位则又与其脱离市场制约、沿袭旧有的计划经济体制下的计划制作风密切相关。因此,无论是从提高中国篮协公信力的角度还是从促进中职篮长远发展的角度,中国篮协的政府职能的适时转换都是亟待解决的问题,是摆在中职篮发展面前的首要任务。

3. 商业运作的"外包"增加了联赛主体之间的矛盾点

如前所述,在 CBA 的商业运作方面,中国篮协似乎更倾向于与境外跨国公司合作,或者外包给境外公司,如在联赛初创期外包给国际管理集团;或者与某境外公司合资,如由中国篮协与瑞士盈方公司共同成立的合资公司——中篮盈方公司。采用托管模式的确可以节约很多人力、物力,但联赛所有的商业运作打包给国外企业进行,对于中国篮协自身的运作能力能否提升也是值得商榷的问题。在合资公司中,中国篮协的 CBA 委员会拥有 CBA 的所有权和控制权,控股51%,这本质上没有改变中国篮协主导联赛的官办格局,同时由于瑞士盈方公司的加入还增加了联赛主体数量,这也意味着增加了联赛主体之间的利益矛盾点。事实上,在与瑞士盈方公司合作期间,CBA 俱乐部与中国篮协、瑞士盈方公司之间的利益协调一向没有厘清,投资者权益和投资回报无法得到保障,甚至部分俱乐部亏损严重,难以保障球员的薪金支付。因此如何探索出更好的商业推广模式,使商业推广成为推动联赛发展的一大助力,是帮助俱乐部实现盈利、争取联赛更多的管理权的重要举措。

(二) 中国男子篮球职业联赛改革探索期改革特点分析

1. 过渡期和推进期的改革重点:联赛赛制

如前述可知,中国篮协管办不分已经成为阻碍 CBA 正常发展的最重要原因,改革的重点理应放在如何转换篮协职能,甚或使其逐渐与联赛发展相剥离。然而,改革向来是不易的,因为改革的本质在于冲破既有利益集团的阻挠并使得联赛摆脱对旧有路径的依赖,在第三方独立体出现之前,剥离中国篮协对于目前联赛的过度管制并不太现实。事实也正是该期间中国篮协作为主体将联赛改革重点仍放在了联赛赛制本身上，从取消升降级制、修改外援政策、探索裁判员职业化道路等均可看出中国篮协推动联赛发展作出的种种努力，这些努力也取得了一定的成效，进一步促进了联赛的规范化和职业化，也再次显明中国篮协在宏观规则的制定与联赛的宏观监管上的权威性和应当性。

2. 改革后期的改革重点：CBA 公司的成立

历史的发展从不拘于人意，更不拘于某机构或某单位，当历史舞台上的各类角色和工具预备恰当，历史的突破便是必然。当时代的车轮驶入 2016 年时，中职篮改革迎来了里程碑式的突破——CBA 公司正式成立。在组建模式上借鉴 NBA 模式，各俱乐部入股参与，使得俱乐部形成利益共同体，并实行股东董事化管理，自行运营 CBA。自此，中国篮协退出中职篮的运营体系，中职篮开启新篇章。

CBA 公司的建立是中职篮发展所需各条件预备齐全并逐渐成熟的产物，如相对成熟的联赛赛制、中国篮协职能转换的开启、俱乐部对球队的全权负责及关键人物的出现等。中职篮发展 20 年有余，并非没有意识到发展瓶颈的症结所在，而是缺乏时机。而关键人物姚明的出现恰逢其时，正是在姚明的积极推动和努力下，CBA 公司才得以力克种种拦阻和困难并得以建立。回顾中国男子篮球职业化改革进程中，关键人物的努力功不可没，在联赛初创期李元伟先生所推行的"北极星计划"，从联赛本身出发，就联赛的赛制及相关商务运营进行了全面改革和提升；在联赛改革探索期姚明先生推动的中职篮公司的建立，从联赛环境出发，就联赛的市场化属性及各俱乐部的独立运营资质给予明确，二者对于联赛的健康发展均不可或缺。然而，中职篮的发展之路是复杂的、崎岖的，并非只要自身完善、环境具备及关键人物的出现就必能健康发展，中职篮依然需在不断的探索甚至挫折中前进。

第三节　中国男子篮球职业联赛改革深化期（2017—2021 年）

2017 年 2 月 23 日，中国篮球协会第九届全国代表大会在北京召开，选举产生了以姚明为主席的领导班子，中国篮协也开启了对中职篮的深化改革。

一、比赛基本情况

2017—2018赛季，CBA仍采用主客场双循环制，常规赛期间每周将有6天安排比赛（除周一外，每天安排比赛），季后赛入围名额从8支球队增至10支球队。为配合国家队参加世界杯预选赛，设置2017年11月20—28日和2018年2月19—27日两个联赛休赛窗口期。最终，在总决赛第4场比赛中，辽宁本钢队主场以100∶88击败浙江广厦控股队，以4∶0的总比分获得球队历史首个CBA总冠军，也成为CBA历史上第7支夺得总冠军的球队，浙江广厦队也创造了队史最好成绩。

2018—2019赛季，根据上赛季球队最终排名，蛇形排列分为4组，同组球队交锋4次，不同组球队交锋2次。常规赛增加至46轮，季后赛扩大参赛队伍并分为4个阶段（12进8、1/4决赛、半决赛和总决赛），增加备战2019年男篮世界杯、2020年奥运会落选赛等世界大赛的窗口期。

2019—2020赛季，CBA进行到第30轮，新冠肺炎疫情暴发，CBA公司对联赛方案进行调整，决定剩余比赛实施赛会制。

2020—2021赛季，根据上赛季球队最终排名，蛇形排列分为2组，同组球队交锋4次，不同组球队交锋2次。常规赛增加到56轮，比赛时间微调为3周8赛。由于疫情防控需要，比赛仍采用赛会制，统一在诸暨市的暨阳学院体育馆和海亮教育园体育馆同时进行。比赛分为4个阶段（第1~12轮、第13~39轮、第40~47轮、第48~56轮），比赛时间为周一至周日每日都有比赛。该阶段广东队在2018—2019赛季、2019—2020赛季、2020—2021赛季连续三次获得总冠军，实现队史第三次CBA三连冠，队史冠军总数增加至11次。

二、发展中遇到的困难

（一）突发疫情，调整赛制

2020年注定是不平凡的一年，新冠肺炎疫情给人们生活和全球经济造成重大影响。世界及我国多项体育赛事取消或延期，2019—2020赛季CBA在春节前已进行了30轮常规赛，受疫情影响，CBA公司在2020年1月24日宣布推迟原定于2月1日开始的后续比赛。直至2020年6月4日，CBA公司公布了复赛方案：从 6 月 20 日开始，采取赛会制空场比赛的方式进行。2020—2021 赛季，在经过严格论证的基础上，CBA 选择在诸暨进行赛会制比赛。诸暨是浙江省的一个县级市，是西施故里，也是"篮球之乡"。2011 年，因拥有 2232 个篮球场，诸暨被上海大世界吉尼斯总部评为"拥有标准篮球场最多的县级市"。因此从某种程度上来说，最终确定下来的两片场地可以说是千里挑一。为全力保障赛事，诸暨选拔防疫专家先后多次修订完善《2020—2021 赛季 CBA 联赛诸暨赛区疫情防控工作方案》和《2020—2021 赛季 CBA 联赛诸暨赛区疫情防控应急预案》，不断细化操作流程，明确各岗位职责，最终 19 支队伍安全顺利完成比赛。

（二）八一队退出，留下诸多问题

2020—2021 赛季开赛后，八一男篮不再参加中职篮。这对 CBA 公司也是一个巨大的考验。第一，八一男篮教练员和运动员如何安置？第二，CBA 赛程如何调整？第三，八一男篮退出之后，其参赛权归属问题如何安排？针对上述问题，CBA 公司采取如下措施：

第一，2020—2021 赛季 CBA 的注册窗口期安排在 2021 年 2 月，八一男篮的球员在符合条件的情况下，可以在注册窗口期结束前到 CBA 公司申请成为自由球员，进而与其他俱乐部签约继续参加 CBA。事实上也是如此（此部分内容在第四章第一节国内球员管理制度改革有详细论述，此处不再展开）。

第二，CBA 公司及时更改赛程，所有和八一男篮的比赛将全部轮空。其结果是与八一男篮同组的 9 支队伍少赛 4 场，而另一组 10 支队伍少赛 2 场，通过合理安排轮空场次，最大限度地保证了各队的利益。

第三，2018 年八一男篮结束了与富邦集团的共建合作。为留住宁波职业体育火种，八一富邦篮球俱乐部注销后，2018 年 8 月，宁波富邦男子篮球俱乐部有限公司正式注册成立。新成立的宁波富邦俱乐部获得了 CBA 参赛资格，并作为 CBA 公司 20 家合法股东之一（占股 5%）担任 CBA 公司监事。2021 年 7 月 15 日，经宁波市体育局和富邦集团共同努力，宁波富邦俱乐部完成在中国篮协的首次注册。16 日，CBA 联盟股东会正式明确宁波富邦俱乐部参加 2021—2022 赛季 CBA。至此，八一男篮退出后的参赛权问题也得到妥善的解决。

三、改革措施

(一) 中国篮协的实体化改革取得突破

为贯彻党的十八大和十八届三中、四中、五中、六中全会精神及习近平总书记系列重要讲话精神，落实《行业协会商会与行政机关脱钩总体方案》，深化体育领域"放管服"改革，探索具有中国特色的篮球改革与发展之路，2017年3月31日，国家体育总局办公厅下发《关于篮球改革试点有关事项的通知》，宣布从4月1日起原来由篮管中心承担的业务职责被移交给中国篮协，中国篮协成为中国篮球的业务管理机构。在实体化改革初期，中国篮协在组织、制度、财务等各个环节的基础都比较薄弱，挑战相当大。根据协会实体化改革的要求，中国篮协制订了改革方案和流程，明确了原则、目标及具体步骤，在国家体育总局的指导和支持下，顺利完成了独立账户设立、组织架构建设、社团法人证书变更、启动资金拨付、人员身份转换、薪酬体系设计等各项工作，中国篮协实体化的进程在短短几个月的时间里迅速完成，中国篮协与篮管中心"一套人马、两块牌子"的格局彻底成为历史。

(二) CBA公司获得授权

2016年姚明牵头成立中职篮公司不久，国家体育总局也批准了篮管中心关于成立CBA公司的报告。对俱乐部和中国篮球而言，这样的"冲突"，既是幸福，也是尴尬，更反映出中国篮球市场化改革的进程中，体育管理机构、办事部门和俱乐部三者之间长期存在的矛盾和问题。长期以来，中国篮协都是中国职业篮球联赛的组织和管理者，中国篮协拥有联赛多方面的主导权，而此番各俱乐部联合控股的新公司成立，对于中国篮协来说无疑是一种冲击。很快，中国篮协在CBA委员会上提出，建议授权中职篮公司与北京中篮巨人广告中心（中国篮协下属独资企业）合并重组，重组后的公司更名为中篮联（北京）体育有限公司（CBA公司），中国篮协占30%股份，其他20家俱乐部均占3.5%股份。2017年6月30日，中国篮协主席姚明宣读了《国家体育总局关于同意CBA联赛授权的批复》（以下简称《批复》），将CBA办赛权、商务权授予CBA公司。此前中国篮协已决定将其在CBA公司中占有的30%股份转让给其他俱乐部，这样来看，CBA公司将完全成为由各俱乐部股东持股的企业。中国篮协对CBA公司的首个授权期限为10年，在协议结束前3年，双方将开始商谈第二个10年的续约问题。《批复》在中国篮球改革的进程中具有重要意义，它标志着CBA管办分离迈出了实质性步伐，俱乐部可以最大化行使其权力。作为职业联赛改革的先行者，此次改革对于其他联赛也有一定的示范作用。

（三）制订未来5年联赛赛制

2017年6月30日，CBA公司新闻发布会在北京举行，公布了CBA未来五年竞赛方案，对常规赛参赛队伍、赛制、轮次、比赛强度、比赛日安排，季后赛赛制，联赛休战期（窗口期）、外援政策等都进行了说明，整体方向是常规赛增加比赛场次，季后赛扩大入选范围，外援政策进一步收缩。

（四）推出标准合同

2018—2019赛季，CBA公司全面推行球员标准版合同，将球员与俱乐部签约的合同分为新秀合同、保护合同、常规合同、顶薪合同和老将合同5个级别，每个合同都对球员类型、合同期限、保障额度、优先权、特殊规定和薪金作出了明确规定，保障了球员与俱乐部在公平、公开的环境中建立劳动关系。

（五）改革赞助体系

2017年盈方中国与CBA的商业合作到期，CBA公司没有与其续约。这标志着CBA的整体商务开发不再采用独家代理模式，而是进入了一个新的发展阶段。2017—2018赛季，CBA第一次出现官方主赞助商——中国人寿，合同期为3年。CBA主要赞助形式变为官方主赞助商、官方战略合作伙伴、官方合作伙伴、官方赞助商、官方供应商5个层级，该赛季共有17家赞助商。随着CBA影响力的不断扩大，商业赞助类型和规模也不断增加。2020—2021赛季，中国人寿和CBA公司续约3年依旧为官方主赞助商，赞助金额未知，但双方的上一份赞助协议是3年10亿元；李宁是官方战略合作伙伴，它在2017年和CBA签下5年10亿元的赞助协议，年均赞助2亿元；安居客、百岁山、长隆、快手、麦当劳、美孚、TCL、伊利、中国移动和广发银行10家企业为官方合作伙伴，豹发力、卡特彼勒、德邦快递、咪咕咖啡和品胜5家是官方赞助商，金陵体育、美凯和全体育是官方供应商。在疫情影响下，CBA公司仍能获得大量企业的赞助，说明中职篮已经得到企业的广泛认可。

在选秀制度上，近几个赛季不断调整政策，鼓励新人加入 CBA。在裁判员制度改革方面，设立视频回放中心、采用人工智能选派裁判员、划分裁判员档位、对关键时间段发布裁判报告等都能最大限度保证裁判员公平、公正执裁。另外，在 2020—2021 赛季首次出现了专职裁判员，闫军、段铸等 6 人成为首批"吃螃蟹者"。除此之外，CBA 公司于 2020—2021 赛季开始实施工资帽制度，对俱乐部赛季球员工资总支出、单一球员最高合同工资等都做出了限额。

可以说，中职篮正在进行一场全面深入的改革，也正在经历改革的阵痛和收获，相信在中国篮协、CBA 公司、俱乐部、赞助商的共同努力下，中职篮必将有更加辉煌的未来。

四、中国男子篮球职业联赛改革深化期评述

（一）CBA 公司的建立里程碑意义

在 CBA 公司的组建过程中，从中国篮协原本占 30% 的股份到放弃所有股份完全退出，可以看出此次剥离的彻底性及改革的决心。中国篮协彻底退出 CBA 的管理和运营，标志着中职篮真正全面脱离政府管辖，各俱乐部对于所属球队具有独立的决策权和运营权。同时，CBA 公司没有与盈方公司续约，将 CBA 的商务经营权纳入公司管理范围中，既减少了利益主体间的矛盾点，也意味着 CBA 公司将成为管理 CBA 的全权独立实体，具有完全的自主性和独立性。CBA 公司的建立不仅是中国职业篮球联赛改革领域的重大突破，是中国职业体育领域发展中的里程碑，也对中国其他体育项目的职业化发展具有很强的示范和引领作用，对中国体育事业的改革与发展具有重大意义。

（二）改革的主要特点：关注球员权益

除 CBA 公司的成立这一里程碑式的改革创新外，不难发现，CBA 改革深化期改革的主要特点还有对于球员权益的关注：一是体现在球员普遍关注的薪金问题上，CBA 公司组建后便开始整顿联赛薪酬乱象问题，并于 2020—2021 赛季开始实施工资帽制度；二是体现在标准合同的推行上，不仅规范了合同类别，同时对球员相关权益进行了明确规定，大大提高了球员权益的保障性；三是体现在新秀选拔上，CBA 不断调整规则，鼓励新人参赛，在为 CBA 注入新鲜血液的同时，对于新球员的提携和成长也不无裨益。

球员权益的确保意味着职业体育劳动力市场的稳定，这是 CBA 职业化进程中稳步发展的前提，是市场规律，不可违背。中职篮改革从对赛制的关注到对球员权益的关注，是中职篮遵从市场规律的必然结果，也反映出中职篮正在不断成熟，正逐步在市场经济规律的指引中移步前行。

(三) 疫情常态化时期的运营是崭新课题

自 2020 年新冠肺炎疫情暴发以来，疫情常态化已经成为中职篮发展所面临的不可抗拒的客观环境，如何在疫情防控期保证联赛的正常举办及与联赛相关的各项事宜的顺利推行，是摆在 CBA 公司及各俱乐部面前的崭新课题。

就目前实行的方案来看，空场比赛是疫情防控期间 CBA 采取的主要模式，这种没有观众的比赛尽管缺失了现场的火热气氛，但却有助于球员比赛时的专注和投入。一方面，球员不会在比赛间隙与观众互动，从而减少诸多不必要的场外话题，在一定意义上维护了比赛的专业性和严肃性；另一方面，空场比赛会大大减少现场观众对于比赛的各种干扰，如在客场作战时对方球迷对于主队花样繁多的声援以及对于客队各种形式的抵制，使参赛球队更加专注于比赛，从而有利于提高联赛的竞技水平，推动联赛持续发展。但是空场比赛使得比赛场内广告商业效果下降，联赛的商机也有所减少。不过可以通过媒体的转播，聚拢部分线上观众，如云观众、云包厢、云呐喊等一系列观赛高科技，增强观众的线上观赛体验，创造新的商机。总之，目前的空场比赛对于 CBA 公司来说既是挑战也是机遇。

第三章
中国男子篮球职业联赛赛制改革研究

赛制是竞赛制度的简称。广义的赛制是根据体育运动和社会需求逐渐形成的竞赛规则,它是管理者制定的保障竞赛活动顺利进行的竞赛方法,包括整个竞赛体系的排名及要求运动员和裁判员共同遵守的制度和规范。狭义的赛制是指竞赛的比赛编排、排定名次的方法体系等[1]。本书探讨的是广义的赛制。

合理的赛制是职业联赛顺利开展的重要保障,对规范比赛质量起着重要作用。中国男子篮球职业联赛(以下简称中职篮)经过二十多年的发展与不断完善,联赛水平和影响力在亚洲和世界范围内也在不断攀升,越来越多的高水平运动员加入中职篮,中职篮的优秀运动员也不断进入NBA(美国职业篮球联赛)。在中职篮快速发展的过程中,有关联赛赛制的改革也在不断探索。在吸取NBA赛制经验的同时,中职篮结合中国特色,不断完善自身的赛制模式,如在常规赛期间将球队分组进行循环比赛,季后赛扩大参赛队伍,给更多球队参与机会,引入草根运动员参加全明星赛等。这些措施有的已经看到效果,有的还需时间检验。本章将从参赛队伍、比赛时间和场次、竞赛种类和方法等几个方面对中职篮赛制改革进行分析和探索。

第一节 参赛队伍历史沿革

一、参赛队伍历史回顾

参赛队伍是中职篮的比赛主体,从1995年的八强赛到2020—2021赛季CBA(中职篮)的26年时间里,中职篮的参赛队伍发生了较大的变化。

从表3-1可以看出,中职篮的参赛队伍从1995—1996赛季的12支队伍,逐

---

[1]盛保桦.CBA联赛赛制发展现状研究[D].长沙:湖南师范大学,2019.

年增加到 2020—2021 赛季的 19 支队伍，整体呈现参赛球队数量不断增加的趋势，说明中职篮的影响力和号召力不断提升。但其中也有一些赛季球队数量是减少的，这与当时的联赛政策和球队管理、经营状况有关。

表 3-1 1995—2021 赛季中职篮参赛队伍一览表

赛季	参赛队伍（支）	备注
1995—2001	12	包括首批参赛队伍、升降级队伍等
2001—2002	13	陕西麒麟盖天力队、深圳润迅易康队、台湾新浪狮队加入
2002—2003	14	新疆广汇飞虎队、北京奥神队、香港飞龙队加入
2003—2004	12	台湾新浪狮队、香港飞龙队退出
2004—2005	14	北京奥神队退出，云南红河队、河南仁和队、福建浔兴队加入
2005—2006	15	东莞新世纪队加入
2006—2007	16	河南仁和队退出，浙江广厦猛狮建设队、山西中宇队加入
2007—2008	16	无变化
2008—2009	18	青岛双星队、天津荣钢队加入
2009—2010	17	云南红河队退出
2010—2011	17	陕西锂源动力队退出，佛山能兴怡翠队加入
2011—2013	17	无变化
2013—2014	18	四川爱家 168 队加入
2014—2015	20	江苏同曦队、重庆三雄极光队加入
2015—2016	20	重庆三雄极光队退出，北京北控水务队加入
2016—2017	20	佛山农商银行队退出，广州证券队加入
2017—2020	20	无变化
2020—2021	19	八一男篮不再参加中职篮

1995—2001 赛季，中国男子篮球甲级联赛（甲 A 联赛）成立初期，参赛队伍为 12 支，当时的赛制为升降级制度，即赛季结束后，所有参赛队伍按照比赛积分进行排名，排名最后的两支球队降到甲 B 联赛，甲 B 联赛排名前两名的球队则晋级到甲 A 联赛，因此，参赛队伍的数量一直稳定在 12 支。

2001—2002赛季，陕西麒麟盖天力和深圳润迅易康作为上赛季甲B联赛冠亚军进入中职篮，同时，台湾新浪狮队申请加入中职篮获得批准，另有上赛季排名最后2支球队遭降级。该赛季参赛球队为13支。

2002—2003赛季，香港飞龙队模仿台湾新浪狮队模式申请加入中职篮也获得批准，同时，新疆广汇飞虎队和北京奥神队也成功加入，另有上赛季排名最后2支球队遭降级。该赛季联赛参赛队伍总数达到14支。

2003—2004赛季，由于管理不善，台湾新浪狮队和香港飞龙队均退出了中职篮。原因主要有不适应联赛的赛制、球队战绩不佳、资金压力大、后备力量缺乏、难以补充优秀人才等。该赛季联赛参赛队伍数量又回到了12支。

2004—2005赛季，中职篮取消升降级制，实行了准入制度。北京奥神篮球俱乐部由于未能服从中国篮协的安排，中国篮协决定停止北京奥神俱乐部一年的注册资格，即不能参加当年的联赛，福建浔兴、河南仁和和云南红河三支新军加入中职篮，这样，该赛季的中职篮队伍数量为14支。

2005—2006赛季的东莞新世纪队、2006—2007赛季的浙江广厦猛狮建设队、2008—2009赛季的天津荣钢队和青岛双星队分别通过了准入制进入中职篮。2005—2006赛季，北京奥神俱乐部主动退出中职篮。2006—2007赛季，河南仁和队搬至山西省，河南仁和队从此退出中职篮，随即山西中宇队加入中职篮。

2009—2010赛季，云南红河队因未达到准入制的标准，被取消参加当年比赛的资格。

2010—2011赛季，陕西锂源动力队迁至佛山市，陕西锂源动力队退出中职篮，佛山能兴怡翠队加入中职篮。

2013—2014赛季，在新的准入制标准下，四川爱家168队获准加入中职篮。

2014—2015赛季，中国篮协召开委员会议，投票通过了江苏同曦队和重庆三雄极光队加入中职篮。

2015年，北京控股俱乐部完成对重庆翱龙俱乐部的收购，重庆三雄极光队变为北京北控水务队。

2016—2017赛季，佛山农商银行队更名为广州证券队。至此，中职篮球队数量达到20支。

2020年10月20日，中国篮协发布公告：中国篮协10月19日收到中央军委训练管理部军事体育训练中心的来函。来函表示，八一男女篮今后不再参加中职篮和中国女子篮球联赛。中国篮协已要求相关联赛管理机构依规妥善处理后续事宜。

同时，中国篮协还在公告中向八一男女篮球队致敬，称八一男女篮球队为中国篮球事业的发展做出了不可磨灭的贡献，八一精神将持续激励中国篮球人不忘初心，砥砺前行！随后，CBA 公司也发出公告，宣布八一男篮今后不再参加中职篮。

从整体来看，中职篮的球队数量从初期的 12 支到目前的 19 支，在平稳运行中逐渐增加，整体呈现良性发展态势，这与篮球运动良好的群众基础和中职篮日益增加的影响力有着密切关系。当然，球队数量也可能随着政策改革和球队实力等因素继续增加。

截至 2020—2021 赛季结束，中职篮共有 19 支参赛队伍。CBA 公司曾于 2017 年发布的《2017—2022 赛季 CBA 联赛竞赛方案》中规定：在这五年内，中职篮不再进行扩军，维持 20 支队伍。在 2019—2020 赛季 CBA 全明星周末媒体见面会上，中国篮协主席姚明对"CBA 五年不扩军"的说法进行了公开回应。姚明说："当时，公布的是一个五年的竞赛计划，竞赛计划是几年前制订的，当时只能按照现有的条件去制订，不可能去制订超出它之外的东西。那仅仅是一个竞赛计划。从未说过 CBA 多少年内扩军，或者是 CBA 多少年内不扩军。"虽然姚明没有透露有关球队扩军的具体方案，但这番发言仍为中职篮的扩军提供了可能。

二、参赛队伍历史沿革评述

（一）参赛队伍数量仍有待增加

中职篮发展至今，共有 30 余支球队先后加入，球队遍布全国各地。而随着中职篮影响的不断增加，现在的 19 支队伍并不能完全代表我国各地篮球的最高水平。在 2021 年 7 月，CBA 公司股东会通过了参赛相关议案，同意新成立的富邦俱乐部参加 2021—2022 赛季 CBA，即 2021—2022 赛季中职篮将会有 20 支球队。但综合来看，作为国内最高水平的篮球联赛，球队数量仍略显不足。因此，建议适当扩大球队数量，让更多有实力的球队加入中职篮，这样不仅能为国内球员提供更多的平台去锻炼自己，实现自己的价值，而且也能在无形中加强对中国体育后备人才的培养，对于推动篮球运动的普及、进一步扩大中职篮影响力大有裨益。

（二）增加参赛队伍数量时需考虑的因素

增加参赛队伍数量意味着引入新的球队，除了需要考虑入选球队的竞技水平，还有诸多其他因素需要综合考虑。首先需要考虑的是地域因素，目前，中职篮参赛队伍的空间布局和地域分布极不均衡，东部沿海城市球队众多，其中以广东省最为明显，共有三支球队，浙江省、江苏省各有两支球队，而河南省、陕西省、湖南省、湖北省等中部人口大省却一支球队都没有。从这方面来看，未来扩军应首先考虑地域因素，争取为中部地区留下一席之地，解决球队地域分布不均的问题，推动俱乐部地域格局协调发展，促使中职篮俱乐部不断趋向数量合理和空间分布均衡的最佳状态。其次需要考虑的是经济因素，毫无疑问，中职篮对于当地经济具有较强的拉动性。目前，我国经济发展区域并不平衡，对于经济欠发达地区，通过建立中职篮俱乐部可以在一定程度上促进当地经济发展，因此在经济欠发达地区可以考虑引入中职篮俱乐部。在宏观管理上，中国篮协及相关政府单位可以在政策等方面大力支持经济欠发达地区的篮球俱乐部建设，如提供优惠政策及法规吸引投资者在中西部组建职业篮球俱乐部等，这不仅对当地经济有较好的带动作用，而且对普及篮球人口、促进篮球消费地域均衡化也有着重要意义。最后需要考虑的是低级别联赛的晋级因素，目前，中职篮新球队的来源可参考近两年的 NBL（全国男子篮球联赛），作为仅次于中职篮的国内第二大篮球赛事，NBL 的冠军或者前两名有实力参与中职篮，如果它们能加入中职篮，将不仅有利于 NBL 的发展，而且能最大限度地确保新增球队的竞技水平，对于中职篮未来的可持续性发展有着重要意义。

第二节　比赛时间和比赛场次历史沿革

一、比赛时间和比赛场次的历史回顾

中职篮从 1995—1996 赛季开始便采用跨年度的赛制时间安排（表 3-2）。一方面可以避开世界杯、奥运会等国际重大体育赛事；另一方面可与国内的中超联赛（中国男子足球职业联赛）比赛时间形成互补，方便观众观赛。一般来说，比赛时间和比赛场次成正比例关系，即比赛时间越长，比赛场次也越多。

表 3-2　1995—2021 赛季中职篮比赛时间和比赛场次统计表

赛季	比赛时间	比赛天数（天）	比赛场数（场）
1995—1996	1995.12.10—1996.4.7	120	154
1996—1997	1996.11.27—1997.3.30	124	168

续表

赛季	比赛时间	比赛天数（天）	比赛场数（场）
1997—1998	1997.11.23—1998.3.29	127	162
1998—1999	1998.12.27—1999.4.25	120	162
1999—2000	1999.11.21—2000.3.19	120	163
2000—2001	2000.11.18—2001.3.21	124	164
2001—2002	2001.12.8—2002.4.19	133	194
2002—2003	2002.12.7—2003.4.23	138	212
2003—2004	2003.11.16—2004.3.3	109	162
2004—2005	2004.11.14—2005.4.24	162	307
2005—2006	2005.11.20—2006.4.19	151	332
2006—2007	2006.10.7—2007.3.28	172	267
2007—2008	2007.10.27—2008.2.22	128	267
2008—2009	2008.11.16—2009.5.3	169	474
2009—2010	2009.12.19—2010.4.25	129	297
2010—2011	2010.12.10—2011.4.27	139	297
2011—2012	2011.11.19—2012.3.30	133	300
2012—2013	2012.11.24—2013.3.29	126	296
2013—2014	2013.11.8—2014.3.30	143	335
2014—2015	2014.11.1—2015.3.22	142	406
2015—2016	2015.10.31—2016.3.20	142	405
2016—2017	2016.10.29—2017.4.7	161	410
2017—2018	2017.10.28—2018.4.22	177	417
2018—2019	2018.10.21—2019.5.3	195	497
2019—2020	2019.11.1—2020.8.15	129	476
2020—2021	2020.10.17—2021.5.1	151	519

数据来源：中国男子篮球职业联赛官方网站和新浪中国篮球数据库。

中职篮的竞赛期时间一般从第一年的10月或11月开始到第二年的3月或4月结束，个别赛季是5月结束，赛季总时长是4~5个月，比赛场次总体呈现不断增加的趋势。根据相近的比赛时间和比赛场次，对中职篮比赛时间和比赛场次的历史回顾可分为6个阶段进行。

第一阶段（1995—2001 赛季）：这 6 个赛季比赛时间平均保持在 122 天左右，比赛场次平均保持在 162 场左右，平均每天比赛场次为 1.32 场，这一阶段也是中职篮发展的探索阶段。

第二阶段（2001—2004 赛季）：这 3 个赛季的比赛时间和比赛场次逐渐增加，但为了给中国男篮备战 2004 年奥运会留下时间，2003—2004 赛季的比赛时间比上赛季减少近 1/3、比赛场次减少 1/4，但总体来看，这 3 个赛季平均比赛时间为 126.6 天，平均比赛场次为 189.6 场，平均每天比赛场次为 1.5 场，比第一阶段的比赛强度略大。

第三阶段（2004—2009 赛季）：这一阶段的比赛时间和比赛场次进一步增加，平均比赛时间达到了 156.4 天，平均比赛场次为 329.4 场，平均每天比赛场次为 2.1 场，可见中国篮协已经有意识地增加了比赛时间和比赛场次，给运动员提供更多的比赛机会。需要注意的是，为了给国家队备战北京奥运会腾出时间，2007—2008 赛季总比赛时间被压缩，但比赛场次与上赛季相比没有减少，这对运动员提出了更多的挑战。而在北京奥运会后的 2008—2009 赛季，比赛时间和比赛场次都有了大幅度提升，比赛时间延长了 40%，比赛场次更是从上赛季的 267 场增加到了 474 场，增加了近 78%。赛制的调整和球队数量的增加是该阶段比赛时间和比赛场次增加的主要原因。

第四阶段（2009—2016 赛季）：这一阶段比赛时间略有减少，平均为 136.3 天，比赛场次平均为 333.7 场。其中，只有 2014—2016 赛季比赛场次在 400 场以上，其他 5 个赛季的比赛场次都在 300 场左右，7 个赛季平常每天比赛场次为 2.45 场，比赛强度较上一个阶段略有提高。值得注意的是，在 2011—2012 赛季和 2015—2016 赛季两个赛季，中职篮并没有因为备战奥运会而压缩比赛时间和比赛场次，说明中职篮更加成熟，能够平衡国家队和国内联赛的关系。当然，这也是中国篮协综合管理能力提升的一个标志。

第五阶段（2016—2019 赛季）：这一阶段，比赛时间进一步增加，平均比赛场次达到 441.3 场，再创历史新高。而 2018—2019 赛季的比赛时间更是达到了 195 天，这也是中职篮历史上第一次在第二年 5 月结束全部比赛。

第六阶段（2019—2021 赛季）：由于新冠肺炎疫情的影响，这一阶段的比赛时间较以往赛季有较大变化。2019—2020 赛季比赛时间为 129 天，比赛场次为 476 场。2020—2021 赛季中职篮 10 月 17 日开赛，2021 年 5 月 1 日结束，常规赛首次分为 4 个阶段进行，加上季后赛和总决赛一共进行了 151 天的比赛，总场次为519场,再次创造比赛场次历史新高。

二、比赛时间和比赛场次的历史沿革评述

(一)比赛场次与职业化程度彼此依存

2004—2005赛季是中职篮比赛场次多寡的一个明显分水岭,而从联赛的发展历程来看,2004—2005赛季之前联赛处于初创期,国家体育总局篮管中心几乎负责联赛的所有组织和管理,联赛的市场化水平及职业化程度较低,因此联赛的比赛场次也相对较少。

2004—2005赛季开始,中职篮进入改革期,尽管该时期管办不分、政企不分的弊端已初露端倪,但其并没有成为改革的主要目标,这时期改革的对象依然是联赛本身,特别是在改革的过渡期和推进期,改革的对象尚不涉及体制问题,但即便如此,改革依然取得了一定的效果,联赛的场次得以明显增加,由之前的100多场逐渐增加为200多场甚至更多,场次数量几乎翻倍。由于比赛场次增加,球队得到了更多的比赛机会,因此该时期中职篮的竞技水平也较之前有了大幅提高。但该时期的场次数量并不稳定,有些赛季200多场(如2006—2007赛季、2007—2008赛季、2009—2010赛季、2010—2011赛季等),有些赛季300多场(如2004—2005赛季、2005—2006赛季、2011—2012赛季等),甚至有些赛季达到400多场(2008—2009赛季、2014—2015赛季等),说明中职篮的赛制改革仍在探索中,这也意味着联赛与市场的互动关系尚不太稳定。

而以2016年CBA公司成立为节点,比赛时间和比赛场次均有所增加且稳定在400余场左右,而2020—2021赛季在只有19支球队参赛的情况下(八一男篮不参加该赛季比赛),比赛场次比2019—2020赛季20支球队参赛时还多了43场,共计519场,创中职篮比赛场次历史新高。由于比赛场次增多,球队的锻炼机会得到了增加,尤其是对于年轻队员,多赛多练、以赛带训、以训促赛,从而大大提高了联赛的竞技水平和职业水准,这势必会吸引更多的观众,帮助联赛进一步占据职业体育市场,同时对于联赛赞助商的曝光也大有益处,从而增加冠名收入、广告收入和转播收入等,继而推动联赛的职业化程度。2016年后中职篮比赛场次的增加和相对稳定作为中职篮市场化的一个利好信号在一定程度上说明了2016年管办分离改革的成功,也表明CBA公司成立后,中职篮正在摆脱过度行政化指令的羁绊,在对市场的主动占据性及由此而来的职业化程度上均逐渐加

强,比赛场次与职业化程度之间的互依关系由此可见一斑。

(二) 寻求比赛场次与比赛强度的协调

比赛场次的增加势必对运动员的体能带来巨大考验。2020—2021赛季中职篮中断5个月后于6月20日复赛,截至7月12日,22天的时间内已经有20位球员出现不同情况的受伤情况。其中,王睿和宋建骅两位球员更是因为严重伤病而宣布赛季报销,受伤病影响最严重的南京同曦大圣俱乐部还向CBA公司提出了申请要求补队员。当然,赛会制的比赛强度要高于常规的主客场比赛,但即便是回到往年的主客场制,按照新冠肺炎疫情前的比赛安排,比赛间隙队员们的大部分时间也将会被耗费在往返赛场的路上,对于运动员赛后的体能恢复也较为不利。近几年,广东东莞大益队的易建联、辽宁本钢队的李晓旭、新疆伊力特队的阿不都沙拉木等人都遭遇过重伤,使得国家队阵容也受到影响,间接影响力了中国男篮在世界大赛的成绩,这与中职篮的高强度比赛不无关系。因此,如何保持比赛场次与比赛强度的协调,即在增加比赛场次的同时能够确保比赛强度的适中,从而保障队员的体能恢复,是一个急需解决的现实问题。

针对上述问题,在中职篮比赛场次改革方案不变的情况下,为保障运动员健康及俱乐部的良性竞争,一个可参考的方案是:适当延长比赛周期,将比赛结束日期从现在的5月底延长到6月上旬。如此一来,由于比赛间隔增加,比赛强度相对会降低,运动员就能获得更多的休息调整时间,在一定程度上会为运动员的健康参赛提供保障,从而保证联赛的平稳进行。

第三节 竞赛种类和竞赛方法改革

一、竞赛种类简介

目前,中职篮包含6种类型的比赛,按照比赛举办时间先后顺序依次为夏季联赛、季前赛、常规赛、全明星赛、季后赛和总决赛。由于全明星赛是一个相对独立的比赛,因此本书将全明星赛放在总决赛之后进行分析。

(一) 夏季联赛

自2017年起,中职篮历史上第一次拥有了真正意义上的夏季联赛。2017年,首届中职篮夏季联赛暨长三角职业篮球俱乐部挑战赛于7月6日至9日在上海浦东源深体育馆举行，比赛由中国篮协批准、CBA公司主办、广厦体育承办。共有6支CBA球队参加，分别是上海哔哩哔哩队、浙江广厦控股队、浙江稠州银行队、江苏肯帝亚队、南京同曦队及青岛国信双星队。决赛中，浙江广厦控股队最终以69∶61赢得比赛胜利获得了首届长三角挑战赛冠军。

2018年，中职篮夏季联赛暨海峡两岸长三角职业篮球俱乐部挑战赛于7月31日至8月5日在上海宝山体育馆举行。参赛球队扩军到了8支球队，其中6支CBA球队为浙江稠州银行队、浙江广厦控股队、苏州肯帝亚队、南京同曦大圣队、上海哔哩哔哩队、北京农商银行队。另外，中国台湾的达欣工程队和富邦勇士队首次参加夏季联赛。最终，浙江稠州银行队获得了冠军。

2019年，中职篮夏季联赛暨海峡两岸长三角职业篮球俱乐部挑战赛于7月24至28日在上海市举办，参赛队伍仍然是8支，6支CBA球队分别是苏州肯帝亚队、南京同曦宙光队、浙江稠州银行队、福建豹发力队、上海久事队、山东西王队。两支台湾球队是富邦勇士队和台湾啤酒队。最终苏州肯帝亚队以73∶68击败浙江稠州银行队获得冠军。

2020年和2021年中职篮夏季联赛没有举办。

（二）季前赛

中职篮季前赛是各支球队在常规赛季开始前进行的热身赛，因为在每个赛季结束后，多数球队在阵容上都会有变化，所以，为了让各队磨合阵容、熟悉各自球队的打法、确定各队新赛季的比赛阵容，同时增进运动员和教练员之间的沟通，在每个赛季开始之前，中国篮协就会举办若干场季前赛，使每支球队都能以比较好的状态投入漫长的常规赛比赛当中。1995—2004赛季，中职篮还没有规范统一的季前赛，各球队在正式比赛之前，基本上采用的都是邀请赛的形式进行新赛季开赛前的热身与磨合，也有的球队会到海外进行锻炼。直到2004—2005赛季，中国篮协开始以赛会制的形式进行季前赛的比赛。承办的地点并不固定，季前赛一般在中职篮正式开赛前1个月进行，原则上是上个赛季所有球队都要参加，比赛一般安排在中职篮俱乐部主场以外的地区进行，其中一个最重要的目的是推广篮球活动。如2020—2021赛季的中职篮季前赛于10月13—15日在浙江诸暨进行，13支参赛队伍一共进行了11场比赛。

（三）常规赛

常规赛是中职篮的根基，也是中职篮持续时间最长、影响范围最广的比赛，是中职篮最主要的部分。常规赛从每年的 10—11 月开始到第二年的 4—5 月结束，要求所有参赛球队按照统一的规则进行比赛，比赛靠前的球队（一般是联赛排名第 1~12 名）有资格进行下一轮的季后赛。

（四）季后赛

参赛球队经过常规赛的比拼，成绩靠前的球队（一般是 12 支球队）进入季后赛，季后赛按照一定的赛制逐步淘汰，最终留下两支球队进行最后的总冠军争夺。

（五）总决赛

经过常规赛排名、季后赛淘汰，最终留下两支球队争夺赛季的总冠军，夺得总冠军即获得了中职篮的最高荣誉。

（六）全明星赛

CBA 全明星赛始于 1995 年，每年举行一次，一般在常规赛结束后、季后赛开始前进行。该比赛是由观众和教练员选举出的 24 名中职篮运动员（南方联盟、北方联盟各 12 名，其中每队的 5 名先发球员由球迷投票决定、7 名替补球员由当选该全明星队的主教练选出）组成南方明星队和北方明星队进行对抗。CBA 全明星赛比赛时双方球员轮流上场，以充分展现当选球员的球技，对胜负要求不高。从 1996—1997 赛季开始，全明星赛名称改为全明星周末，包括全明星公益活动、全明星星锐挑战赛、扣篮大赛、三分球大赛、技巧挑战赛和全明星正赛等多项赛事。

二、竞赛方法历史回顾与分析

竞赛方法是中职篮赛制的核心，不同类型的比赛竞赛方法也有所不同，即使是同一种类型的比赛，其竞赛方法也在不断改革探索。

（一）夏季联赛竞赛方法回顾与分析

回顾近几年的夏季联赛，由于参赛球队数量较少（6~8 支）、比赛时间也较短（一般 5~7 天），相应的竞赛方法也比较简单。2017 年中职篮夏季联赛的竞赛方法为现场抽签分组，结果浙江稠州银行队、南京同曦队、上海哔哩哔哩队被分在 A 组，浙江广厦控股队、江苏肯帝亚队、青岛国信双星队被分在 B 组。6 支球队被分成两组先进行小组赛，两个小组第一再争夺冠军，各组的第二、第三相互对决，争夺靠前的名次。2018 年夏季联赛共 8 支球队参赛，首先分别进行两个小组单循环比赛，排出各小组名次，然后由两个小组同名次球队进行比赛决出最终名次，5 天时间共进行了 16 场比赛。2019 年夏季联赛竞赛方法与 2018 年类似，决赛期间两个小组第四名队伍分别与两支选秀队伍进行比赛。可以看出，夏季联赛竞赛方法比较简单，便于组织和管理。

（二）季前赛竞赛方法回顾与分析

2017—2018 赛季中职篮季前赛于 10 月 6—15 日进行，20 支球队被分至五大赛区，每个赛区各 4 支球队。具体安排如下：10 月 6—8 日在四川西昌赛区（山东高速队、吉林九台农商银行队、北京农商银行队、八一富邦队）；10 月 6—8 日在广东中山赛区（辽宁本钢队、福建浔兴 SBS 队、浙江稠州银行队、南京同曦队）；10 月 10 日—12 日在江苏溧阳赛区（深圳马可波罗队、上海哔哩哔哩队、江苏肯帝亚队、青岛国信双星队）；10 月 10—12 日在陕西彬县赛区（广东东莞银行队、北京首钢队、天津滨海云商队、广州证券队）；10 月 13—15 日在山西太原赛区（新疆喀什古城队、浙江广厦控股队、四川品胜队、山西汾酒股份队）。每个赛区进行 3 天比赛，每天 2 场比赛，采用单循环赛制，每场比赛分为 4 节，每节 10 分钟，具体的比赛规则遵照中职篮的规程执行。

2018—2019 赛季中职篮季前赛将 20 支球队共分 5 组进行比赛，比赛地点分别为嘉兴市、太原市、西宁市、丹东市和常熟市，比赛时间为 10 月 3—11 日。其中，嘉兴赛区比赛时间为 10 月 3—5 日，参赛队为浙江广厦控股队、上海哔哩哔哩队、浙江稠州银行队、八一南昌队；太原赛区比赛时间为 10 月 3—5 日，参赛队为新疆广汇汽车队、时代中国广州队、山西汾酒股份队、天津滨海云商队；西宁赛区比赛时间为 10 月 5—7 日，参赛队为广东东莞银行队、山东西王队、福建晋江文旅队、青岛国信双星队；丹东赛区比赛时间为 10 月 5—7 日，参赛队为辽宁本钢队、深圳马可波罗队、北京农商银行队、四川五粮金樽队；常熟赛区比赛时间为 10 月 9—11 日，参赛队为苏州肯帝亚队、北京首钢队、南京同曦大圣队、吉林九台农商银行队。2018—2019 赛季夏季联赛竞赛方法与 2017—2018 赛季相同。

2019—2020赛季中职篮季前赛于2019年10月9—19日举办，共5个赛区，每个赛区各有4支球队参赛。由于2019年第七届世界军人运动会于10月18日开幕，与中职篮季前赛时间冲突，所以八一南昌队将不参加此次季前赛。江西上饶赛区参赛队为广东东莞银行队、新疆伊力特队、浙江稠州银行队与天津先行者队；青海西宁赛区参赛队为北京首钢队、浙江广厦控股队、苏州肯帝亚队与北京紫禁勇士队；山东青岛赛区参赛队为辽宁本钢队、吉林九台农商银行队、青岛国信双星队与南京同曦宙光队；山西晋城赛区参赛队为福建豹发力队、山东西王队、山西汾酒股份队与天津荣钢队；贵州安顺赛区参赛队为深圳领航者队、上海久事队、时代中国广州队与四川五粮金樽队。具体竞赛方法同上赛季。

2020—2021赛季中职篮季前赛比赛地点为诸暨的暨阳体育中心和海亮教育园，比赛时间为10月13—15日，13支队伍共进行了11场比赛。

从上面的季前赛竞赛方法可以看出，季前赛的比赛规则比较固定。一般是将所有参赛球队集中在5组，选定5个不同地点举办比赛，比赛的方法也比较简单，进行组内单循环，一天2场比赛，3天时间结束所有比赛。只有在2020—2021赛季，由于新冠肺炎疫情影响，球队出行不便，中职篮便在第一阶段常规赛开始前，召集一些球队提前抵达诸暨市进行季前赛。

（三）常规赛竞赛方法改革回顾与分析

1. 管办分离前常规赛竞赛方法分析

从表3-3中可以发现，主客场双循环制的比赛方法是采用最多的。双循环制是所有球队都要交手两次，最后按各队在两个循环的全部比赛中的积分、得失分率排列名次，相对而言，结果更为客观、公平，在此基础上，加入主客场制度，加深了比赛的普及程度，提高了主场观众的积极性，因此，国内足球、排球联赛都采用了这种赛制。

表3-3 1995—2021赛季CBA常规赛竞赛方法信息统计表

赛季	球队数量（支）	竞赛方法	比赛场数（场）
1995—2001	12	主客场双循环制	132
2001—2002	13	主客场双循环制	156

续表

赛季	球队数量（支）	竞赛方法	比赛场数（场）
2002—2003	14	主客场双循环制	180
2003—2004	12	主客场双循环制	132
2004—2005	14	南北分区，同区四循环、不同区双循环主客场制	266
2005—2006	15	南北分区，同区四循环、不同区双循环主客场制	308
2006—2008	16	取消南北分区，实行主客场双循环制	240
2008—2009	18	恢复南北分区，同区四循环、不同区双循环主客场制	450
2009—2013	17	取消南北分区，恢复主客场双循环制	272
2013—2014	18	主客场双循环制	306
2014—2018	20	主客场双循环制	380
2018—2019	20	蛇形排列分4组，同组四循环、不同组双循环	460
2019—2020	20	蛇形排列分4组，同组四循环、不同组双循环	460
2020-2021	19	蛇形排列分两组、同组四循环、不同组双循环	494

数据来源：中国男子篮球职业联赛竞赛规程。

1996—2004赛季，中职篮便采用了主客场双循环制，同时要求比赛排名最后的两支球队降到甲B联赛，而甲B联赛的前两名则升入甲A联赛，即所谓的升降级制度。这一阶段，球队实力和比赛胜负是各方面关注的重点。

2004—2005赛季，中国篮协对中职篮常规赛赛制进行了较大幅度的改革，取消了实行9个赛季的升降级制度，改为准入制，即使排名最后一名的球队也有资格参加下赛季的比赛。这样的安排使得俱乐部可以不再一味追求比赛成绩，可以同时注重场馆硬件升级、俱乐部运营管理等方面的优化，帮助俱乐部建立规范完善的现代企业发展理念。从具体的比赛场次来看，2004—2005赛季，同赛区的球队在常规赛季要进行两个主客场系列比赛，每支球队有24场比赛；不同赛区之间的球队要进行一个主客场系列比赛，每支球队有14场比赛，这样每支球队在常规赛季共有38场比赛，整个常规赛将有266场比赛，比以往赛季的常规赛多出84场，达到了延长比赛场次的目的。

2006—2008赛季，为了给中国男篮备战北京2008年奥运会腾出更多时间，中国篮协宣布中职赛取消南北区划分，常规赛恢复主客场双循环制，比赛场次也减少到240场。2008—2009赛季，中职篮恢复南北分区，同区球队主客场四循环，不同区球队主客场双循环比赛。由于有18支队伍参赛，比赛轮次达到了空前的50轮，比赛场次达到了450场，创下了中职篮常规赛的最高场次纪录。2009—2012赛季，为了备战世锦赛、亚运会、亚锦赛、奥运会等国际赛事，中国篮协再次取消南北区划分，常规赛恢复主客场双循环制，比赛场次为272场。之后在2013—2018赛季，虽然球队数量有所增加，但常规赛竞赛方法仍然使用主客场双循环制。

2. 管办分离后常规赛赛制分析

2017年姚明当选中国篮协主席，同年CBA公司发布了《2017—2022赛季CBA联赛竞赛方案》，文件中提到，从2018—2019赛季起，四年内常规赛轮次将由现行的38轮逐步增至56轮。为了使CBA比赛覆盖面更广，比赛安排从传统的周三、周五、周日改为从周二到周日的6天每天都有比赛，具体竞赛方案见表3-4。

表3-4 2017—2022赛季中职篮常规赛竞赛方案

赛季	队伍数量（支）	竞赛方法	轮次（轮）	比赛强度	比赛日
2017—2018	20	主客场双循环制	38	两周五赛	周二至周日
2018—2019	20	根据上赛季排名，蛇形排列分4组，同组四循环，不同组双循环制	46	一周三赛	周二至周日
2019—2020	20	根据上赛季排名，蛇形排列分4组，同组四循环，不同组双循环制	46	三周八赛	周二至周日
2020—2021	20	根据上赛季排名，蛇形排列分2组，同组四循环，不同组双循环制	56	三周八赛	周二至周日

为协调中职篮与备战国际大赛的关系，特别设立了窗口期（联赛休战期）。第一个窗口期为2017年11月20—28日，第二个窗口期为2018年2月19—27日，第三个窗口期为2018年6月25日至7月3日，第四个窗口期为2018年9月17—25日，第五个窗口期为2018年11月26日至12月4日，第六个窗口期为2019年2月18—26日。窗口期的设立使得中职篮的完整性得到保持，也留下时

间为国家队备战重大赛事。

2019—2020赛季，比赛密度由一周三赛调整为三周八赛，增加了部分周一的比赛，同时增加周六和周日的场次。结合主场球迷的生活习惯或气候特点，经过与各家俱乐部的协商后，CBA公司将试点调整部分比赛的开赛时间。吉林九台农商银行队考虑到气候因素和球迷生活习惯，将11个主场的比赛时间提前到晚7点。深圳领航者队和广东东莞银行队也根据自身实际情况，选择将多个主场的开赛时间改为晚8点。同时，为方便家庭观赛，2019年11月10日辽宁本钢队对八一南昌队、2020年2月16日浙江广厦控股队对山西汾酒股份队的两场比赛，比赛时间则提前至周日下午4点。受到新冠肺炎疫情的影响，CBA公司于2020年1月24日宣布推迟原定于2月1日开始的后续比赛。6月4日，中国篮协通过官方微博宣布，中职篮将于6月20日正式复赛。20支球队以赛会制方式，分别在山东青岛和广东东莞两个赛区进行比赛。球队分组原则在本赛季分组基础上有所微调，尽量让交手次数少的球队同组，比赛场次为常规赛第31轮至第46轮中所包含场次及补赛，共计78场比赛。

2020—2021赛季，CBA常规赛增至56轮共504场比赛，19支球队分为两个小组，同组球队四循环，不同组球队双循环。比赛采用赛会制，统一在诸暨市的暨阳学院体育馆和海亮教育园体育馆同时进行。第一阶段（1~12轮）10月17日至11月14日，第二阶段（13~39轮）12月2日至2月6日，第三阶段（40~47轮）3月1—18日，第四阶段（48~56轮）3月24日至4月13日。比赛日期为周一到周日，具体的比赛时间第一个赛场1~3场比赛不等，如果是一场，则安排在晚上19：30或者20：00开始，如果是两场则是中午（11：00或12：00或12：30开始）和晚上（19：35或20：00开始），如果一天三场则增加了下午（15：30开始）一场。

可以看出，随着CBA的发展，中国篮协和CBA公司正在不断优化联赛竞赛方法，从最近几个赛季执行的分区循环比赛的竞赛方法来看，改革的主要目的就是增加比赛场次，而最简单的方法就是分组循环，这在中职篮历史上曾多次被采用。国外的篮球联赛，如NBA常规赛轮次为82轮、韩国篮球联赛也都超过50轮，从这一点来看，目前中职篮的46轮常规赛竞争强度是不足的，因此，中职篮增加比赛场次是有一定依据的。

对于球员来说，只有比赛场次增加，才能有更多的上场机会，综合能力才能得到提升。但比赛场次增加也对球员的体能提出了更多的要求，个别队员因为疲劳而受伤的情况在比赛场次增加后显现出来，这就要求教练员要有战略眼光，既能保持球队的持续作战能力，又要对年轻球员、关键球员的体能安排做出及时调整。而对于运动员而言，一定要重视专项体能训练，养成更加良好的训练、生活习惯，只有这样，才能适应中职篮常规赛高强度、多场次的改革趋势。另外，有部分俱乐部提出因为比赛场次增加，需要俱乐部的各项花费也多了起来，但反过来看，随着比赛场次的增加，中职篮将吸引更多的观众和关注度，联赛的影响力和知名度也会进一步提高，必然会让 CBA 公司有底气和比赛转播方及其他合作商要求更高的合同金额。CBA 公司有了更多赞助，就能为俱乐部的建设提供更多的资金支持。因为中职篮的所有收益都将分摊给各支球队，中职篮发展得越好，各支球队的收益情况也会越来越好。而随着 CBA 比赛关注度和比赛时间的拉长，赞助商的品牌曝光率也会随之得到提升，这也是赞助的主要动力。

综上，从球员、俱乐部、观众、赞助商几个方面分析，目前进行的中职篮常规赛增加比赛场次的竞赛方法改革顺应现代篮球发展趋势，对于联赛相关利益主体都有积极作用，也将推动联赛向着更高水平发展。

（四）季后赛竞赛方法改革回顾与分析

季后赛是常规赛的延续，常规赛结束后，根据积分排序，选出成绩较好的球队进行季后赛的比赛。1995—1996 赛季，中职篮季后赛将 12 支球队分为上（第1~4 名）、中（第 5~8 名）、下（第 9~12 名）三个区，采用主客场淘汰赛制，最终决出总冠军。1996—1999 赛季，季后赛则分为争冠交叉淘汰赛（常规赛前 8 名）和保级循环赛（常规赛第 9~12 名），1/4 比赛和半决赛采用 3 战 2 胜制。2005—2006 赛季，中国篮协对季后赛竞赛方法进行改革，1/4 决赛和半决赛都采用 5 场 3 胜制，这样的竞赛方法一直用到 2016—2017 赛季。

2017—2018 赛季，中职篮季后赛进行了较大幅度的改革。参赛的球队数量从 8 支增加到 10 支，分为三个阶段进行。第一阶段为 10 进 8 的比赛，常规赛第1~6 名在第一阶段轮空，自动进入第二阶段；排名第 7~10 的球队进行比赛，具体对阵为常规赛第 7VS 第 10、第 8VS 第 9 对位淘汰，采用 3 战 2 胜制，具体赛制安排为 1-1-1。第二阶段则是进入 1/4 决赛，共有 8 支球队参赛，具体对阵为常规赛第 1VS 第 8 或第 9、第 4VS 第 5、第 2VS 第 7 或第 10、第 3VS 第 6，采用5 战 3 胜制，具体赛制安排为 1-2-1-1。

2018—2019 赛季开始，季后赛球队数量增加至 12 支。常规赛第 1~4 名的球队第一阶段轮空，自动进入第二阶段；常规赛第 5~12 名的球队以第 5VS 第 12、第 6VS 第 11、第 7VS 第 10、第 8VS 第 9 的顺序，进行 3 战 2 胜的交叉淘汰赛。而随后的 1/4 决赛，第 1VS 第 8/9 之间的胜者、第 2VS 第 7/10 之间的胜者、第 3VS 第 6/11 之间的胜者、第 4VS 第 5/12 之间的胜者，进行 5 战 3 胜的交叉淘汰赛。第三阶段仍为半决赛，7 战 4 胜制，具体赛制安排为 2-3-2。

2019—2020 赛季，由于新冠肺炎疫情原因，第 31 轮以后的常规赛比赛都被推迟到了 2020 年 6 月 20 日以后进行，并且比赛采用赛会制，季后赛相应地也做了顺延。竞赛方法方面，2019—2020 赛季季后赛 12 进 8 和 1/4 决赛的比赛都采取单场淘汰制，即获胜队进下一轮，输球队伍直接被淘汰，半决赛和决赛是 3 场 2 胜制。2020—2021 赛季季后赛与 2019—2020 赛季相同。

如果说常规赛球队数量多、参赛球队水平差距较大、比赛激烈程度不高，那么季后赛就是另一种状态：各队实力相对接近，比赛观赏性大大提升。从 2017—2020 三个赛季的季后赛参赛球队表现情况来看，广东、辽宁、新疆、北京 4 支球队实力靠前，2019—2020 赛季的四强球队最终也是广东、辽宁、新疆、北京这 4 支拿过总冠军的球队，而其中近两个赛季广东队实力更加突出，胜率保持在 90% 以上，2018—2019 赛季常规赛一共输了 4 场，而 2019—2020 赛季只输两场球。可见，季后赛走到最后的都是真正的强队。但是，吉林、山东、上海、浙江稠州、福建等季后赛排名靠后的球队也并非鱼腩。在 2019—2020 赛季的季后赛第一轮，常规赛排名第 12 名的福建豹发力队以 132∶119 淘汰常规赛排名第 5 的浙江广厦控股队，而浙江广厦队曾是 2017—2018 赛季的亚军，该场比赛过程非常精彩，球迷大呼过瘾。在另一场 1/4 半决赛浙江稠州银行队与辽宁本钢队的比赛中，双方国内球员发挥出色，尤其是浙江稠州队的吴前得到 48 分、3 个篮板、5 次助攻的豪华数据，接连在比赛的关键时刻命中高难度进球，让球迷仿佛看到了 NBA 的比赛。可以说，近三个赛季提出的扩大季后赛参赛球队的改革已经初显成效，提升了比赛精彩程度。

(五) 总决赛竞赛方法改革回顾与分析

CBA 总决赛的提法是 2004—2005 赛季进行南北分区之后才提出的，在此之前的赛季，没有强调中职篮的总冠军比赛。2004—2005 赛季，由于中国篮协启动了"北极星计划"，对联赛进行了全面的升级，首次将参赛球队进行南北分区比赛，首次设立了总冠军奖杯和总冠军戒指，并在上面刻上总冠军球队名称，用于奖励最后获得总冠军的球队。对于球队而言，这是至高无上的荣誉，所以俱乐部也经常采用经济手段激励球队努力争夺总冠军，如近几个赛季夺冠的辽宁队、新疆队，获得总冠军后俱乐部相关奖励达到上千万元[1]。可见，无论是中国篮协还是各俱乐部，对于中职篮总冠军的重视程度都是非常高的。

具体竞赛方法方面，1995—1997赛季的中职篮冠军赛采用3战2胜制，1997—2005赛季的总决赛均采用5战3胜制，2005—2006赛季以后的中职篮总决赛均采用7战4胜制。比赛场次增加，一方面可以使参赛双方的实力得到充分体现，另一方面也能给球迷奉献更多精彩比赛，当然，也能使赞助商自身的品牌价值得到最大幅度的提升。因此，每个赛季的总决赛都是整个赛季的焦点。

总决赛真正受关注的还是比赛本身，因为是中职篮一个赛季排名第一和第二的较量，所以观众的期望值也非常高。从中职篮1995—2021赛季历届总冠军的结果来看（表3-5），广东队共获11次总冠军、八一男篮获8次总冠军、北京队获3次总冠军，上海、新疆、辽宁、四川4支球队各获得1次总冠军，可见，广东队和八一男篮的实力明显比其他球队高出一筹。从具体的夺冠赛季来看，八一男篮的夺冠赛季主要集中在1995—2003赛季，其中在1995—2001赛季更是获得六连冠，当时八一男篮集中了阿的江、张劲松、李楠、刘玉栋和王治郅等国内优秀球员，他们被称为八一五虎，而其他球队则难有与之抗衡的实力，球队六连冠的17场决赛中，仅输掉1场比赛，其余全部横扫对手，可见当时的八一男篮在整个甲A联赛中拥有绝对实力。接着是姚明的崛起，带领上海队两次进入总决赛，并在2001—2002赛季获得队史首个也是截至目前唯一的一次总冠军。之后随着阿的江、刘玉栋的退役，姚明和王治郅加入NBA，八一男篮和上海队实力开始下滑，自2003—2004赛季开始，广东队逐渐崛起，曾在2003—2013赛季夺得8个CBA总冠军，开创了广东队王朝，当时的主力队员朱芳雨、王仕鹏、陈江华、杜峰、易建联也同时是国家队队员。在最近的三个赛季，广东队积极进行球队新老队员交替，新人涌现，徐杰、胡明轩、赵睿等年轻球员迅速成长，在易建联、周鹏等老队员的带领下，更是连续3个赛季获得总冠军（2018—2021赛季），队史冠军数达到11个，综合实力远超其他俱乐部。中职篮的第三个有影响力的冠军俱乐部是北京首钢俱乐部，2011—2012赛季，NBA球员马布里加盟北京金隅队，球队以马布里为核心进行构建，当年便获得总冠军，之后又分别在2013—

---

[1] 张文浩. 我国CBA联赛IP价值开发现状及对策 [D]. 开封：河南大学，2019.

2014 赛季和 2014—2015 赛季两次获得总冠军。在随后的 2015—2019 赛季中，四川金强队、新疆喀什古城队、辽宁本钢队、广东东莞银行队各获得 1 次总冠军。

表 3-5 1995—2021 赛季中职篮总决赛冠亚军及总比分统计表

赛季	冠军	亚军	总比分
1995—1996	八一火箭	华南虎（广东）	2∶0
1996—1997	八一火箭	辽宁猎人沈飞	2∶0
1997—1998	八一火箭	辽宁猎人沈飞	3∶0
1998—1999	八一火箭	辽宁猎人沈飞	3∶0
1999—2000	八一火箭	上海东方大鲨鱼	3∶0
2000—2001	八一火箭	上海东方大鲨鱼	3∶1
2001—2002	上海东方大鲨鱼	八一双鹿电池	3∶1
2002—2003	八一双鹿电池	广东宏远药业	3∶1
2003—2004	广东宏远药业	八一双鹿电池	3∶1
2004—2005	广东宏远宝玛仕	江苏南钢同曦	3∶2
2005—2006	广东宏远宝玛仕	八一双鹿电池	4∶1
2006—2007	八一双鹿电池	广东宏远宝玛仕	4∶1
2007—2008	广东宏远宝玛仕	辽宁盼盼	4∶1
2008—2009	广东东莞银行	新疆广汇	4∶1
2009—2010	广东东莞银行	新疆广汇汽车	4∶1
2010—2011	广东东莞银行	新疆广汇汽车	4∶2
2011—2012	北京金隅	广东东莞银行	4∶1
2012—2013	广东东莞银行	山东黄金	4∶0
2013—2014	北京金隅	新疆广汇能源	4∶2
2014—2015	北京首钢	辽宁药都本溪	4∶2
2015—2016	四川金强	辽宁药都本溪	4∶1
2016—2017	新疆喀什古城	广东东莞银行	4∶0
2017—2018	辽宁本钢	浙江广厦控股	4∶0
2018—2019	广东东莞银行	新疆广汇汽车	4∶0
2019—2020	广东东莞银行	辽宁本钢	2∶1

续表

赛季	冠军	亚军	总比分
2020—2021	广东东莞大益	辽宁本钢	2∶1

数据来源：中国篮球数据库。

2019—2020赛季后半程，受到新冠肺炎疫情影响，CBA采用赛会制，并将最终的总决赛竞赛方法改为3场2胜制，结果广东（东莞银行）队以2∶1战胜辽宁（本钢）队获得总冠军。2020—2021赛季，由于仍采用赛会制，总决赛沿用上赛季模式，广东（东莞大益）队再次以2∶1的总比分战胜辽宁（本钢）队获得总冠军。

可以看出，随着CBA的不断发展，获得总冠军的球队数量正不断增加，联赛初期一支球队多年蝉联中职篮总冠军的现象很少出现，管办分离后，获得总冠军最多的是广东队的3次。

（六）全明星赛竞赛方法改革分析

从1995—2021赛季CBA全明星赛的主要改革措施统计表中可以看出，CBA全明星赛的改革措施主要体现在比赛活动不断丰富、参赛群体不断扩大和公益活动的添加三个方面（表3-6）。

表3-6　1995—2021赛季CBA全明星赛主要改革措施统计表

赛季	主要改革措施
1994—1995	首届CBA全明星赛在赛季结束后进行，只有全明星对抗队形式，以球迷投票的方式选择20名球员进行比赛，邀请美国百威啤酒篮球队进行扣篮、杂技等表演
1996—1997	首次将CBA全明星赛扩充为了全明星周末，首设了球迷大会、三分球远投和扣篮大赛，并开始MVP的竞选
1997—1998	首次将全明星赛改为中外对抗的比赛形式
2005—2006	首次由盈方公司来负责全明星赛，安排了球迷大会，球星到希望小学等地进行公益活动，并首次设立技巧大赛
2007—2008	首次设立CBA星锐挑战赛
2013—2014	首次将全明星周末设在常规赛期间举行

续表

赛季	主要改革措施
2014—2015	扣篮大赛、三分球大赛首次邀请民间草根球星和 CBA 球星对抗
2017—2018	星锐赛由 CBA 年轻球员对抗北大清华大学生球员
2019—2020	增设 3VS3 比赛（CBA 对阵 CBUA）；增设全明星队员 1 对 1（南北区两名外线和两名内线）；增设名宿 3 分球 PK；调整扣篮大赛规则，要求决赛第一扣必须由多人或者双人完成，技巧挑战赛决赛有嘉宾参与完成，草根球员进入技巧和扣篮比赛
2020—2021	为纪念 CBA 全明星周末办赛 25 年，以投票的方式选出了 CBA 全明星 25 周年三套最佳阵容；星锐赛上，两队打进第 25 分的球员，分别与各自球队的"名宿天团"一起进行"名宿天团投篮 PK 赛"；邀请包括轮椅篮球运动员在内的一些特殊球迷组成特别观赛团

第一，活动内容更加丰富。早期的全明星赛只是一场中职篮中各队球星之间的比赛，到了 1996—1997 赛季，全明星赛扩展为全明星周末，时间延长，同时增设三分球大赛和技巧赛，并选出全明星赛的 MVP，大大丰富了活动内容，也给球迷带来了更多惊喜。2007—2008 赛季，全明星新设立了星锐挑战赛，即把 CBA 各队年轻队员集中起来进行一场比赛。到了 2019—2020 赛季，在原有活动的基础上，又增设两个新的内容：明星队员 1 对 1 斗牛、CBA 与 CUBA 半场三对三。其中，参加 1 对 1 的 4 名球员全部由球迷选出，分别为两队首发阵容中得票数最高的前场和后场球员，1 对 1 环节设在全明星赛第一、二节和第三、四节节间，参赛球员的得分将双倍分别计入其所在球队总分，1 对 1 的对阵双方为林书豪 VS 赵睿、易建联 VS 周琦（后改为胡金秋 VS 韩德君）。

第二，参赛群体不断扩大。①球迷群体受到重视。1996—1997 赛季便设立了球迷大会，2005—2006 赛季全明星赛安排了球迷大会，增加了球迷互动。②草根人员加入比赛。篮球有着广泛的群众基础，中职篮的全明星周末得到球迷和草根人士的极大关注，其中不少草根篮球人士也希望加入全明星周末中，为此，2014—2015 赛季全明星赛的三分球和扣篮比赛便首次邀请草根篮球人士参赛。这些草根篮球人士首先需要在网络投票中获得前四，接着进行内部比赛，获胜者（冠军）可以到全明星周末和 CBA 球员一起进行比赛。2014—2015 赛季的草根球员在全明星周末的三分球比赛和扣篮比赛中发挥一般，但到了 2019—2020 赛季，身高只有 1.76 米的草根篮球人士矣进宏获得全明星扣篮大赛的冠军，让全国的篮球迷为之振奋。除了矣进宏，李名扬、董康潮两位网络草根篮球人士也参加了全明星技巧挑战赛，虽然都没有夺冠，但他们的参与也给更多草根篮球爱好者增添了前进的动力，使 CBA 全明星周末关注度大大提升。③大学生篮球运动员获得参赛机会。2007—2008 赛季的全明星周末首次设立 CBA 星锐挑战赛，当时比赛双方都是 CBA 各俱乐部的年轻队员。到了 2017—2018 赛季，星锐赛改为中职篮年轻队员与清华、北大大学生队员之间的比赛，而在 2019—2020 赛季的全明星周末中，技巧赛、三分球赛、扣篮赛中都有 CUBA 球员的身影，大学生篮球运动员逐渐进入全明星周末。在新设立的 3 对 3 比赛中，就是由 CBA 球员组成的球队与大学生运动员组成的球队进行比赛。在 2019—2020 赛季中，大学生球队最终以 21∶18 战胜 CBA 球队，更是让人们对大学生运动员充满期待，也充分说明了大学生篮球运动员具备相当的实力。④篮球名宿加入互动。2019—2020 赛季的全明星周末加入了篮球名宿组队进行三分球比赛的内容，比赛双方由刘玉栋和朱芳雨各自带领两名青少年篮球运动员进行三分球比赛，结果朱芳雨球队胜出。这样的新老搭配，既体现了对篮球名宿的尊重，也体现了对青少年篮球运动员的期望。

第三，添加公益属性。2020—2021 赛季，在国内疫情整体好转的情况下，经综合论证，2021 年 CBA 全明星周末首开疫情以来国内赛事售票模式，还邀请了包括轮椅篮球运动员在内的一些特殊球迷组成特别观赛团。除了精彩纷呈的赛事活动，该届全明星周末还融入公益色彩。全明星周末期间，以"城市梦、篮球梦、星河梦"为主题的儿童绘画征集活动顺利举办，还组织开展了 CBA 亲子画卷轴、CBA 童心义卖会、小雄鹰篮球公开课等活动。在疫情防控的特殊时期，CBA 全面星周末开展公益活动使其影响力进一步扩大，也为和谐社会做出了贡献。

三、竞赛方法改革评述

（一）夏季联赛改革建议

1. 增加球队数量，提高比赛含金量

中职篮的赛季通常在四月底五月初结束，而新赛季一般在 10 月下旬开始。在漫长的夏天，各球队更多的时候只能各自训练，缺乏找到势均力敌的对手进行热身赛的机会。夏季联赛的出现增加了中职篮球队间交手的机会，同时也能让更多的年轻球员参与进来，俱乐部和球队可以有更多的机会考察球员，而球员们也多了一个展示自己实力的平台。

从已经举办的中职篮赛季联赛参加球队数量来看,最多时是 8 支,其中还包含了两支台湾球队,参赛队伍的数量限制了比赛的影响力,对于参赛队伍的锻炼价值也相对有限。因此,建议未来中职篮夏季联赛能增加球队数量。以 NBA 为例,在休赛期间进行的一系列比赛,各支球队会派出新秀球员及一些未签约的自由球员组成一队,代表自己的球队出战夏季联赛,从而达到为 NBA 正赛练兵的目的。目前 NBA 官方认可的夏季联赛一共有三项赛事:盐湖城夏季联赛、萨克拉门托夏季联赛(又称加州经典)和拉斯维加斯夏季联赛。我国运动员姚明、王治郅、巴特尔、周琦等球员都参加过 NBA 的夏季联赛。

因此,建议未来中职篮夏季联赛将参赛球队数量增加到 10 支以上。在参赛资格方面,除了可以邀请中职篮俱乐部参赛,还可以规定参加当年中职篮选秀的运动员必须参加夏季联赛,可以让他们自由组队,并且在比赛中,可以允许球员有一次更换队伍的机会,最大限度地给年轻队员提供锻炼机会。只有参赛队伍数量增多,比赛场次才能增加,球员的锻炼效果才能显现,也更能获得球迷的关注,从而形成一种良性循环的竞争关系,进而实现中职篮的有益补充。

2. 继续邀请港澳台球队,促进交流提高

2018 年和 2019 年中职篮夏季联赛赛事都有台湾球队参加,联赛充分秉持了海峡两岸职业球队以球会友、以礼相待这一亮点,通过篮球搭建体育文化交流平台,促进了海峡两岸球队间的互相学习与交流。台湾球队的参与既是夏季联赛的特色,也是夏季联赛的一个功能。建议未来继续保持这种方式,不仅要继续邀请台湾球队,还可以邀请香港、澳门的球队参与,通过海峡两岸的篮球交流,加深彼此的文化认同,进而推动海峡两岸在经济、体育、文化等多领域的互动,从而达到中职篮影响力全面提升的效果。

3. 寻找适当时机,重启夏季联赛

2017—2019 年的夏季联赛取得了较好的效果,得到了相关方面的认可。但 2020 年没有关于中职篮夏季联赛的报道,可能是因为当年的中职篮由于新冠肺炎疫情直到 8 月 15 日才结束,时间紧迫,新赛季筹备工作任务艰巨而暂停进行。2021 年也没有看到夏季联赛的举办信息,可能也与疫情防控相关。

（二）季前赛改革建议

1. 延长比赛时间，充分锻炼队伍

通过对 2017—2020 赛季的中职篮季前赛赛程观察发现，每个比赛赛区的安排都是 4 个参赛队伍单循环进行比赛，一共两天完成。每个队伍与同组其他球队比赛一场便结束赛程，通过旅行参加这样的比赛，锻炼价值并不大。一般来讲，一场比赛暴露出的问题，需要花费时间进行改进并且通过再次比赛来检验是否有所改善，因此，在未来的季前赛赛制上，建议将目前的单循环赛制改为双循环赛制，通过比赛数量的增加，为球队提供更多检验和锻炼的机会，从而为后面的常规赛奠定基础。

2. 针对性选择比赛地点，推动篮球运动普及

回顾 2017—2020 赛季中职篮季前赛的比赛地点，涵盖了四川、广东、江苏、山西、浙江、青海、辽宁、山东、贵州等多个省份，比赛地点也多次变换，主要目的就在于扩大中职篮的影响力，让更多的球迷可以有机会在现场欣赏到 CBA 球队之间的精彩对决。如 2018—2019 赛季的季前赛在西宁市举办，这是青海省首次举办 CBA 季前赛，也是青海省有史以来举办过的国内水平最高的一次篮球赛事。此后，西宁市又举办了 2019—2020 赛季季前赛，这大大提升了青海省举办大型体育赛事的能力，加快了当地篮球运动向职业化方向成长。但青海省至今没有成立 CBA 俱乐部，而上述已经举办过季前赛的省份多数已拥有 CBA 俱乐部。因此，在季前赛的举办地点方面，建议针对性选择比赛场地。可以首选 CBA 俱乐部主场以外的城市，这对于进一步扩大 CBA 影响力、推动当地体育事业发展都大有益处。

3. 考虑举办地位置因素，节约旅行成本

2017—2018 赛季季前赛，四川队被分到山西太原而没有被安排到四川省的西昌市；在广东中山举行的季前赛更是没有广东省 3 支球队的名字。广东东莞银行队和广州证券队去了陕西彬县，深圳马可波罗队去了江苏溧阳。2018—2019 赛季季前赛也出现了吉林九台农商银行队到江苏常熟参赛、深圳马可波罗队到辽宁丹东参赛的情况。长距离路途不仅增加了交通费用，而且对球队的生活适应能力也是一个考验，季前赛本身赛程就较短，这样会使队员非常疲惫。因此，建议未来在球队分组时，尽量将地理位置上相近的球队分为一组，比赛地点距离各队尽量近一些，从而减少球队出行干扰，节约开支，提高比赛效率。

(三) 常规赛改革建议

1. 降低比赛密度，保障球员健康

按照目前中职篮赛制改革方法，常规赛改革的重点就是增加比赛场次，给球员更多的锻炼机会。但在具体推进过程中，也出现了一些问题，其中最重要的就是运动员的伤病问题。2020—2021 赛季常规赛第 50 轮广东东莞大益队对阵浙江稠州金租队的比赛中，3 名球员受伤离场，浙江稠州队主力球员吴前、陆文博及广东队外援马尚-布鲁克斯先后被送医治疗，布鲁克斯更是因为跟腱断裂最终宣布赛季报销。2020 年 10 月 15 日中职篮更新了联赛伤情报告，报告显示：广东东莞队易建联（跟腱伤势）预计康复时间为 30 周；辽宁本钢队李晓旭（膝关节伤势）预计康复时间为 26 周、贺天举（手指伤势）预计康复时间为 14 周；新疆伊力特队阿不都沙拉木（膝关节伤势）预计康复时间为 4 周。除此之外，深圳领航者队、南京同曦宙光队、四川五粮金樽队、天津先行者队等队都有重要队员遭遇严重伤病。运动员作为球队最重要的资产，伤病的发生使球队受到巨大的损失，同时受到影响的还有球队关注度及比赛成绩。

因此，建议在未来常规赛比赛安排上，考虑适当延长比赛间歇，降低比赛密度，使得运动员能有较为充足的时间休息。当然，运动员损伤也不完全是比赛疲劳所致，可能与训练安排、心理因素等有关系，但比赛密度降低可以间接地给运动员提供恢复时间，从而为运动员健康提供保障。

2. 调整比赛时段，符合球员及观众习惯

在近两年赛会制的比赛中，比赛除了在晚上进行，在中午和下午也都安排了部分场次，这样的安排可能是因为赛会制比赛场地有限。但对于运动员来说，他们并没有长期在中午比赛的经历，晚间的状态更加活跃。在 2020—2021 赛季第 29 轮山东西王队与辽宁本钢队的赛后发布会上，辽宁队主教练杨鸣点评比赛时表示："连续 3 场都是在中午比赛，大家的头脑和意识在上半场都不是特别清醒。"另外，对于习惯晚上观看比赛的球迷来说，中午、下午的比赛时间可能与工作安排相冲突，影响了其观看比赛。因此，未来若继续采用赛会制的方式，在比赛地点选取上，尽量考虑场地容量大的城区，同时尽量将比赛安排在晚上，从而给运动员创造良好的竞技环境，也方便观众观看直播。

3. 科学引导，提高空场运动员比赛积极性

由于疫情防控需要，2020—2021赛季中职篮继续采用空场比赛。过去有观众观看的主客观比赛，运动员情绪会受到观众、现场解说的影响而产生相应变化，即产生观众效应。观众的数量和观众效应的强度成正比，在一定范围内，观众数量越多观众效应越强[1]。现行的空场比赛条件下，运动员的表现欲望和积极性不高，导致比赛的激烈程度有所下降。建议对运动员心理进行更有效的调整和干预，帮助其适应空场比赛状况；同时，各俱乐部应及时根据空场比赛变化对运动员技术指标的影响制订科学的应对策略，帮助运动员发挥其自身特点；CBA公司也应积极行动，考虑引入云观众、远程互动等措施创造良好的比赛氛围。

（四）季后赛改革建议

1. 继续实行"12进8"季后赛附加赛赛制

2017—2021赛季中职篮竞赛方案中季后赛附加赛的赛制设计有效地解决了部分中游球队（第9~12名球队）缺少竞技动力的难题。任何一个联盟，都可以按照战绩大致分为上、中、下三个梯段。以欧洲发达的足球联赛为例，成绩最好的上游球队赛季目标是争夺联赛冠军，成绩中游的球队赛季目标是争取参加洲际俱乐部赛事，成绩较差的下游球队赛季目标则是力争保级[2]，这就造成了全联盟所有球队各有各的追求，但核心都是力争向上。另外，赛季中还穿插了偶然性极大的杯赛，进一步增加了赛季的随机性和收视率。

在目前实行准入制赛制的CBA中，成绩较好的上游球队赛季目标是争夺联赛总冠军，而成绩居中的中游球队赛季目标则是力争获得季后赛名额。可以将常规赛战绩前4名的4支球队视作是争冠的上游球队，他们在季后赛享有主场优势，并且可以不用参加附加赛。而常规赛战绩第5名至第12名的球队可以被视作中游球队，需要通过附加赛争夺季后赛名额，这样就能有效刺激8支中游队伍在常规赛后期的竞技动力。如2019—2020赛季季后赛"12进8"的比赛中，常规赛排名第5的浙江广厦控股队的对手是排名第12的福建豹发力队，双方排名差距不代表真实实力差距，比赛中，福建队从第二节结束就一直领先对手，最终

---

[1] 樊道明. 竞技运动比赛中的观众效应及其影响因素[J]. 体育与科学, 2007 (6): 77-79.
[2] 徐波, 黄杰聪, 徐旭, 等. 职业足球比赛发展特征的历史审视[J]. 沈阳体育学院学报, 2008 (4): 32-35.

以132∶119击败浙江广厦队，由于是单场决胜制，因此，福建队成功地晋级下一轮季后赛，也成为中职篮季后赛"12进8"规则下首支"以下克上"的球队。而排名第9的青岛国信双星队最终以129∶120战胜排名第8的山东西王队晋级8强，也给球迷带来了惊喜。而按照以往的赛制，排名第8以后的球队是没有机会进入季后赛的，如果比赛排名不会有大变化时，就会使他们在常规赛临近结束阶段不会全力拼搏，比赛观赏性也随之降低。因此，目前中职篮改革实行的季后赛"12进8"附加赛对于中游球队的前进动力有着重要推动作用，同时由于比赛场次的增加，也使得联赛的商业价值得到进一步提升。本书认为，今后有必要将"12进8"季后赛规则继续实行，以推动中游球队的良性竞争，进而提升中职篮整体竞争力。

2. 增设选秀权附加赛，鼓励落后球队积极拼搏

对于成绩较差的下游球队，由于没有了升降级制度，使得其赛季目标积极性不足，甚至可能是力争向下。因为按照规则，常规赛名次越低，下赛季的选秀顺位理论上也会越高。目前针对此问题，中职篮的解决方案是用抽签概率来削弱排名靠后球队摆烂的可能性，但这是治标不治本的方法。以NBA为例，2020—2021赛季失去了哈登的休斯敦火箭队通过一系列操作，最后成功摆烂获得了理想中的高顺位选秀权。而纵观近十年，明尼苏达森林狼队和克利夫兰骑士队也通过年复一年的摆烂，多次获得了高顺位选秀权，这与欧洲足球联赛下游球队奋力拼搏力争保级的现象形成了鲜明的对比。但目前NBA也没有很好的办法阻止下游球队通过摆烂获得高顺位选秀权。近几年，中职篮在选秀权上也进行改革，目的就是防止下游球队通过战略性放弃而获得下赛季的选秀优先权，联赛中排名靠后的天津队、南京队和江苏队便有此嫌疑。

针对上述情况，未来的中职篮季后赛可以在保持现有"12进8"附加赛赛制不变的情况下，对第13名至第20名的8支队伍进行赛制改革。由于他们最希望的就是获得下赛季的高顺位选秀权，而目前CBA公司是通过抽签来决定这些队伍的选秀权高低，有概率问题，与比赛竞技没有绝对关系，但如果将抽签概率的机制改为与各自球队的赛季战绩挂钩，则可以激发下游球队的比赛积极性。因此，可以设计与季后赛"12进8"附加赛一样的赛制，第13名至第20名的8支队伍需要通过"选秀权"附加赛来决定未来的选秀高低顺位。

对第13名至第20名的球队又可以再次细分，第13名至第16名的4支队伍可以被视作是争夺季后赛附加赛资格失败的，基本水平大致在同一区间；而第

17名至第20名的4支队伍可以被视作是对季后赛没有竞争力的,基本水平大致也在同一区间。所以,一方面既要刺激他们通过附加赛争夺选秀顺位的高低,另一方面又要避免给予他们与各自战绩不符的顺位奖励。

因此,选秀权附加赛的具体方案可设定为:第17名至第20名的4支队伍根据附加赛的成绩排名高低,依次获得第1~4位的选秀顺位;而第13名至第16名的4支队伍则根据附加赛的成绩排名高低,依次获得第5~8位的选秀顺位。这样既保证第17名至第20名的4支队伍,附加赛成绩最差的也可以获得第4顺位;也可以保证第13名至第16名的4支队伍,附加赛成绩最好的也只能获得第5顺位。一方面保证了选秀权制度没有失去对弱队的救济意义;另一方面也可以刺激战绩相当的球队在常规赛期间保持积极拼搏,削弱通过摆烂获得高概率高顺位的动机;更重要的是,还可以满足广大观众的观赛需求、球队的曝光和商业收益,是一个兼顾了竞技性、商业性和建设性的方案。

3. 增加比赛场次,扩大联赛综合效应

按照2017—2022赛季中职篮竞赛方案,季后赛"12进8"和1/4决赛都是采用3战2胜的赛制,但在近两年的赛会制比赛中,全部改为单场淘汰制。CBA季后赛的比赛都是精华,球队在常规赛经历了50多场历练,目的就是要进入季后赛,并争取获得总冠军。因此,季后赛的比赛常常都很精彩,对观众的吸引力也很大。如2019—2020赛季季后赛首轮福建豹发力队上演"黑12",淘汰浙江广厦控股队晋级八强;2020—2021赛季季后赛"8进4"的北京首钢队与广东东莞大益队的比赛中,广东队在一度落后14分的情况下,末节发威,最终以104:103逆转战胜北京队。但如此精彩绝伦的季后赛争夺,居然一场定输赢,会给观众和球迷一种不过瘾的感觉。而对于输球的队伍,连一次调整的机会都没有便结束了赛季的征途,也显得格外残酷。另外,季后赛无论是竞技层面的精彩程度,还是商业层面的收益成果,都要好于常规赛,也是整个联赛的观赛重点,因此目前的单场淘汰制度建议进行修改。在赛会制办赛条件限制的情况下,建议改为3场2胜制;若以后可以恢复到主客场赛制,建议改为7场4胜制。参照NBA季后赛赛制发展,由3局2胜制改为5局3胜制,再到7局4胜制,目的之一就是使竞争更加公平,保证季后赛越往后强队越多,降低总冠军产生的偶然性,同时又增加了联赛收入,促进了整个联赛的发展。中职篮季后赛比赛场次增加后,不仅可以进一步提高球队的竞技实力,保证竞赛公平,也可以满足观众观看高水平比赛的需求,还可以增强赞助商的权益,从而扩大联赛的综合效应。

(五) 总决赛改革建议

1. 提升总决赛精彩程度

总决赛是赛季最强的两支队伍的交锋,是整个中职篮的焦点之战,也是最吸引观众和球迷的比赛,其商业价值自然也最高。2004—2005赛季,江苏(同曦)队史上首次跻身总决赛,并一度以总比分2∶1领先,但最终被经验更为丰富的广东(宏远宝玛仕)队逆转获胜。比赛跌宕起伏,扣人心弦,这样的总决赛才是球迷最喜欢观看的比赛。因此,无论是球迷还是主办方,都希望最终的总决赛能既充分展示球队实力又充满悬念,且最大限度地公平进行。为此,联赛从初期1995—1997赛季的总决赛采用3场2胜制,到1997—1998赛季起改5场3胜制,再到2005—2006赛季起改为7场4胜制至今(2019—2020赛季、2020—2021赛季受疫情影响,改为3场2胜制)。

然而,从1995—2021赛季共26个总决赛的比赛结果(图3-1)中可以看出,中职篮总决赛比赛结果最多的就是横扫对手(2∶0、3∶0、4∶0)有9次,占总数量的34.6%;而对手只胜一场的(4∶1、3∶1、2∶1)有13次,占总数量的50%,也就是84.6%的比赛悬念不大。真正打满(3∶2)的比赛只有1次,亚军球队能够赢两场球(4∶2、3∶2)的比例有15.4%。从以上比赛结果来看,中职篮总决赛的激烈程度仍然有待提升。

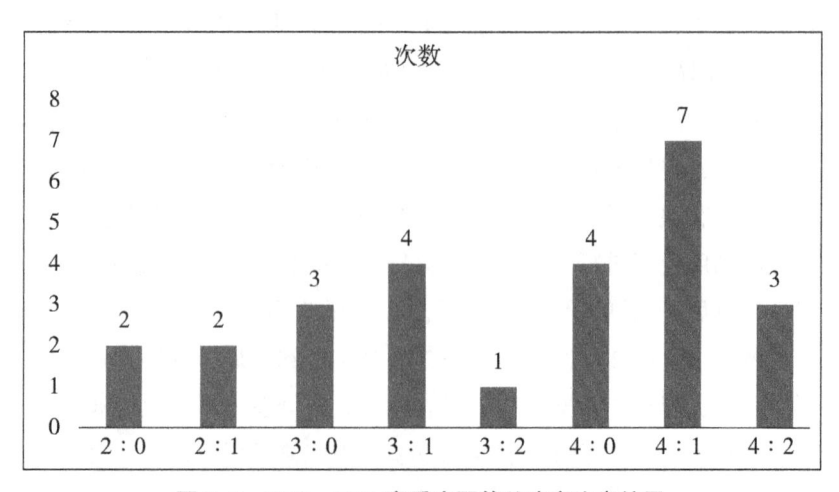

图3-1 1995—2021赛季中职篮总决赛比赛结果

2. 制约冠军归属的集中性

广东队在 26 次总冠军争夺中获得 11 次胜利，最近 3 个赛季（2018—2021 赛季）又是连续夺冠，拥有强大的实力。尽管广东队凭借球员自身优异的竞技能力和教练员团队的执教效果实至名归，但对于争夺总冠军的总决赛而言，一方参赛球队拥有绝对优势，会使得总决赛的观赏性大打折扣，比赛影响力也大为降低。

反观 NBA 近 10 个赛季（2011—2021 赛季）总冠军的归属可以看出，10 个赛季的总冠军共被 7 支不同球队获得。其中，金州勇士队获得 3 次，迈阿密热火队获得 2 次，其余球队各获得 1 次，整体看，冠军分布相对平衡。另外，在总决赛比赛结果方面，4∶3 出现 2 次，占比 20%；4∶2 出现 4 次，占比 40%；4∶1 出现过 3 次，占比 30%；只出现过一次 4∶0 的情况（表 3-7）。7 场 4 胜制的赛制能使球队更充分地展示自身的实力，比赛结果也更具不确定性，从而使比赛扣人心弦。

表 3-7 NBA2011—2021 赛季总决赛比赛结果统计表

赛季	冠军	亚军	总比分
2011—2012	迈阿密热火队	俄克拉荷马城雷霆队	4∶1
2012—2013	迈阿密热火队	圣安东尼奥马刺队	4∶3
2013—2014	圣安东尼奥马刺队	迈阿密热火队	4∶1
2014—2015	金州勇士队	克里夫兰骑士队	4∶2
2015—2016	克里夫兰骑士队	金州勇士队	4∶3
2016—2017	金州勇士队	克利夫兰骑士队	4∶1
2017—2018	金州勇士队	克利夫兰骑士队	4∶0
2018—2019	多伦多猛龙队	金州勇士队	4∶2
2019—2020	洛杉矶湖人队	迈阿密热火队	4∶2
2020—2021	密尔沃基雄鹿队	菲尼克斯太阳队	4∶2

基于上述分析，目前 CBA 应当采用多种手段，制约总冠军归属的集中性。解决方案需要从多方面入手，如工资帽制度、外援引入制度、选秀制度、后备人才培养制度等。另外，所有俱乐部都要积极行动，努力拼搏，不管面对任何对手，都要以最佳状态应战。当然，实现总决赛球队实力均衡是一个漫长的过程，但必须要面对这样的过程。相信在各方面的努力下，未来的 CBA 总决赛也一定会越来越充满悬念，成为观众、球迷、赞助商更期待的比赛。

（六）全明星赛改革建议

1. 扩大城市覆盖面，建议向二线城市倾斜

截至 2021 年，CBA 全明星赛已经举办了 27 届，举办地包含了上海、北京、沈阳、成都、深圳、青岛等 14 个城市，覆盖范围还是比较广的；但从举办次数来看，全明星周末主要集中在北京（7 次）、上海（4 次）、广州（4 次）三个城市，占到总数的 55.5%，而其他举办地基本上都是 1 次，只有成都、青岛举办了两次（表3-8）。北京、上海、广州等一线城市场地设施完善、住宿交通便利，在此举办全明星周末参赛运动员满意度高，但过多地集中在一线城市，也存在其他不利影响。大城市的国际赛事较多，如广州市 2019 年举办了 400 多场市级以上体育赛事，2019 年北京市全年举办体育赛事共近 500 项，这些大型赛事必定会分散 CBA 全明星周末的影响力；与之相比，二线城市急需通过大型体育赛事提升自身的影响力，而 CBA 全明星赛有足够号召力，因此，在硬件设施、交通、住宿、电视转播等达到相应标准的前提下，建议将 CBA 全明星周末的举办地向二线城市倾斜，如武汉、昆明、合肥等，既能提升当地球迷的观赛热情，也能充分展示地方特色。另外，其他 CBA 俱乐部中没有举办过全明星周末的城市，也可以考虑在其条件成熟时鼓励其积极申请举办全明星周末赛。

表 3-8 1995—2021 赛季 CBA 全明星赛历届比赛地点统计表

届次	举办地	举办次数（次）
第 1、3、5、12 届	上海	4
第 2、8、16、17、20、21、23 届	北京	7
第 4 届	沈阳	1
第 6、14 届	成都	2
第 7 届	长春	1
第 9、18、19、26 届	广州	4
第 10 届	长沙	1
第 11 届	南京	1
第 13 届	义乌	1
第 15 届	宁波	1
第 22 届	东莞	1

续表

届次	举办地	举办次数（次）
第24届	深圳	1
第25、27届	青岛	2

2. 选择常规赛半程结束后办赛

在2013—2014赛季以前，CBA全明星赛都被安排在常规赛结束后进行，2013—2014赛季首次在常规赛中间举行，即在34轮常规赛的第25轮结束后举办了该赛季的全明星赛。2014—2018赛季，总共38轮常规赛分别在第32、30、25、26轮结束后举办，2018—2019赛季共46轮常规赛安排在第30轮比赛后举办。只有2019—2020赛季全明星周末时间安排较为合理，46轮常规赛，在第26轮比赛结束后举办全明星周末。在常规赛期间举办全明星的策略是正确的，可以有效避免进入季后赛的球员出于保护身体健康原因而象征性出场、未进入季后赛的球星则直接不参加的现象出现。

CBA全明星周末也是展示中职篮商务开发、品牌建设成果的良机，全明星周末在常规赛半程的成功举办会吸引更多人观看中职篮，为下半程的常规赛积累人气。如果全明星周末举办时间过晚，对于各球队备战季后赛和球员参加全明星赛都有很大的影响，会出现明星球员弃权或走过场的情况，影响全明星比赛的质量。所以，未来采取常规赛半程结束办赛的安排对于全明星赛的高质量发展和中职篮的发展仍具有重要作用。

3. 增加草根篮球人士的参赛机会

全明星周末从2014—2015赛季开始设立草根篮球人士参加全明星周末的制度，但当年参赛的两位选手在扣篮大赛和三分球大赛中发挥并不理想，尤其是扣篮比赛选手，两次扣篮均没有完成，在隔人扣篮的动作中还险些受伤，一度让人们失去了对草根篮球的关注。但在2019—2020赛季的扣篮单项比赛中，来自云南省的矣进宏在决赛中两次扣篮得到95分，远超其他两位选手的81分和74分，获得冠军实至名归。在获奖后矣进宏说："从农村来到这里，可能大家没有体会过那种感受。我虽然只是来到这里扣篮，但希望把永不放弃的精神传递给更多人。"[1] 此番朴实的话语引发了很多普通篮球爱好者的共鸣。长久以来，CBA

---

[1] 戴立辉．矣进宏：大山里走出的草根扣篮王［J］．高中生，2020（11）：16-21.

全明星周末的扣篮大赛精彩程度就不高。2018—2019 赛季扣篮大赛的预赛中，多名球员除了多次扣篮不中，还纷纷完成的是极其普通的扣篮动作。浙江稠州队的王仔路扣篮动作没有任何难度，而且还不是一次性完成。而决赛中黄荣奇两次扣篮都没能完成，张健豪也只完成了第二轮的扣篮动作就拿到最终的冠军。所以，2019—2020 赛季全明星周末的扣篮王来自草根篮球，也使得 CBA 全明星周末得到更为广泛的宣传。其实，在我国篮球运动非常普及，热爱篮球和刻苦训练的草根篮球人士更是不计其数，CBA 全明星赛可以考虑在技巧、三分、扣篮单项比赛中设立两位草根篮球运动员的参赛名额，使更多有实力、热爱篮球的普通人士可以加入全明星赛，从而使全明星赛受到更多普通群体的关注。

4. 提高球星参赛积极性

CBA 全明星周末的娱乐性一直是老生常谈的话题，但篮球比赛的魅力之一便是它的不可预知性，哪怕比赛只剩下 0.4 秒也可以完成一次投篮，甚至只有 2 秒也可以发动一次全场快攻得分，这都可以反映出篮球运动员的比赛态度，即不到最后一秒绝不放弃。2019—2020 赛季的全明星周末增设了不少内容，其中最让人期待的就是南北区前后场的一对一单挑：林书豪 VS 赵睿、易建联 VS 周琦。但从比赛过程来看，林书豪和赵睿的单挑比赛变成了三分投篮比赛，两人基本上没有身体接触，比赛结果让人失望。而周琦和易建联都因各自原因被胡金秋和韩德君替代，因此这组对决赛前并不被看好，但两人在比赛中真刀真枪，打得最为精彩，韩德君强打内线扣篮，胡金秋外线三分还以颜色，最终双方也是打成平手。在另一个新增比赛上，CBA 球员与 CUBA 球员的半场三对三比赛却是另一个结果：CBA 球员队 18∶21 不敌 CUBA 球员队。三对三与传统五对五的比赛有区别，其比赛时间仅有 10 分钟且只使用半个球场；得分规则也有所不同，传统两分球算一分、三分球算两分，这也加大了三分球的作用。比赛中，大学生队靠着不放弃的积极态度，在 5∶11 落后的情况下，连续制造机会命中 3 分球并赢下了比赛。其实，在全明星赛上，观众希望看到的是高水平的、有趣味的对抗竞技，其中联赛的娱乐性可以慢慢培养，但球员对比赛的态度却能被真实地反映出来，建议全明星周末前对参赛队员进行一次认识上的统一，让他们更加了解全明星赛的特点和意义，为球迷奉献高水平的趣味性十足的竞技篮球比赛。

第四章 中国男子篮球职业联赛球员和裁判员管理制度改革研究

第一节 国内球员管理制度改革

一、球员注册制度改革

（一）球员注册制度历史回顾

注册指省、自治区、直辖市、新疆生产建设兵团、解放军、行业体协的体育行政部门或所属篮球协会、经上级体育部门批准成立的运动队、工商或民政部门批准成立的俱乐部（统称注册单位）将球员情况报到中国篮协登记备案[1]。2005年，《全国篮球运动员注册与交流管理办法实施细则（试行）》（以下简称《实施细则》）发布，这是我国首次发布以运动员注册为主题的文件，《实施细则》规定：只有在中国篮协注册的运动员才可报名参加中国篮协组织的该注册年度的各项篮球比赛。

《实施细则》中关于注册的规定涉及首次注册、再次注册、年度注册、运动员注册基本条件、运动队注册人数规定、注册单位的注册优先权、注册单位变更、自由球员等内容，其中比较重要的规定有注册年龄和注册优先权。注册年龄规定，青年队注册年龄男子为20周岁以下，女子为19周岁以下。有关注册优先权的规定如下，注册单位与运动员签署的代表资格协议期满后，该注册单位享有对该运动员的注册优先权。注册优先权期限根据所签订的代表资格协议的期限确

---

[1]陆军.CBA球员注册转会制度浅析[J].职业时空，2009，5（10）：152-153.

定：1年至3年（含3年），注册优先权期限为12个月；4年至6年（含6年），注册优先权期限为24个月；7年至9年，注册优先权期限为36个月。注册优先权期限内，如原注册单位需要，运动员只能与其签订代表资格协议。注册单位对代表资格协议期已满的运动员未能签订新的代表资格协议，须在该注册期内，向中国篮协报告。否则，中国篮协视该运动员注册优先权期终止，运动员可自主选择注册单位。运动员在注册优先权期限内与原注册单位签订代表资格协议，新的注册优先期限以新协议年限界定。注册单位须保证已注册运动员两个注册年度之内至少参加一次中国篮协组织的比赛，或经中国篮协批准举办的有4个以上（含4个）俱乐部参加的比赛（运动员确因伤病不能参赛或自行违背协议除外）。否则，运动员有权终止原代表资格协议，并自主选择新注册单位。

可以看出，注册优先权设立的主要目的是维护俱乐部的利益。即使在双方合同到期的前提下，只要俱乐部不放弃这个权利，那么运动员只能继续留队，直到优先权利到期为止。注册优先权提供的是一种单向保护，它可以帮助俱乐部避免资产流失，却无法维护运动员个人利益。在此条款下，运动员成了弱势群体，要想转会，极端做法是两年甚至更多年不打球，从而使俱乐部失去注册优先权。但这种做法也非常危险，两年时间不参加高水平篮球比赛，运动员竞技状态很难保持，一旦下降太多或者出现伤病问题，可能就会影响职业生涯，甚至会面临退役风险。

2008年，中国篮协又制定了《CBA联赛运动员教练员注册与交流管理暂行办法》（以下简称《暂行办法》），《暂行办法》与2004年的版本相比有以下变化：第一，首次将运动员注册和教练员注册规定放在同一个文件中。第二，在有关运动员注册的规定中，增加了俱乐部有义务向国家各级篮球队输送球员，俱乐部和运动员须服从国家各级篮球队的调动。第三，对运动员注册时间做了统一规定，每年的9月1—20日是俱乐部到中国篮协为国内运动员办理注册、交流手续的时间，逾期不予受理［外籍运动员注册时间的截止日为联赛开赛前的第30天（更换外援注册的时间至少提前15个工作日），摘牌运动员的注册时间另行通知］。第四，注册时运动员年龄必须满18周岁。第五，运动员与俱乐部签订聘用合同时，必须由运动员本人签字。如果俱乐部替运动员代签合同，一经发现并经证实，中国篮协将给予该俱乐部相应的处罚。同时，该运动员可被中国篮协裁定为"自由球员"。第六，在中国篮协注册或曾经注册过的俱乐部国内运动员到境外参加比赛，须报经中国篮协批准，按《篮球运动员涉外交流管理暂行办法》

办理手续。第七，俱乐部在为外籍运动员办理注册时，必须委托在中国篮协注册的篮球经纪人行纪。经纪人必须出具由中国篮协颁发的篮球经纪人资格证书复印件以及外籍运动员或俱乐部委托该经纪人行纪的委托书原件，同时还须向中国篮协提供相关证明材料。第八，增加了有关自由球员的规定，如果俱乐部替运动员代签合同，一经发现并经证实，该运动员可被中国篮协裁定为"自由球员"。第九，放宽了球员申请交流的资格，一是已在中国篮协注册，但至少24个月未代表注册单位参加任何由中国篮协主办的比赛（或至少24个月无上场比赛记录）的球员（伤病球员除外，但该伤病球员必须在年度注册期内向中国篮协提交相关医疗证明）；二是非注册单位培养（如非本俱乐部的青年队球员进入到原始注册单位的），交流后签订的合同到期的球员；三是俱乐部未按合同规定足额支付球员工资和奖金超出3个月或俱乐部未依法为球员缴纳社会保险，上述情况在球员本人书面提出意见后俱乐部不予解决的球员。

《暂行办法》对《实施细则》中的运动员到国外参加比赛、俱乐部与运动员签订合同的真实性、自由球员的界定等几个方面做出了明确的规定，其中，最大的变化是有关球员申请交流的规定，这是运动员转会的条件，这也使长期以来在联赛中转会困难的球员看到了希望，因为球员要想转会，必须首先有可以申请交流的权利，而在此之前，由于注册优先权的规定，俱乐部几乎不会放弃该权利，使得有实力的球员很难有条件申请交流，因此转会成功率很低。另外，关于运动员注册年龄男子为20周岁以下、女子为19周岁以下调整到年龄在18周岁以上，也给年轻球员提供了更早进入联赛的机会。整体来看，《暂行办法》较《实施细则》对于运动员注册等方面的规定做了进一步细化，对运动员的现实需求有了更多的考虑，并提出了具体可操作化的规定，使得俱乐部和运动员在进行相关操作时更加具体、清晰。

2014年，中国篮协发布《中国篮球协会俱乐部、运动队、运动员和教练员注册管理办法》（以下简称《管理办法》）首次将俱乐部的注册管理和运动员、教练员的注册管理合并，提高了办事效率。《管理办法》有关运动员注册的内容变化不大，但在自由球员的获取途径上提出了新的规定：对于运动员在合同期内，因为各种原因要跳槽到另一支俱乐部申请注册，而采用"自我休克"停赛两年，以求获得自由球员资格的做法，中国篮协不予支持。经教育不改的，俱乐部可申请补偿要求（补两倍的合同工资或补两年的合同期限）。另外，自由球员的定义更加简单，是指当下没有和任何一支俱乐部、篮球队签有试训合同或聘用合同的运动员，以及没有任何合同、合约和协议约束的运动员。如俱乐部没任何正当理由不开具注销表时，中国篮球协会根据具体情况有认定其为自由球员的裁量权。《管理办法》在第一百零一十条注意事项中指出：俱乐部与所培养运动员签订新的聘用合同（3 加 2）到期后，俱乐部将不再享有对该运动员的优先注册权（无第二次优先注册权）。

上述规定是对《暂行办法》中有关运动员注册身份的又一次改革。考虑到运动员追求自由权力与俱乐部培养投入的两方面情况，即合同到期后运动员想转会到其他俱乐部，而原俱乐部又不愿意将自己培养的主力队员送走，中国篮协给出了折中方案，对俱乐部和运动员都从严要求。一方面注册优先权不再是尚方宝剑，俱乐部不能据此无限制优先注册运动员；另一方面处罚运动员为逃避责任采用"自我休克"停赛两年的自私行为。《管理办法》使得运动员注册管理制度进一步人性化，对运动员未来的自由转会交流提供了可能性。

（二）管办分离后球员注册制度分析

2016 年 CBA 公司成立后，对运动员的注册制度不断探索，其中，2018 年中国篮协出台了《中国篮球协会注册管理办法》。该文件规定，对于运动员在合同期内为跳槽到另一职业俱乐部或专业运动队而采用单方面不与俱乐部注册等方式而拒绝参赛两年，以求获得自由球员资格的做法，中国篮协不予支持。同时规定，俱乐部无正当理由拒绝为运动员办理注销注册手续时，中国篮协有权依规认定该运动员为自由球员。上述规定与《管理办法》相同，可见，中国篮协在俱乐部对运动员的注册和运动员申请成为自由球员这些敏感问题上，保持谨慎的态度。

CBA 公司于 2018 年修订并推行了标准版《国内球员聘用合同》及标准版《外籍球员聘用合同》（以上两个文件统称为《标准合同》）及配套的《中国男子篮球职业联赛球员注册及转会规定（试行）》。2018—2019 赛季《标准合同》（测试版）投入使用。经过一个赛季的测试，在 2019—2020 赛季升级《标准合同（测试版）》为《标准合同（试行版）》并发布了配套的《2019—2020 赛季 CBA 联赛球员注册、报名管理规定》。2020 年 8 月公布《2020—2021 赛季 CBA 联赛球员注册、报名管理规定》，该文件同时包含了《国内球员聘用合同（2020 版）》和《外籍球员聘用合同（2020—2021 赛季）》。

《2020—2021 赛季 CBA 联赛球员注册、报名管理规定》中对于"注册"的相关规定修改如下：第一，注册的定义。注册指俱乐部针对与其签署《聘用合同》的球员主张本赛季归属权的行为。俱乐部依据本《管理规定》办理完成相关手续后，该球员即被认定为 CBA 注册球员并获得相应权利。第二，预注册的定义。预注册指俱乐部在注册期内，为其享有注册权且仍在其他联赛效力（在国外效力的原俱乐部注册球员或 NBL 球员）的球员办理注册的行为。第三，注册权的定义。注册权指俱乐部依据本《管理规定》拥有的为特定球员办理注册的权利。注册权可以转让。第四，注册年龄的规定。提交注册时未满 18 岁（2003年 1 月 1 日及以后出生，以年份为准）的国内球员不得注册，同时规定，国家队队员首次注册不受年龄下限限制；俱乐部自行培养球员首次提交注册时须在 21岁及以下（1999 年 1 月 1 日及以后出生，以年份为准）；已完成备案的自行培养球员及参加 2020—2021 赛季选秀被选中的球员首次注册时没有年龄上限。第五，增加注册窗口期相关规定。规定指出，完成注册的国内球员租借只在注册期受理；完成注册的国内球员以及合同未到期的国内球员转会也只在注册期受理；而完成注册的国内球员互换只在注册窗口期受理。但关于赛季的注册窗口期的具体时间没有公布。

《2020—2021 赛季 CBA 联赛球员注册、报名管理规定》中对于"球员注册"的改革如下：

第一，明晰了基本概念。首先将注册与《聘用合同》结合起来，使得球员和俱乐部在注册时有了更加具体的操作，也为《聘用合同》的实行奠定基础。其次删除了注册优先权这一概念，以往所有的《管理规定》中，注册优先权是俱乐部续约球员的法宝，同时也是球员转会的最大障碍，2018 年的《管理办法》虽然规定俱乐部只有一次注册优先权，但仍然给人一种改革不彻底的感觉，而在2020—2021 赛季的《管理规定》中，则删除了注册优先权这一概念，也使得俱乐部在为球员注册时更加透明、公平。最后修改了注册年龄的规定。以往的规定是应在 18 岁（含 18 岁，且以出生年份为准）以上，而 2020—2021 赛季的《管理规定》则指出提交注册时未满 18 岁（2003 年 1 月 1 日及以后出生，以年份为准）的国内球员不得注册，看似微小的调整，却使执行者在操作时能更加清晰准确。另外，对于国家队首次注册、俱乐部自行培养、参加赛季前选秀的运动员年龄均没有限制，这是比以往规定要宽松的改变。

第二，增加了预注册、注册权、注册窗口期等新术语及规定。首先，预注册是为俱乐部球员在注册期内为享有注册权且仍在其他国外、国内联赛打球的球员特殊设立的,这也是避免类似2019年周琦从NBA回新疆队后俱乐部和球员因注册问题所引发一系列后果,预注册也可以理解为暂缓注册。预注册制度是在鼓励俱乐部更多地将球员输送到海外去锻炼与提高的同时,也对这些俱乐部的利益给予最大保护。《2019—2020赛季CBA联赛球员注册、报名管理规定》中规定,参加国际赛事的国家队运动员因合同到期时间与赛事时间冲突的,将会进入注册缓冲期。当时正在准备男篮世界杯排位赛的易建联和阿不都沙拉木均符合该项管理规定。另外,因伤正在康复的丁彦雨航也办理了预注册。这一人性化的改革得到了俱乐部和球员双方的肯定。其次,注册权可以转让的规定,为球员未来的自由流动做准备,俱乐部可以采用先注册再转让的方式,使俱乐部和队员都得到合理的选择权力。最后,增加注册窗口期政策,在赛季中的某个时间范围,确定一个类似于足球联赛的"转会窗口"。但是中职篮的这个"转会窗口"又不是针对所有球员,只有球员互换和自由球员的注册才会被受理。如果是租借或者转会,将不会在"注册窗口期"被受理。不管怎样,这对于中职篮来说这是一个巨大的改变,意味着中职篮历史上将首次出现国内球员在赛季中流动的现象。2020—2021赛季,中职篮的注册窗口期安排在2021年2月24—27日,相关的球员在符合条件的情况下,经中国篮协认定,可以在注册窗口期结束前到CBA公司申请成为自由球员,在官网上公示,包括付豪、刘航初、郭昊文、阿尔斯兰、田宇翔在内的13名原八一男篮球员和10名其他中职篮俱乐部球员都在中职篮官网自由球员名单之中。最终,八一男篮队员分别被北控、辽宁、同曦、上海、广州等俱乐部签约完成注册,参加2020—2021赛季中职篮第三阶段和以后的比赛,延续了自己的职业生涯,也补强了俱乐部实力。注册窗口期政策是中职篮有关球员注册制度的大胆尝试,是对自由球员合理流动的有益推动。

第三,有关自由球员的规定更加简单明了。规定第一种是被俱乐部买断的球员;第二种是曾经在CBA有注册经历,但申请时未在任何一家俱乐部注册且与任何俱乐部均无合同关系的国内球员;第三种是合同到期前联盟未在规定时间内收到俱乐部提交续约通知的(合同形式为M1+M2形式的,执行完M1合同后的除外),且在注册期前仍未与原俱乐部续约的国内球员。

(三)球员注册制度改革评述

1. 由俱乐部单一利益向俱乐部、球员双方利益导向转变

CBA公司成立后,针对球员切实利益的注册制度做了许多重大改革,包括删

除注册优先权、实行注册窗口期政策等。另外,从时间上看,往年有关球员管理规定文件的制定基本上是四年一次,而从 2018 年开始,每个赛季都会制定相应的球员注册管理规定,并在征求俱乐部、球员、媒体多方意见的基础上,不断修改完善,且在赛季前在官网公布。在内容方面,之前的文件最多五十几页,而《2020—2021 赛季 CBA 球员注册、报名管理规定》包含附件则达到了 238 页,内容的增多蕴含了 CBA 公司对球员注册、管理制度的重视,其结果是以前被俱乐部掌握大权的球员注册规定逐渐变得朝着球员、俱乐部双方共同利益而制定。不难看出,在借鉴国外篮球运动员成功管理经验的基础上,结合当今中职篮发展需要,CBA 公司所制定的《2020—2021 赛季 CBA 球员注册、报名管理规定》已经比较全面地考虑到球员、俱乐部、国家队建设多方需要,这种出于全面化、人性化的考量,也是 CBA 公司成立后改革的一个特点。

2. 由模糊化向制度化、人性化、可操作化方向转变

随着中职篮职业化程度的提高及国际交流的日益频繁,联赛中新情况、新问题不断涌现,在球员注册制度改革中,无论是预注册、注册权还是注册窗口期均是考虑到联赛中的新情况和实际情况而制定的,给出了特殊情况下有关球员注册的特殊做法,使得曾经模糊的盲区和盲点问题变得有法可依、清晰可执,大大提升了联赛球员注册的方便性,使球员获得了尊重感和认同感,在保障自身利益方面有了清晰的规则依据。细节化、可操作化的改革方向践行的是以球员为本的人性化指导思想,这是管办分离后联赛改革的方向之一,即关注球员利益,从而积极调动联赛主体的主观能动性。这也说明联赛在逐渐关注职业体育市场中人力主体的能动性,尊重并珍惜人力资本,在此基础上挖掘人力资本价值是劳动力市场的铁律,不可违背。球员人力资本是联赛发展的根本,关注球员利益也是联赛随着其市场化程度逐步加深所必须关注的重要方面,唯此方能从根本上推动联赛的长远发展。

二、球员选秀制度改革

(一)球员选秀制度历史回顾

1980 年,为提高我国体育运动技术发展水平,国家体委提出:改革和完善体育训练的制度,协调好三级队伍(国家队与省队、市县级重点与业余体校、学

校运动队）。这种三级管理体系最显著的特点就是政府起主导作用，不仅包括队员的训练和比赛安排，也包括选拔环节和退役安排。在该体系之下，我国竞技篮球运动发展迅速，培养了一大批优秀杰出的篮球人才，如"94黄金一代"中的胡卫东、孙军、刘玉栋等一批中职篮传奇球员，以及被称为"移动长城"的巴特尔、王治郅、姚明。但是随着我国经济、社会环境的变迁及世界竞技篮球职业化的发展趋势，传统三级队伍的后备人才培养模式也逐步显现出问题。此后，中职篮各俱乐部开始着手探索自己培养篮球后备人才。

中职篮本土球员是由各俱乐部进行统一培养管理，按照中国篮协的要求，具备相应的训练设施、场地、人员和器材，加之球队拥有者的资金投入和地方体育局的政策支持，球员在培养过程中得到的支持相较传统体育模式有了极大的提升，但中职篮的人才缺口仍然较大。

2015年5月20日，为规范和完善中职篮选拔新秀的制度，合理配置资源，促进联赛健康有序发展，中国篮协公布《港澳台球员、大学生球员等参加CBA联赛实行统一选秀（试行办法）》，自此，中职篮选秀正式开始。2016年CBA公司实行管办分离，选秀大会改为中国篮协授权，由CBA公司公布。

（二）球员选秀制度改革分析

现阶段中职篮的选秀程序为：每年6月拟参加选秀的球员向CBA公司提交书面申请，CBA公司接受申请并审核、筛选后，对外公布参加选秀训练营的球员名单。入围选秀训练营的球员，将参加体测、训练及比赛，接受各俱乐部考察、选拔。选秀大会一般在7月进行，选秀顺序按照上赛季联赛各队的排名情况，由联赛最后一名俱乐部依次向前进行对新队员的选择。而俱乐部方与球员签约主要有两条途径，除了在选秀大会上根据相关规定流程进行摘牌之后与被选球员签约，俱乐部还可绕过选秀大会，直接与符合相关规定的由本俱乐部自行培养的运动员进行签约。签约必须在30天内完成，若因俱乐部单方面原因未发生签约，则削减俱乐部相应数额经费并取消该俱乐部未来两个赛季选秀权；若因球员单方面原因未与俱乐部签约，那么该队员将受到三年以内禁止参加中职篮选秀大会的处罚。

1. 选秀方法

中职篮选秀方法对于球员身份、参选次数、俱乐部权利和新秀工资待遇方面都有较为明确的规定（表4-1）。

表4-1 2015—2021年中职篮选秀方法对比表

指标	2015—2016年	2017年	2018年	2019—2021年
主办方	中国篮协	CBA公司	CBA公司	CBA公司
参选对象	大学生球员、港澳台球员、俱乐部推荐球员	大学生球员，港澳台球员，俱乐部、体育局推荐球员	增加NBL俱乐部球员	增加草根球员
参选次数	2	不限	不限	不限
俱乐部名额	占用	不占用	不占用	不占用
新秀培养费	无	有	细化	细化
选秀权交易	无	无	有	只有一次
工资制度	30万元逐级递减	30万元逐级递减	50万元逐级递减	50万元逐级递减
合同年限	1+1	1+1	2+N（N≤3）	A2类合同（2020年开始）

注：根据2020—2021赛季中职篮选秀报名相关规定及工作流程，对参选人员身份进行说明。A. 大学生球员：①注册报名参加过CUBA的普通高等院校球员；②体育类院校球员；③就读于国（境）外的中国籍大学生球员。B. 推荐球员：①NBL俱乐部推荐球员；②CBA俱乐部，各省、自治区、直辖市体育局及项目主管部门推荐球员。C. 港、澳、台球员：①无其他国籍；②非归化球员或非符合归化条件球员；③参加过所在地区最高水平的联赛或入选过所在地区代表队（由所在地区篮球协会出具证明推荐函为准）。D. 草根球员：①已获得CBA、NBL俱乐部开具注销证明的球员；②其他球员。

首先在球员身份方面，对于参选人员的前提规定是年满18周岁，且没有参加过中职篮。关于大学生球员，在2015—2016赛季的选秀方法中规定，参选人员如果是境内大学生，要求有国内CBUA或者大超联赛的参赛经历，就读国（境）外大学的中国籍学生须参加过就读所在地高水平大学篮球联赛（相关部门出具证明），港、澳、台球员也需要有参加过所在地高水平篮球联赛（证明材料）的经历，这为热爱篮球运动的高校大学生提供了很好的机会，来自西北工业大学的球员方君磊和北京大学的郭凯分别获得2015年、2016年中职篮选秀的状元。自2020年起，参加中职篮选秀的大学生球员，如参加过CUBA，则须在21岁以上。2020年和2021年选秀大会的状元、榜眼、探花都是大学生球员（包含港、澳、台大学生）。另外，中职篮选秀也给港、澳、台球员开辟了通道，鼓励他们一试身手。2017年的状元便是来自台湾的陈盈俊，被广州证券队"摘走"。对于俱乐部自行培养的球员，这是过去俱乐部常见的人才培养模式，选秀规定，符合相关规定的球员经由俱乐部上报并公示，可直接和俱乐部签约参加中职篮。到了2018年，CBA公司在参选对象上作出调整，首次允许NBL俱乐部球员参选，当年，来自NBL河南队的后卫姜宇星成为中职篮选秀状元，而榜眼、探花也均出自NBL。2019年，CBA公司首次允许草根篮球运动员参选，这也是选秀方式的一个重大突破。

在选秀球员的参选次数方面，2015年、2016年的选秀办法中明确规定了每名球员最多只有两次机会参加选秀，而在2017年CBA公司制订的选秀方法中，对参加选秀球员参选次数作出调整，球员入围选秀训练营并且参加了选秀大会，在没有被任何俱乐部选中的情况下，仍拥有参加选秀的机会，且参加选秀的次数不受限制。这点变化为落选的球员提供了更多的机会，也使得他们在面对各俱乐部时心态更加平和，可以大胆从容地表现自己。在注册名额方面，2015年、2016年的选秀规定是新秀入选俱乐部需要占用16人大名单，而从2017年开始，俱乐部通过选秀签约的球员，新秀赛季若报名参加中职篮，不占用该俱乐部联赛注册16名国内球员名额，但每个赛季每家俱乐部注册港澳台球员人数不得超过1名。新秀不再占用俱乐部注册名额的规定对于俱乐部来说是一大利好，俱乐部可以不再因为选秀而打乱原有球员的注册安排，可以放心培养新秀，而在此之前因为没有好的新秀，选秀大会上俱乐部的弃权情况较为严重。

在"新秀球员培养费"的规定上，2017年的选秀方法中首次提出"新秀球员培养费"，规定由俱乐部自行培养的球员，推荐其参加选秀并被选中，选中俱乐部须向推荐俱乐部支付一定数额的培养费。但其中缺少对具体的金额明细与实施细节的说明。这一规定的出发点是好的，从侧面提供了还未参加过中职篮的俱乐部自行培养的青年队队员向其他球队流动的机会，其实每个中职篮俱乐部都有自己的青少年培养体系，但并非所有的后备人才都能在本俱乐部上场，因此这项规定可以使注重青训培养的俱乐部减少后顾之忧，如果新人有更好的出路，就放手到其他俱乐部，而作为培养方的俱乐部也可以从中获得培养费收益。2018年7月出台的《中国男子篮球职业联赛球员注册及转会规定（试行）》中又与2018年的选秀方法做出对接，具体规定了培养费的实施细则，对自行培养的认定标准解释为四种情况，注册在俱乐部青年队、本部门编制内、签订试训合同、代表该队参加过全运会预决赛，满足以上任意一种情况即可被认定为俱乐部自行培养球员。培养费金额上规定由签约俱乐部向原培养俱乐部支付40%年平均工资。在《2020—2021赛季CBA联赛球员注册、报名管理规定》中对球员培养费进行了细化，考虑到俱乐部与球员签订合同性质、球员身份来源等情况，共涵盖了13项规定。

  在2018年的选秀方法中，首次给俱乐部提供了"选秀交易权"的权利，选秀权的交易由各家俱乐部自行协商，且只能交易一次，可以看出此举借鉴了NBA选秀相关制度，在贴近市场化的道路上迈出了新的一步。但当年手握状元签的八一男篮和吉林队完成交易，把状元签送到吉林队。八一男篮因其军队体制的原因，要求球员也必须是现役军人，这就致使他们在过去历年选秀大会上都选择弃权。与其浪费了选秀权，还不如和别的俱乐部进行交易，交个顺水人情。选秀交易权使用最多的是2021年选秀大会，选秀大会前，CBA公司官方宣布宁波富邦获得准入资格，正式加入联盟，而球员组建问题首当其冲。为此，CBA公司决定宁波富邦俱乐部自动获得首轮、次轮的第20顺位，同时还有特别选秀权。一旦有球队在第二轮放弃，可以激活这个权利，最多有6次挑选球员的机会。最终，12支球队间进行了选秀权交易（表4-2）。浙江广厦控股队、上海久事队、深圳领航者队将自己的两轮选秀权分别转让给了南京同曦宙光队、福建豹发力队、山西汾酒股份队，而天津先行者队也把自己的4号签转给了北京首钢队，获得了内线球员李佳益。此外，宁波富邦队也同广东东莞大益队、新疆伊力特队、浙江稠州金租队进行交易，将自己的首轮签从1个增加到4个，也是为了获得更好的挑选球员的机会。当然，交易权的受让方也会拿出相应的筹码来弥补转让方的损失。但从整体来看，选秀交易权的出现，使得新秀流失的概率降低，也使俱乐部可以通过新秀交易进行人员调整，从而合理配置队伍。不管怎样，选秀权的交易都是中职篮职业化道路上一次标志性的转折，对球员和俱乐部都大有益处。

表4-2 2021年中职篮选秀大会选秀权转让统计表

序号	转让方	受让方	轮次
1	浙江广厦控股	南京同曦宙光	第一轮、第二轮
2	上海久事	福建豹发力	第一轮、第二轮
3	深圳领航者	山西汾酒股份	第一轮、第二轮

续表

序号	转让方	受让方	轮次
4	天津先行者	北京首钢	第一轮
5	广东东莞大益	宁波富邦	第一轮
6	新疆伊力特	宁波富邦	第一轮
7	浙江稠州金租	宁波富邦	第一轮

工资制度是新秀签约后面临的重要的现实问题，为此，在2015年首次选秀时，中国篮协在新秀球员签约后规定最低保障工资（不含奖金与津贴）为30万元，第2、第3顺位球员不低于28万元、26万元，根据顺位对应最低保障工资额度逐渐递减，第15~40顺位球员的最低保障工资为10万元，选秀球员最高工资低于不通过选秀进入中职篮的球员工资，这间接影响了选秀球员的积极性[1]。低薪资带来的后果便是参选球员的低水平，有研究认为首届中职篮选秀大会遇冷的主要原因是球员竞技水平较差，选秀球员往往难以得到球队的垂青，而高质量的港、台球员也因为大会规定的低薪资而兴致不高。基于此，CBA公司在2018年，对新秀的保障性工资进行了较大的提升，状元秀的最低工资额度由之前的30万元提升至50万元，第2、3顺位球员不低于40万元、35万元，第15~40顺位最低保障工资为18万元。工资制度的改进显示出CBA公司对CBA新秀的重视，这也激发了新秀球员更多的积极性。

除了待遇，新秀合同的签约时长也是俱乐部和新秀都要面对的现实问题。从选秀方法上看，前三届选秀方法中俱乐部与球员签约合同年限由"1+1"合同模式，即俱乐部除了第一年和新秀签下合同，该俱乐部也拥有新秀球员第二年同等条件下的优先续约权［即工资标准上浮达到20%（大学生或其他球员）或30%（港、澳、台球员）时，俱乐部将独享与该球员的优先续约权］。到了2018年，合同时长改为"2+N"合同模式（2为固定年薪，N为俱乐部优先续约权，港澳台球员2018年选秀签约后只能签订2年合同，无"+N"选项）。"2+N"的合同制度得到了受访俱乐部的认可。青岛队总经理张北海曾表示，"2+N"的合同制度相比之前更加保证了俱乐部的利益，使得俱乐部更有信心挑选年轻运动员[2]。相比于之前的合同模式，"2+N"合同模式中的2年制相比之前1年时长有所延

---

[1] 白银龙．关于CBA选秀制度的研究［J］．中国学校体育：高等教育，2015，2（9）：18-22．
[2] 穆海鹏．我国男子职业篮球人才培养的发展前景分析［D］．成都：成都体育学院，2019．

长，N作为俱乐部优先续约权，最高可达到3年，换言之俱乐部摘牌新秀球员后可以制订一个最多为期五年的培养计划，这无形中降低了俱乐部培养新人的风险，也给了新秀球员更多的适应职业队的时间和成长进步的空间。但从运动员角度考虑，俱乐部续约优先权利"N"的增加在一定程度上限制了选秀球员的流动性。2020年，CBA公司规定所有的选秀球员都将签署A2类合同（1~2年）。A2类合同签署时，俱乐部可与球员协商确定A2类合同到期后的续约方式，在以下两个选项中任选其一：一是A2类合同到期后涨薪100%，俱乐部获得独家签约权；二是A2类合同到期进入匹配流程。改革后的签约年限比之前短，更加灵活，合同到期后俱乐部根据新秀球员的表现决定是否续约，而球员要想获得更好的合同也必须通过积极拼搏获得认可。

中职篮选秀制度的另一个重大改革是对新秀顺位规则进行了改革。2020年之前，选秀采用倒摘牌方式，即上赛季成绩最差的球队拥有优先选秀权，选秀共进行两轮，每一轮选秀时如有球队放弃，则后一支球队递补上去，球员一旦被选中就能得到最低的保障合同。2020年开始中职篮选秀大会采用乐透抽签，这意味着状元签不再是成绩最差球队所独享的权利，更多的球队有机会抽到状元签。

目前，NBA的选秀也采用乐透制，乐透抽签详细规定如下。抽签原则：乐透抽签只抽取前三顺位，第4~38顺位按照上一赛季结束后的排名倒序进行排列；上赛季排在第13~20名的球队放入乐透区，其中八一男篮不参加选秀，如8支队伍进入乐透区，在总共36个小球中，选秀顺位第1的球队占有8个；选秀顺位第2的球队拥有7个，其后以此类推。抽签方式如下：在抽签箱中放入分别装有乐透区各俱乐部名称的小球，决定顺位归属时，由抽签人抽取1个小球，被抽中的俱乐部获得状元签。之后这个球不放回，抽取下一个小球，若同一俱乐部被再次抽到，则球不放回，继续抽取，如此反复，直到抽到不同俱乐部的小球，当决定出前三位选秀顺位之后，整个抽签过程结束。

这样的乐透抽签制度，使得联赛成绩最差的队伍将会拥有25%的第1顺位概率，前三顺序的概率高达64%。并且由于乐透抽签只决定前三顺位，从第4顺位起倒排位，因此上赛季成绩最差的队伍一定能获得前四顺位。在保护弱队原则下也兼顾平衡，同时使选秀充满着竞争和希望，更加扣人心弦。2020年的状元签最终花落上海久事队，但按照理论值其抽到状元签概率仅为14%。2021年福建浔兴队同样以14%的概率获得状元签，而上赛季排名最后的苏州肯帝亚队最终获得第4顺位选择权，选择了NBL球员崔晓龙。

2. 选秀群体特征分析

选秀方法公布后,接下来是球员报名申请、集中测试、俱乐部抽签顺位、摘牌,从近7年的选秀大会结果统计情况来看(表4-3),有以下三个特点。

表4-3 2015—2021年中职篮选秀大会结果统计表

年份	参选人数	首轮选中人数	次轮选中人数	总选中人数	首轮被弃权人数
2015	20	1	0	1	19
2016	34	7	1	8	13
2017	50	8	3	11	12
2018	50	9	5	14	11
2019	61	10	6	16	9
2020	64	13	6	19	6
2021	87	19	11	30	1

注:2015—2018年,参选俱乐部共20家;2019年,八一男篮不再参与选秀大会,参选俱乐部为19家,每轮19个选秀权;2021年,宁波富邦篮球俱乐部加入中职篮,参选俱乐部共20家。数据来源为中职篮官方微博。

①参选人数不断增加。2015年首届选秀有20人参选,随后的4年人数不断增多,到了2019年人数达到61人,2021年更是报名87人,创造了新的纪录。报名人数的增加一方面说明CBA影响力不断增加,越来越多的篮球青年渴望加入中职篮;另一方面说明中职篮选秀制度的改革完善,也让更多人对选秀结果充满期待。

②摘牌人数不断增加。参选群体数量的增加带动了参选球员质量的提升,其结果是会有更多有潜力的运动员被俱乐部选中。2015年首轮选秀只有来自西北工业大学的方君磊(状元)一人被重庆翱龙篮球俱乐部选中。2016年,最终有8位运动员被选中,这也是中职篮选秀初次形成一定的规模。2017年后,被选中人数超过10人,并且在第二轮都有球员被选中,这些都说明参选运动员不断得到俱乐部的认可。2021年,首轮20家参选俱乐部有19家选择了心仪的球员,这是选秀历史上首次出现的现象,也可以说这样的选秀才是真正的选秀。

③俱乐部弃权人数不断减少。按照规定,中职篮俱乐部有权放弃选秀权,排名靠后的球队替补进行选择。2015年首届选秀,20家俱乐部中19家选择放弃选

秀权，但随着参选球员数量和水平的提升，俱乐部摘牌球员的不断增多，俱乐部放弃选秀权的比例逐渐降低，2019年，首轮选秀第一次出现选中人数大于弃权人数的良好局面。2021年首轮选秀更是只出现了1次弃权，开创了中职篮选秀的新局面。选中率的不断提升必将对未来选秀产生积极影响。上述现象的出现，说明管办分离后中职篮实行的选秀大会已不再是一种噱头，正在受到新秀球员和俱乐部的重视，整体发展呈现良好态势。

从2015—2021年中职篮选秀大会的入围球员来源来看，报名群体从早期的大学生球员，逐渐扩大到中职篮俱乐部推荐、体育局推荐、体育学院推荐球员，到2018年的NBL俱乐部推荐和2019年的草根球员，2020年又增加了获得中职篮、NBL俱乐部开具注销证明的球员，他们可以按照个人球员身份参加选秀（表4-4）。其中，人数最多的分别是大学生球员和中职篮俱乐部推荐球员，两个群体占到新秀总人数的2/3以上。大学生球员正值青春年少，体力充沛，敢打敢拼，但缺少的是职业比赛的高强度身体对抗和过硬的心理素质，而中职篮俱乐部推荐的人员则是经历过正规训练的球员，基础条件普遍不错，当然，俱乐部培养的优秀年轻球员一般不会推荐进入选秀大会，而是会和所属中职篮俱乐部直接签约，只有水平稍低的球员才会被推荐给选秀大会，但无论如何，这两个群体已经成为新秀大会的主力，尤其是大学生球员。以2021年为例，共有来自28所院校的38名CUBA球员报名参加了2021年中职篮选秀，这一数字打破了单届参选人数纪录。7年状元有5年（2015年、2016年、2019年、2020年、2021年）是大学生球员，而2017年和2018年的状元分别来自港澳台球员和NBL俱乐部推荐，这两个群体也逐渐成为中职篮选秀的重要补充。相信未来会有更多新秀来自上述群体。

表4-4 2015—2021年中职篮选秀入围球员来源统计表

年份	合计（名）	大学生球员（名）	港澳台球员（名）	中职篮俱乐部推荐（名）	体育局推荐（名）	体育学院推荐（名）	NBL俱乐部推荐（名）	其他球员（名）
合计	366	154	17	98	14	2	25	56
2015	20	17	1	1	0	1	0	0
2016	34	15	2	15	1	1	0	0

续表

年份	合计（名）	大学生球员（名）	港澳台球员（名）	中职篮俱乐部推荐（名）	体育局推荐（名）	体育学院推荐（名）	NBL俱乐部推荐（名）	其他球员（名）
2017	50	17	4	29	0	0	0	0
2018	50	9	0	23	12	0	6	0
2019	61	24	6	14	0	0	11	6
2020	64	25	2	12	0	—	4	21
2021	87	47	2	4	1	—	4	29

注：数据来源为中职篮官方微博。2020年，CBA公司注册报名参加过CUBA联赛的普通高等院校球员、体育类院校球员、就读于国（境）外的中国籍大学生球员统一为A类人员，故将体育学院推荐人员统计为大学生球员。

2021年中职篮选秀第一轮（表4-5）中，前19顺位新秀有12位来自大学生群体，而前三顺位均是大学生球员。可见，大学生群体正成为中职篮选秀最重要的输入。

表4-5 2021年中职篮选秀大会最终结果（第一轮）

顺位	归属俱乐部	球员	球员来源
1	福建鲟浔兴俱乐部	王翊雄	加州州立大学富尔顿分校
2	南京同曦大圣俱乐部	赵柏清	北京大学
3	山西国投猛龙俱乐部	黎璋霖	中南大学
4	江苏龙肯帝亚俱乐部	崔晓龙	NBL河南赊店老酒
5	北京首钢俱乐部	栾利程	宁波大学
6	福建鲟浔兴俱乐部	黎伊扬	厦门大学
7	北京控股俱乐部	李玮颢	北京化工大学
8	广州龙狮俱乐部	齐浩彤	厦门大学
9	四川金强蓝鲸俱乐部	张殿梁	北京化工大学
10	吉林九台农商行东北虎俱乐部	刘禹涛	中南大学
11	山西国投猛龙俱乐部	贾昊	NBL河南赊店老酒
12	北京首钢俱乐部	高升	原首钢俱乐部
13	南京同曦大圣俱乐部	刘东	清华大学

续表

顺位	归属俱乐部	球员	球员来源
14	青岛国信海天俱乐部	吕俊虎	NBL 河南赊店老酒
15	宁波富邦俱乐部	马振翔	中国矿业大学
16	山东西王王者俱乐部	李圣哲	个人报名
17	宁波富邦俱乐部	王炫	汕头大学
18	辽宁沈阳三生飞豹俱乐部	（弃权）	（弃权）
19	宁波富邦俱乐部	党瑞博	个人报名，原天津
20	宁波富邦俱乐部	许裕茁	原上海

个人球员报名参加中职篮选秀也在 2020 年、2021 年开始迅速增加，这得益于 CBA 公司对于选秀制度的改革，为更多普通篮球爱好者打开了通往梦想之门。

④新秀在俱乐部的表现优异。新秀球员进入中职篮俱乐部，这是第一步，他们在俱乐部的表现是衡量选秀制度的一项重要指标，下面以 2016—2021 年状元秀在中职篮的表现为例进行分析（表 4-6）。

表 4-6　2016—2020 年中职篮状元秀场均表现对比

选秀年份	姓名	选秀年龄（岁）	位置	新秀赛季场均时间（分钟）/场均得分（分）	2020—2021 赛季场均时间（分钟）/场均得分（分）
2016	郭凯	24	中锋	11.5/1.8	30.6/10.8
2017	陈盈骏	24	后卫	29.1/9.8	35.5/13.5
2018	姜宇星	23	前锋	32.2/7.9	37.5/15.4
2019	王少杰	23	前锋	23.4/7.5	35.5/13.5
2020	区俊炫	21	中锋	14.9/5.5	14.9/5.5

2015 年首届选秀大会，由于只有状元方君磊一人被俱乐部选中，而他仅代表俱乐部出战一场，得到 2 分、1 个助攻，因此数据不作为对比指标。从 2016—2020 年的 5 位中职篮状元的赛场表现来看，前锋、后卫、中锋都有，说明状元特点多元化；在场均时间和得分的统计上，新秀赛季除了郭凯和区俊炫数据偏低，其他状元的场均时间都在 23 分钟以上、得分接近 10 分，2018 年状元姜宇星首个赛季上场时间达到 32.2 分钟，可见教练员对他的肯定，也得益于其在 NBL 打球

积累的丰富经验。经过几年的成长，其中的 4 位状元数据都有了明显的提升，得分都已经上双且上场时间超过 30 分钟，说明他们对于球队的贡献越来越大，这也是选秀大会的初衷。而在 2021 年 8 月 CBA 官方公布的广州男篮球员注册信息中显示，郭凯的合同为三年 D 类。自此，郭凯成为 CBA 历史上第一位拿到顶薪合同的选秀球员，激励了更多 CBA 选秀球员。CBA 公司希望通过选秀来选拔新人，提升弱队实力，平衡各俱乐部差距的愿望逐渐实现。状元秀达到了预期的目标，CBA 公司推出的选秀大会制度是值得肯定的。

(三) 球员选秀制度改革评述

1. 球员选秀制度改革特点分析：唯贤是举，综合考虑

回顾中职篮有关新秀球员选秀方法可以看出，从 2015 年中国篮协首次提出鼓励大学生、港澳台球员进入中职篮，到 2019 年 CBA 公司允许草根篮球运动员参加中职篮选秀，中职篮对于天赋运动员一直持开放的态度，秉持唯贤是举的指导方针。另外，中职篮有着自身青年队培养体系的悠久传统，俱乐部付出大量心血和资金选拔与培养年轻运动员，没有俱乐部自行培养的签约途径，将极大伤害俱乐部的利益体系与培养球员的积极性，因此，从 2015 年首次选秀就明确保留了自行培养的方式并不断出台相关政策条文进行细化。通过对 5 年来俱乐部推荐到选秀大会的球员实际情况来看，出台并细化关于自行培养的实施条例，不仅能平衡各俱乐部整体的人才储备数量，还能平衡各俱乐部各个位置上的人才储备，避免同一俱乐部同一位置人才堆积的情况。此外，对球员选秀次数的不设限和允许俱乐部交易选秀权，都体现了对参选新秀的鼓励和对俱乐部实际情况的理解，对工资制度和签约合同时间的改革，也是充分考虑到新秀加入中职篮俱乐部的实际需要及俱乐部培养新秀的综合成本后作出的调整。2020 年开始，CBA 公司关于选秀乐透制度的改革是一次大胆尝试，将固定模式改为不确定选择，留下悬念，使更多俱乐部关注、参与选秀工作，进一步扩大了选秀工作的影响力。

2. 球员选秀制度未来改革建议

(1) 优化选秀方案，增加俱乐部与球员的沟通

在 2020 年和 2021 年的选秀大会中，官方公示参加选秀人员到最终的选秀大

会开幕只有半个月时间,其间没有安排新秀训练营。若未经过试训环节或提前与运动员有所接触,仅在如此短的时间与简单的形式下较难达到俱乐部与参选球员之间互相了解的目的。参照 NBA 选秀制度,球员参选前基本都通过了复杂的球探考察与试训环节,已经能够全方位了解运动员的技战术特点、伤病情况、心理情况等基本信息[1],而中职篮选秀前的试训环节与球探报告较为薄弱,因此需要通过选秀训练营的环节弥补与运动员接触较少的缺陷,以便更集中、统一地使俱乐部增加了解运动员的机会。

(2) 明确球员身份,推动球队自行培养的优秀大学生运动员参选

CBA 公司规定,球队自行培养的运动员代表该队伍参加 2 年以上全国青年联赛可直接与球队签约,若球员正在大学读书并打过 CUBA,只需球队提供与该队员达到 3 年的合同和有效的工资发放单,便无须参加选秀大会,直接加入中职篮[2]。例如,贾明儒在读大学二年级的时候就被广州龙狮俱乐部看中,于是广州龙狮俱乐部与他签下了合同并连续三年提交相关资料给 CBA 公司,完成学业后的贾明儒便跳过选秀大会直接进入时代中国广州队征战 CBA。辽宁小将张镇麟也如法炮制地进了辽宁本钢队。张麒麟在 NCAA 效力于杜兰大学 2 个赛季(2018—2019 赛季、2019—2020 赛季),一共出战 60 场比赛,首发 35 场比赛,场均出战 20.8 分钟,得到 5.77 分、2.25 个篮板,实力非常突出,但他却没有参加 2020 年的中职篮选秀大会,直接进入辽宁本钢队,其在新秀赛季(2020—2021 赛季)的场均时间和得分均高于状元秀区俊炫(张镇麟 32.4 分钟/14.2 分、区俊炫 14.9 分钟/5.5 分)。从实践来看,CBA 公司的这种规定明确了球员身份,确保了球员自身实力的提高,因此,建议 CBA 联赛公司进一步明确球队自行培养球员的定义,推动更多球队自行培养的优秀大学生运动员参加中职篮选秀。

(3) 调整年龄规则,确保新秀发展可塑性

2015—2020 年 6 届选秀运动员平均年龄是 23.8 岁。根据中职篮球员年龄特征相关文献资料统计,球员进入职业联赛的平均年龄在 19~20 岁。可见,参加选秀的大学生球员平均年龄远高于中职篮球员进入职业联赛的平均年龄。一般来说,大学生球员通常完成学业后才参加选秀,因此大学生球员的年龄普遍偏大,

---

[1] NBA 选秀规则进化史 [J]. NBA 特刊, 2020 (21):22-23.
[2] 葛辉. 我国普通高校高水平篮球队实践发展研究:以科学发展观为视角 [D]. 太原:山西大学, 2019.

也导致其技术风格较为定性。而从俱乐部的角度出发，挑选新秀球员必须要充分考虑到运动员是否具有可塑性，是否值得俱乐部花费时间与资本去进行培养并充分挖掘年轻运动员的潜力，参选年龄偏大可能是俱乐部未能积极参与选秀摘牌的因素之一。因此，未来的选秀方法中，建议对参选球员的年龄限制做出调整，争取选出更多年轻有潜力的新秀。

（4）继续扩大选秀范围，提升新秀整体实力

新秀球员由于自身实力原因，要想真正融入球队担当主力还有很长的路要走。为提升新秀整体实力，可以把选拔范围扩大到 18~22 岁、没有职业队经历、没有签约的球员身上，这样可能会使更多优秀运动员加入中职篮选秀中，从而提升整体新秀水平。但外籍新秀的选拔要与外援的挑选进行区分，避免影响国内球员发展。比如，针对外籍新秀人数问题，可以限制每队最多一名外籍新秀。当然，外籍新秀也会带来一些问题，如加大俱乐部的工作量、增大俱乐部的开支等，同时会在一定程度上压缩国内球员的出场时间。但相信只要认真规划，对新秀球员的整体实力一定有所提升。

三、球员聘用制度改革

（一）球员聘用制度历史回顾

球员要想注册进入中职篮，首要问题就是和俱乐部签订聘用合同。在中职篮历史上，俱乐部为了留住球员，往往会在正式合同上签订一些补充合同，如一些俱乐部在基本薪酬合同的基础上，名目上以"代言合同""签字费合同"等形式，向运动员给付高于合同实质的薪酬；或是俱乐部通过第三方支付、关联方支付等其他形式变相向球员给付现金或现金等价物，代以支付薪酬；或是俱乐部为限制球员流动，在正常合同外又签订"培训费合同"等。这些合同并没有在中国篮协备案，因此被称为"阴阳合同"[1]。在《2020—2021 赛季 CBA 联赛球员注册、报名管理规定》中，将"阴阳合同"进行了定义，阴阳合同指除《聘用合同》外，俱乐部（包括 CBA 联盟认定的利益相关方）与球员（包括 CBA 联盟认定的利益相关方）之间以书面或口头形式达成的契约。一旦签订上述合同将影响俱

---

[1] 刘玉莹. 体育经纪合同法律问题研究 [D]. 广州：暨南大学，2020.

乐部、球员甚至体育经纪人的合法权益，严重干扰中国篮协对球员的统一管理，也对球员的合法权利带来潜在风险。为此，2017年姚明担任中国篮协主席后，便推动一系列有关球员聘用管理制度的改革，其中，2018年6月7日经CBA公司临时股东会表决，一致同意修订并推行《标准合同》，同时规定，《标准合同》将是球员与俱乐部之间的唯一合同，任何破坏《标准合同》唯一性的行为，都将依据中职篮《纪律准则》予以处罚。而在2018年12月14日，CBA公司通过官方社交媒体发布一则处罚报告，对青岛国信双星俱乐部与球员德勒黑关于"阴阳合同"分别做出处罚，事情起因是双方于2018年8月26日签署了由CBA公司统一订立的《中国男子篮球职业联赛国内球员聘用合同》（以下简称《国内球员标准合同》），并按照中职篮的相关程序要求，完善了德勒黑注册在青岛国信双星俱乐部的手续。9月，双方因球员伤病问题产生合同纠纷、向CBA公司申请调解过程中，青岛国信双星俱乐部提交了一份《国内球员标准合同》之后签订的《补充协议》，其中内容与《国内球员标准合同》中的相关条款相悖。处罚结果是取消球员德勒黑2018—2019赛季CBA及2018—2019赛季中国篮球发展联赛（CBDL）参赛资格，核减青岛国信双星俱乐部联赛经费15万元。

中职篮从2018—2019赛季开始将《标准合同》（测试版）投入使用。测试版合同划分为五种类型，即新秀合同（A类）、保护合同（B类）、常规合同（C类）、顶薪合同（D类）和老将合同（E类），同时对培养费进行了规定。这五个级别的设置综合考虑了国内的实际情况，因此不同级别在球员类型、合同期限、保障数额、优先权、工资薪酬和特殊规定等方面做出了明确规定，相对比较具体，方便实施。具体内容如表4-7所示。

表4-7　2018—2019赛季中职篮国内球员聘用合同（测试版）

类型	球员	合同期限	保障额度	优先权	特殊要求	薪金要求
A类新秀合同	首次进入中职篮的球员	2年（20岁之前进入CBA的签署2年以上合同，直到22岁为止）	60%（依照常规赛出场次数和时间确定非保障部分工资下发比例）	俱乐部	到期后签署B类或C类合同或允许球员转会	参照选秀条例

续表

类型	球员	合同期限	保障额度	优先权	特殊要求	薪金要求
B类保护合同	A类合同结束的第一合同	自行培养球员≤5年，新秀≤3年	80%，具体同上	球员（晋级为D类合同时，俱乐部享有优先权）	到期后签署D类合同或允许球员转会	是否在A类合同签署时进行约定待讨论
C类常规合同	其他类型合同适用球员之外的所有球员	≤5年	80%，具体同上	球员（晋级为D类合同时，俱乐部享有优先权）	到期后签署D类合同或允许球员转会	
D类顶薪合同	核心球员	≤5年	100%	俱乐部	最多3人，如俱乐部球员工资体系发生变化，违反D类合同薪资规定时将允许球员转会	若1人，则为俱乐部最高工资，2人则为俱乐部工资前两位，以此类推。每年工资涨幅不低于10%，与其他球员工资差距比例待讨论
E类老将合同	34岁以上或单一俱乐部累计效力12年或以上	≤2年	100%	球员	最多2人	不支付培养费，薪资不得超过俱乐部顶薪合同金额，未来不计入工资帽

根据CBA公司相关规定，在《标准合同》推行后，对于旧合同（指2018年《标准合同》推出前签约的合同）到期的，必须签署《标准合同》；对于旧合同未到期的，可继续执行旧合同；如俱乐部、球员均同意签署《标准合同》的，可以签署对应类型及剩余年限的《标准合同》，则原合同自动失效。截至2019—2020赛季注册期结束，共有257名运动员提交了已签署的《标准合同》，对于签署了《标准合同》的运动员产生的争议与问题，将严格按照CBA公司注册新规进行处理。对于仍继续执行旧合同的，俱乐部与运动员的权利和义务均尊重原有合同条款执行，在执行合同过程中，运动员出现的相关争议与问题需参照该球员

签约时的相关规定进行处理。所以，在《标准合同》的推进过程中，解决球员注册相关争议和问题时，CBA 公司遵循"老人老办法，新人新办法"的原则。

2020 年 8 月，《2020—2021 赛季 CBA 联赛球员注册、报名管理规定》颁布，其中的《2020 版球员合同》分为五个类别、六种合同，分别为：新秀合同（A1 类、A2 类）、保护合同（B 类）、常规合同（C 类）、顶薪合同（D 类）、老将合同（E 类）。其中，新版本的球员合同的主要变化有以下内容。

一、A1 类、A2 两类合同的新变化

1. 适用球员：首次注册中职篮的球员。(1) 俱乐部自行培养球员（含已备案自行培养球员）签署 A1 类合同。(2) 选秀球员签署 A2 类合同。(3) 所有 A1 类、A2 类合同期内转会的球员。

2. 签约年限：(1) 自行培养球员注册当年为 21 岁及以下（以年份为准），根据首次注册年龄，最多可签署 4 年，最少可签署 1 年，直至 22 岁为止（以年份为准）。(2) 已备案自行培养球员根据年龄，签约年限为：注册当年 21 岁以下的，签署 1 年以上，直至 22 岁（以年份为准）；注册当年为 21 岁以上（含 21 岁，以年份为准），签署 2 年。(3) 选秀球员最多可签署 2 年，最少可签署 1 年。(4) A1 类、A2 类合同期内转会的球员，需与新俱乐部签署和原俱乐部聘用合同剩余年限相同期限的 A1 类、A2 类合同。同时，新俱乐部享有并继承该球员 A1 类、A2 类合同的约定及权利（薪资除外）。

3. A1 类合同最低基本薪资标准为：15 万元人民币/年；A2 类合同的最低薪资标准根据选秀相关规定执行。

4. A1 类合同到期后，原俱乐部享有该球员的独家签约权。选择续约的，需在书面通知续约的同时向该球员提供一份较其 A1 类合同最后一年基本工资涨幅≥100%的 B 类合同（具体年限见 B 类合同条款）。如球员拒绝签署合同，俱乐部仍保留独家签约权直至俱乐部放弃此权利；未在规定时间通知续约并提供合同的，视为放弃独家签约权。俱乐部放弃独家续约权的，如球员与新俱乐部完成签约，原俱乐部需为该球员出具注销证明，原俱乐部有权收取培养费。

5. A2 类合同签署时，俱乐部可与球员协商确定 A2 类合同到期后的续约方式，在以下两个选项中任选其一：(1) A2 类合同到期后涨薪 100%，俱乐部获得独家签约权（相关续约流程参照 A1 类合同）。(2) A2 类合同到期进入匹

配流程。

6. 在国内球员标准合同推出前首次注册的球员，仍按注册当年相关注册管理办法中（"X+Y"）的续约条件及续约年限执行，但在执行"+Y"时，只能签署保护合同并使用国内球员标准合同版本。且在俱乐部满足续约条件时，球员不得以任何理由拒绝续约。因球员原因拒绝续约的，俱乐部仍保留独家签约权直至俱乐部放弃此权利。如俱乐部选择不与该球员续约，应为其办理注销事宜，该球员可以与原俱乐部之外的其他俱乐部签署聘用合同（除A类、B类合同外的其他类别）。原俱乐部按相关条款收取培养费。

7. 除了因A1类、A2类合同到期后原俱乐部不再与该球员续约的，A1类、A2类到期后球员与原俱乐部不得签署B类之外的其他类别合同。

8. A1类、A2类合同履行期间，俱乐部需满足以下任一条件，否则该球员可以向CBA公司申请终止合同并成为自由球员（因伤或因参加国字号球队集训比赛无法参赛的需提交相关证明材料）：(1) 至少为该国内球员报名参加一个赛季的中职篮，且常规赛出场不得少于10场（含租借参赛）。(2) 合同期限为4年的，至少代表俱乐部参加3个赛季的CBDL；合同期限为3年的，至少代表俱乐部参加2个赛季的CBDL；合同期限为2年及2年以下的，至少代表俱乐部参加1个赛季的CBDL（以上参加CBDL任一阶段皆可）。

新的球员合同对新秀球员的签约对象区分为俱乐部自行培养（A1类）和选秀大会签约（A2类），并对其合同金额、签约时间和未来发展做了区分，另外在A2类合同到期后俱乐部可以提供匹配，这给俱乐部和球员都有了新的选择，但在A1类合同到期后却没有提供匹配。这也充分体现了CBA公司对俱乐部自行培育人才的重视，做到区别对待。除此以外，为了避免新人进入中职篮的第一个合同期内不能上场，要求俱乐部在合同期内必须为球员提供CBA（不得少于10场）或者CBDL（N-1，N为合同年限）年的上场时间，否则这些新人将成为自由球员。这些制度的出台可以看出，CBA公司希望新人能够有更多的锻炼机会。

二、B类合同的新变化

1. 签约年限：(1) 俱乐部自行培养球员（注册当年为21岁及以下，以年份为准）在执行完A1类后，必须签署B类，在较其A1类合同最后一年基本工资涨幅≥100%的前提下，最多可签署 5 年，最少可签署 1 年（俱乐部主导）。在《国内球员标准合同》推出前首次注册的球员，仍按注册当年相关注册管理办法中（"X+Y"）的续约条件及续约年限执行。(2) 已备案自行培养球员在执行完 A1 类后，必须签署 B 类，在较其 A1 类合同最后一年基本工资涨幅≥100%的前提下，已备案自行培养球员签约年限为（俱乐部主导）。首次注册为 21 岁的，最多可签署 4 年；首次注册为 22 岁（含 22 岁）以上的，最多可签署 3 年，直至 27 岁。(3) 选秀球员分为以下两类：2020—2021 赛季 CBA 选秀前参加选秀并被选中的球员在执行完 A1 类合同后，在较其 A1 类合同最后一年基本工资涨幅≥100%的前提下，最多可签署 3 年，最少可签署 1 年（俱乐部主导）；2020—2021 赛季 CBA 选秀中被选中的球员在执行完 A2 类合同后，根据是否进入匹配的选项执行，如选择到期不进入匹配流程的，在较其 A2 类合同最后一年基本工资涨幅≥100%的前提下，最多可签署 3 年，最少可签署 1 年（俱乐部主导），进入匹配流程的，按本规定相关流程进行操作，最多可签署 3 年，最少可签署 1 年（俱乐部主导）。(4) A1、A2 类合同执行期间租借的球员，按照原俱乐部签约时的基本工资作为涨薪基数。(5) B 类合同期内转会球员，须与新俱乐部签署与原俱乐部聘用合同剩余年限相同期限的 B 类合同。同时，新俱乐部享有该球员全部 B 类合同的权利（不含薪金）。(6) A1 类、A2 类合同到期后俱乐部以注册权及独家签约权为筹码完成交易的球员，需与新俱乐部签署 B 类合同，原俱乐部享有的该球员所有权利自动转入新俱乐部，该球员与新俱乐部签约年限按以上 (1)(2)(3) 条款执行。

2. 可选择进入匹配流程的球员还包括：(1) 在国内球员标准合同推出前首次注册的球员，执行"X+Y"合同的"+Y"合同或相当于"+Y"合同的年限到期后，视同为 B 类合同到期。(2) 如首份合同的期限超出或与该球员注册当年注册办法中规定的最长 B 类合同期限相同的（例如，施行"4+2"政策时注册的球员首份合同签署 6 年或更长期限），视同为已执行完 B 类合同。

3. B 类球员激励条款。俱乐部可以在与球员签署 B 类合同时，选择使用 B 类球员激励条款，以此为依据给予获得卓越表现的球员单赛季一次性绩效工资，奖励金额为该球员当赛季基本工资的 50%~100%（俱乐部选项），奖励金额将不计入工资帽。

4. A1 类合同期限剩余 1 年及以内的球员，俱乐部可根据上述规定要求提前与该球员签订 B 类合同，俱乐部需满足本《管理规定》中关于获得签署 B 类独家签约权的要求且 B 类球员激励条款为必选项（奖励比例由俱乐部在规定范围内制定）。签约起始日期应于该新秀合同（A1 类）结束后接续开始，签约完成后须至 CBA 联盟备案，在下赛季注册期注册时提交合同原件。

B 类合同是球员们职业生涯的第二份合同，在中职篮中，年轻球员们的 A 类合同到期后，如果能继续在联盟中打球，那么均签订 B 类合同。这类合同最长可以签 5 年，最短可以签 1 年，球队与球员签订 B 类合同时，提供的年薪不得低于该球员 A 类合同最后一年年薪的两倍，这对于新秀球员也是一种保护和肯定。姜宇星是 2018 年的状元秀，刚进入中职篮时，他和吉林队签订的是 2+N 的合同，N 为俱乐部优先续约权（小于等于 3 年），根据中职篮官网显示的吉林队球员注协信息，2020—2021 赛季其已经在球队进行注册，合同类别为 B 类（三年），按照规定，其在 A 类合同中状元身份薪水为 50 万元，而俱乐部再次签约 B 类合同需涨薪 100%，即年薪达到 100 万元。姜宇星在 2019—2020 赛季出场 45 次，场均得到 14 分、4.3 个篮板、2.6 次助攻、2.1 次抢断，尤其是在复赛阶段成为吉林男篮的核心球员，赛季后姜宇星成功入选了三人男篮国家队，可以说是非常有实力的球员，3 年 B 类合同对吉林队来说非常满意，而作为姜宇星本人也可以安心继续为球员效力，提升水平。若 B 类合同到期后，可能得到 D 类顶薪合同合。

三、C 类合同无变化

在 5 种合同中，A、B、D、E 类都是特殊类型的合同，A 类和 B 类是给年轻球员的、D 类是给球星的、E 类是给老将的，而 C 类合同是一种常规的合同，如果一名球员不符合其他四类合同的签约条件，那么就可以签 C 类合同。C 类合同最多可以签 5 年，年薪不得低于 30 万元。2020—2021 赛季，广东队赵睿表现非常出色，按照实力有可能签下顶薪，但综合考虑后，他选择了一份 C 类合同续约广东宏远，其原因可能与在广东宏远这样的超级强队打球，不仅能够提升自己的比赛能力，还能够获得更多的曝光度，以便为未来发展奠定基础有关，因此放弃顶薪也能令人理解。

四、D 类合同的新变化

1.D 类合同最少 2 年。

2. 顶薪球员薪资与其他类别合同的球员年工资差距至少 50 万（含）元以上。

3. D 类合同球员到期后可与原俱乐部或新俱乐部签署 C 类、D 类或 E 类合同。与新俱乐部签署合同的，原俱乐部按相关条款收取培养费。

4. D 类合同履行不满 1 年的，不允许转会；D 类合同不允许租借。

B 类、C 类和 E 类合同到期的球员，再签新合同时，可以签订 D 类合同。总的来说，D 类合同是为球星定制的一种合同，因此其薪资待遇是所有合同中最高的，一支球队最多可以和 3 名球员签订 D 类合同，这 3 名球员必须是队内薪资前三，三人中工资最高者年薪可以达到工资帽的 25%，根据规定，2020—2021 赛季为 800 万元。以广东男篮为例，广东队内的 3 名 D 类合同的球员为易建联、任骏飞和苏伟，他们三人的薪资就是队内前三。D 类合同到期后，俱乐部继续拥有该球员的 D 类合同独家签约权。

五、E 类合同 无变化

满足以下两个条件之一的球员，可以签订 E 类合同：第一，年满 34 周岁；第二，年满 32 周岁且已经为单一球队累计效力达到 12 年。这类合同主要面向联盟中的老将，最多可以签两年，薪资不得超过队内三名 D 类合同球员中薪资最低者。E 类合同到期后，俱乐部拥有球员的 D 类合同独家签约权。值得一提的是，E 类合同球员的薪资不计入工资帽。中职篮符合这一规定的球员有易建联、孙悦、易立、孟达等人。根据中职篮官方网站显示注册信息，2020—2021 赛季，孙悦和北控队签订的 C 类合同（1 年），2021—2022 赛季易建联和广东队签订的也是 C 类合同（1 年）。孙悦和易建联符合 E 类合同却没有签约，选择主动降薪的原因可能是球员考虑球队整体球员配置，主动做出的让步，值得尊敬。

六、新增买断合同

这一条款是俱乐部在球员非伤病原因下拥有提前和球员解除合同的权利，规则中对买断费有着详细的标准，除了 D 合同的球员被买断时可以拿到 100% 的薪水，其他类别的合同球员都只能拿到 50% 作为补偿，并且不可协商。在被球队买断之后，球员将可以自由选择与其他球队签约，并不用支付培养费。另外，买断制度也是对球员职业态度的极大考验，如果球员拿着高工资却没有发挥应有的作用，俱乐部可以用其剩余工资的50%直接解雇该球员，虽然俱乐部损失了金钱，但会让俱乐部人员流动更合理，而球员也会因为担心被买断而更加努力地训练和比赛，努力体现其价值。

　　2021年2月18日，中职篮官方公布自由球员更新名单，之前曾效力于北京首钢队和山西队的段江鹏出现在榜单上，段江鹏是被北京首钢队买断了合同。段江鹏在2020—2021赛季与北京首钢队签订的合同为1+1，最后一年为俱乐部选项，北京首钢队只需要按月支付第一个阶段剩余合同金额的50%就可以了。之后，段江鹏并没有和其他俱乐部签订合同。

（二）球员聘用制度效果分析

　　CBA公司制定的《国内球员聘用合同》（测试版、2020版、2021版）统一成为《标准合同》，其目的是规范球员与俱乐部的权利和义务，保护双方在合同约定下共同实现目标。因此，球员是否签署《标准合同》是衡量CBA公司有关球员聘用管理制度改革效果的重要依据。

　　根据中职篮官方网站公布的2020—2021赛季国内球员相关信息，2020—2021赛季共329名国内注册球员签订了《标准合同》，占比为91.39%；31名球员尚在履行原有合同，占比为8.61%。

　　从近三个赛季来看，2019—2020赛季《标准合同》的签订率为73.56%；2018—2019赛季的签订率为40.12%。与2018—2019赛季相比，2020—2021赛季签订《标准合同》的球员共增长了145.5%。可见，管办分离后的《标准合同》执行力度非常高，得到了俱乐部和球员的普遍认可。

　　对2020—2021赛季签订《标准合同》的俱乐部进行分析可以发现，南京同曦大圣、深圳新世纪领航者、浙江广厦猛狮、四川金强蓝鲸、山东西王王者、青岛国信海天、北京控股7家俱乐部所有的注册运动员均签订了《标准合同》，而其他12家俱乐部签订《标准合同》的比例为71.4%~95.5%。从签订合同的类型来看，2020—2021赛季签订《标准合同》的国内球员中，签订A1类合同的球员最多，共计132人，占签订总人数的40%；其次是签订C类合同的球员共112人，占签订总人数的34%；E类合同无球员签署。

　　新秀合同（A1类、A2类）人数众多，一方面说明俱乐部愿意给新人预留机会，另一方面也说明新人的实力逐渐得到俱乐部的认可，这也是对选秀制度的肯定。顶薪合同人数最少，说明球队的整体工资分配正在趋向合理，只有广东宏远和浙江稠州两家俱乐部使用了全部 3 个顶薪名额，而山西、浙江广厦、广州龙狮、新疆等四家俱乐部都没有使用顶薪合同。按照最新的球员注册管理规定，球员签订的合同类型均在赛季前在中国篮协官方网站进行公示，接受监督，俱乐部与球员的合同越来越规范了。

（三）球员聘用制度改革评述

1. 扎实推进，确保《标准合同》的全面签署

从 2019—2020 赛季起，CBA 公司规定各俱乐部签新合同时都要按照最新版《标准合同》办事，目前国内球员的聘用使用的《标准合同》是以运动员的身份来源作为基础划分依据，同时结合俱乐部与运动员的已有合同经历，综合而成所制定的较为科学的合同。各类合同的适用条件、薪资标准、签约年薪、合同到期后怎么处理，《标准合同》均有详细规定，为球员和俱乐部的顺利签订提供了保障。同时，合同签订后，除了年薪，其余所有信息均在中职篮官方网站进行公示，接受各方监督，最大化地保证了签约双方的公平、公正，这对于过去困扰球员管理的"阴阳合同"也是一种有效的遏制。球员签订统一的《标准合同》之后，也促进了各俱乐部财务透明，便于 CBA 公司对俱乐部的进一步规范管理。因此，《标准合同》可以说是中职篮对于球员管理的核心规定，也是对球员管理的统一准则，更是规范球员、俱乐部双方权益的有力保障，所有俱乐部和球员都要高度重视，在老合同到期后，参照条件，认真完成《标准合同》的签订，确保《标准合同》的全面签署，从而实现球员、俱乐部的科学、规范管理，达到最佳合作效果。

2. 调整新秀合同，促进运动员合理流动

CBA 公司在《国内球员聘用合同（2020 版）》中对 A 类合同进行修订，将 A 类合同细分为 A1 类和 A2 类，分别对应的是球队自行培养的青训新秀和选秀大会选中的新秀。A1 类合同是俱乐部自行培养的球员升入一队时签订的首份合同，合同期限为 1~4 年，合同金额为 15 万~30 万元。A1 类合同到期后，俱乐部享有该球员的独家签约权，即提供一份至少为其涨薪 100% 的 B 类合同，如球员拒绝签署该合同，俱乐部仍保留独家签约权直至俱乐部放弃此权利。B 类合同最长能签 5 年，也就是说，只要球队按照要求来做，青训出身的球员最早也得 27 岁才

能拿到顶薪合同。如广东东莞大益队青训队员徐杰，2018年8月签了A类合同，当时他的年龄为18岁，他的A类合同最长到2022年，A1类合同到期后必须签订B类合同，合同最长到2027年。根据中职篮官方数据统计，徐杰在2020—2021赛季常规赛场均上场21.5分钟，场均得分7.6分，数据综合排名为143位（总354人）；季后赛场均上场24分钟，场均得分7.5分，数据综合排名为67位（总138人）。这仅仅是徐杰参加中职篮的第三个赛季，可以说，徐杰有着优秀的篮球才华，普遍为外界认可，联赛中这样的球员还有辽宁本钢队的张镇麟、浙江稠州金租队的余嘉豪、青岛每日优鲜队的高世鳌等。

截至2020—2021赛季，和徐杰一样签订A1类合同的球员占到所有球员的40%，这些都是俱乐部青训自行培养的人才，而他们也基本上要为本俱乐部效力到27岁左右才有可能自由。根据CBA公司发布的《中国男子篮球职业联赛国内球员基础信息白皮书（2020—2021赛季）》显示，2020—2021赛季国内球员平均年龄为24.21岁，因此，青训球员的B类合同最长至5年的规定，影响了这些球员未来的流动性，他们是目前中职篮国内球员的主要力量，他们的未来变动也影响着中职篮的球员变动。当然，青训球员作为各球队的重要后备力量，首先为本俱乐部效力无可厚非，只是从球员角度考虑，将新秀合同（A1类和B类合同）的签约年限适当减少，如改为3年左右，给球员更多选择机会，将能更加激发他们努力拼搏的精神，有可能为更多俱乐发展做出贡献，从而最大限度地发挥球员自身价值。

四、球员转会制度改革

转会制度是中职篮有关球员发展的另一项重要制度。运动员转会是指职业运动员从一个职业俱乐部流向另外一个俱乐部的行为和结果[1]。当今世界职业体育联赛每年都有众多运动员为国外体育俱乐部效力，而国内职业体育俱乐部或球队之间球员转会现象更是司空见惯，如在意大利，足球运动员每3年（一般合同期为3年）就会转会的比例为70%~75%，而常年固定效力于一个俱乐部的球员只是极少数[2]。国际上大多数俱乐部认为，每年球队中有2~3名运动员流动对

---

[1] 于振峰，谢恩杰，李晨峰. 我国职业篮球运动员转会制度及相关法律问题[J]. 体育与科学，2003（4）：49-51.

[2] 吴育华，杨顺元，叶加宝. 中国、欧洲足球运动员转会制度分析[J]. 武汉体育学院学报，2007（9）：19-22.

球员和俱乐部均有好处。引进运动员可以填补球队欠缺位置，促使球队技战术水平提高，实现资源最佳配置，还可以利用转入运动员的号召力吸引更多观众、提高球队盈利能力，而对于转让运动员的俱乐部来说，其主要目的也在于盈利，出售球员已经成为许多俱乐部维持经济运转的重要财源。

（一）球员转会制度历史回顾

对于中职篮而言，只有在中国篮协注册的运动员在与所在单位的合同期满时转入另一俱乐部或单位服役被称为"转会"。1995年10月在北京召开的全国男篮甲级联赛会议上中国篮协推出了《中国篮协运动员转会暂行条例》，这是我国首个篮球运动员转会制度。中职篮转会制度也经历了多次修改，如表4-8所示。

表4-8　中国男子篮球职业联赛有关球员转会相关文件统计表

颁布时间	球员转会相关文件名称
1995年	中国篮协运动员转会暂行条例（讨论稿）
1996年	中国篮协俱乐部篮球队运动员管理条例
1998年	中国篮协运动员转会管理办法（暂行）
2003年	篮球运动员交流管理暂行办法
2005年	全国篮球运动员注册与交流管理办法实施细则（试行）
2008年	CBA联赛运动员教练员注册与交流管理暂行方法
2014年	中国篮球协会俱乐部、运动队、运动员和教练员注册管理暂行办法
2018年	中国男子篮球职业联赛球员注册及转会规定（试行）

注：以上文件根据中国男子篮球职业联赛秩序册整理。

根据表4-8所示文件的颁布可将中职篮的转会制度按时间划分为以下三个阶段。

1. 第一阶段：初创阶段（1996—2002年）

这个阶段主要有以下两种转会形式：

第一，国内转会（指转会时间至少两年或以上）。国内转会管理条例规定：A. 正接受中职篮处罚未到期限者不得转会。B. 合同期未满，原属单位不同意转会者不得转会。C. 每年9月1日至9月30日，中国篮协负责办理运动员转会手续。凡在规定时限以外不予办理。私自转会者一律视为违法，有关队员及涉及的单位将受到停赛和罚款处罚。

第二，国内临时转会。临时转会是指在中职篮注册的各运动队运动员有偿转入另一运动队（起止时间：每赛季开始前 15 天，临时转会的运动员到参赛俱乐部报到，联赛结束后 7 日内运动员必须回原单位报到）。

在中职篮的初始阶段，中国篮协便制定了相关规定，出台了运动员转会相关文件，其中提出的转会形式也只有两种：国内两年及以上的长期转会和临时性（一个赛季）转会，虽然形式简单，但对于后面的转会制度奠定了基础。

2. 第二阶段：探索阶段（2003—2014 年）

随着中职篮的发展，这个阶段有关球员的转会制度也在不断进行修改，转会形式有以下三种：

（1）国内转会（2~5 年）

《全国篮球运动员注册与交流管理办法实施细则（试行）》（2005）中指出，国内转会通常指的是长期交流，而长期交流就是指运动员被转会后，与另一家俱乐部签署代表资格协议并到中国篮协再次注册的行为。长期交流的运动员必须在自己的原注册单位至少服役两年或者以上，除此之外，还有其他条件：第一，只有在中职篮注册的运动员可以申请转会；第二，属下列情况者不得转会：A. 被国家队（含国家青年队）或原单位除名者；正接受中国篮协或原单位处罚未到期限者。B. 合同期未满，未经双方同意终止合同者。C. 18 岁以下（含 18 岁）运动员转会未经培养单位批准者（所在省市区没有专业队的 16 岁以上业余运动员除外）；第三，每年 10 月 1—30 日，中职篮办理运动员转会手续。

（2）国内临时转会（倒摘牌制）

为了规范球员临时转会市场，引导俱乐部走出"只使用不培养"的误区，国家体育总局篮球运动管理中心 2003 年出台临时转会规定新办法，在 2002—2003 赛季中职篮实行倒摘牌制。其核心内容为：符合条件的临时转会球员集中在一起，由中国篮协统一办理临时转会，中职篮各参赛队按照排名从弱到强可从中依次选择一名球员，没有聘请外援的八一男篮可另行从军队系统中选拔两名球员。此外，对临时转会球员的身价也进行了划分：一类为现役国家队队员；二类为前国家队队员和现役国家二队队员；三类为国家级运动健将；四类为其他运动员。

（3）港澳台球员转会

港澳台篮球运动员就是指在中国台北、中国香港和中国澳门篮球协会注册过的,并具有在当地长期居住资格的篮球运动员。而港澳台转会也叫港澳台交流,是指港澳台地区的篮球运动员转会到大陆或内地的篮球俱乐部中,或大陆或内地的篮球运动员转会到港澳台地区的篮球俱乐部。这里所指的港澳台转会主要是指前者,即港澳台地区的篮球运动员转会到大陆或内地的篮球俱乐部。俱乐部引进的港澳台地区的篮球运动员以代表资格协议形式注册并签订合同,该运动员在中国篮协注册后两年内不得再更换俱乐部。等到协议期满后,只有在原效力的俱乐部出具相关的注销证明后,该球员才能成为"自由球员",并可以到其他国家(或地区)打球,中国篮协也有责任为其出具澄清信。

这个阶段的转会文件进一步细化了规则,但实际上并没有出现过真正有实力的球员进行转会,究其原因,主要是中职篮球员普遍都是各家俱乐部或者俱乐部所在的地方体育局出巨资培养的,球员不仅要为自家俱乐部效力,而且还要承担所在省市参加全运会的任务,俱乐部或者体育局一般是不愿意将球队的主力"送走"进行交流的,而球员要想实现转会成功,最重要的一环就是成为自由球员。成为球员的条件之一是必须注册,中国篮协和 CBA 公司规定,球员必须由俱乐部或体育局为其进行注册,未能注册的球员不得参加中国篮协举办的任何比赛。并且,非经俱乐部和体育局的允许,球员不得自由转会。球员在和俱乐部签订几年的合同后,正常情况下是可以进行转会的,但俱乐部有对于球员的注册优先权。所谓注册优先权,是指"注册单位与运动员签署的代表资格协议期满后,该注册单位享有对该运动员的注册优先权。注册优先权期限根据所签订的代表资格协议的期限确定:1~3 年,注册优先权期限为 12 个月;4~6 年,注册优先权期限为 24 个月;7~9 年,注册优先权期限为 36 个月。注册优先权期限内,如原注册单位需要,运动员只能继续与其签约"。按照此规定,如果运动员合同到期后不想与原注册单位续签合同,俱乐部又不愿意放弃,那么运动员就只能"自废武功",直到注册优先权所对应的年限(1~3 年)结束。也就是说,中职篮球员在与俱乐部的合同期满之后,如果俱乐部不同意球员转会到其他俱乐部,不管其他俱乐部给球员提供多高的工资,球员也不得转会,必须再为原俱乐部打 1~3 年的球,或者球员也可以选择不进行注册,浪费掉 1~3 年的球员生涯时光。这也就是解释了为何 2003—2016 年很少有国内大牌球员进行转会,并非球员不想转会,而是俱乐部有注册优先权这一法宝。不过,2007—2008 赛季巴特尔成功从北京金隅队转会到新疆广汇队,作为中职篮成立以来最大牌的转会球员,巴特尔转会使其他球员看到了希望,但他的转会之路也并不轻松。

1995年中职篮的元年，巴特尔加盟北京首钢队，成为球队中流砥柱，后入选中职篮全明星队。2002年，NBA丹佛掘金队向中职篮北京首钢队核心球员巴特尔发出邀约，北京首钢队同意放人，2005年巴特尔从NBA归来后，他先是代表北京金隅队征战了一个赛季，2006—2007赛季，巴特尔告诉北京金隅队自己要前往国外治疗膝伤并寻求前往欧洲打球的机会，这个赛季北京队没有给他注册。但在一年之后，巴特尔回国后便与新疆广汇队签订了新的合同。北京金隅队如梦初醒，但为时已晚，因为根据当时施行的《全国篮球运动员注册与交流管理办法实施细则（试行）》（2005年制定）第十七条规定，代表俱乐部征战1~3年的球员，注册优先权期限为12个月。北京金隅队上诉中国篮协，但中国篮协经过慎重考虑，认为应该按照规定办事。北京金隅队错过了优先注册权的1年期限，巴特尔已经是自由球员，转会新疆广汇队合理合规[1]。

巴特尔事件堪称是中职篮球员注册制的里程碑，在这之后，各家俱乐部纷纷聘请律师或者法律顾问，这才开始真正重视钻研中职篮的转会规则。在巴特尔事件后，唐正东等球星在转会时也开始越发重视注册优先权这一规定，要么低价为母队效力1~3年，要么就痛下决心不打球。并且因为当时的规定是，只要球员不断与母队续约，母队的注册优先权就可以一直维持下去，这决定了很多球员可能终其一生也只能在一支球队效力，除非母队主动选择交易。

3. 第三阶段：酝酿改革阶段（2015—2017年）

因为注册优先权的存在，导致这个时期中职篮球员对于转会制度意见颇多，甚至不少球员要求中职篮像NBA一样组建球员工会来保护球员的利益，所以中国篮协在2014年推出了新的规定《中国篮球协会俱乐部、运动队、运动员和教练员注册管理暂行办法》。其中两点改革对于球员、俱乐部都提出要求：第一，"对于运动员在合同期内为跳槽到另一支俱乐部而采用'自我休克'等方式而停赛两年，以求获得自由球员资格的做法，中国篮协不予支持"。简而言之，球员为谋求自由身而故意"逃避俱乐部"的办法失效。第二，球员只有第一次与俱乐部签约时，俱乐部才享有注册优先权，后续再续约，俱乐部将不再享有注册优先权。

之后的衡艺丰转会事件便是对这一规定的很好解释。衡艺丰是曾入选国奥和国青的江苏队新星，2015年因嫌江苏肯帝亚队开出的薪水过低拒绝续约，随即

---

[1] 陆军. CBA球员注册转会制度浅析[J]. 职业时空，2009，5（10）：152-153.

没有在中职篮注册。此后，衡艺丰成功在奥地利篮协完成注册并与奥地利雄狮队签下两年合同。2016年，衡艺丰突然出现在了广州证券队的体测名单中，广州队认为衡艺丰通过涉外转会已经获得了自由身，便从奥地利俱乐部引进衡艺丰。但中国篮协最终认定，江苏队仍具有对衡艺丰的注册优先权。最终广州队只能用转会费和史鸿飞来与江苏队交易衡艺丰的签约权。

而另一位著名球员周琦也同样受制于注册优先权。2017年，周琦从新疆喀什古城队登陆NBA效力于休斯敦火箭队。2019年1月，周琦在被火箭队裁掉后分别与北京首钢队和辽宁本钢队接触，这再度引起了广泛热议。周琦方面认为在自己登陆NBA时火箭队已经为自己向新疆队支付了买断费，而且新疆队也开具澄清信称周琦与新疆队再无合同关系，所以自己如今返回中职篮可以以自由球员身份与自己中意的球队签约。CBA公司根据《中国篮球协会俱乐部、运动队、运动员和教练员注册管理暂行办法》（2014年），球员在第一次与俱乐部签约时，俱乐部拥有注册优先权，相对应的是，当时中国篮协推行的《标准合同》范本则是"4+2"，即球员代表球队征战4年后，球队对球员拥有为期2年的注册优先权[1]。周琦前后为新疆队效力4年，所以新疆队对周琦还拥有为期两年的注册优先权。此外，新疆队在听证会上还提交了周琦当年与新疆队签约时，周琦父亲代签（因为周琦当时未满18周岁，由监护人代签）的一份保证书，即保证日后若从NBA返回中职篮，也应首选新疆队。可以看出，截至2017年，国内球员的转会大门还没有自由地打开，但针对球员转会制度的变革却越来越迫切。

（二）球员转会制度分析

1. 管办分离阶段中职篮球员转会制度简介

2018年中国篮球协会实施《中国篮球协会注册管理办法》，将转会（国内交流）定义为指运动员的代表资格从国内的一个俱乐部（或运动队）变更到另一个俱乐部（或运动队）的行为。国内交流包括长期（自由）交流和短期交流。长期（自由）交流是指符合相关规定的运动员，经核准终止与原俱乐部的注册隶属关系并与新俱乐部建立新的注册隶属关系（运动员与新俱乐部签订的聘用合同期限少于两年的，两年合同期限内可以终止合同或注销注册，但是期限内不得

---

[1] 邹俊峰，陈家起，高奎亭. CBA联赛（2014—2019）竞争性平衡：趋势与对策[J]. 吉林体育学院学报，2020，36（5）：69-77.

再次进行长期交流)。

短期交流指运动员在不改变与所在俱乐部注册隶属关系并经所在俱乐部同意情况下,按照竞赛规程等相关规定,与另一个俱乐部签署短期交流协议(短期交流的期限不得超过6个月)。短期交流由竞赛部门按照竞赛规程负责统一组织并审核短期交流合同。

从形式上看,球员的转会方式仍然是两种:长期交流和短期交流。但从具体规定来看,中国篮协对于球员转会的限制性条件正在减少,对于长期交流,2018年的《管理办法》已不再规定球员必须在原俱乐部服役两年或者两年以上才能许可长期交流,而倒摘牌制度也转为短期交流,且相对前者,短期交流规定更加简便,其核心是要求相关俱乐部及运动员本人自愿达成短期交流协议,明确约定各方的权利和义务。

经过多次修改、完善,《2020—2021赛季CBA联赛球员注册、报名管理规定》颁布,使得球员的聘用、交流规定逐渐稳定下来。从最新的文件来看,目前的球员转会包含在球员交易条目下,球员交易除了转会,还有租借和球员互换三种方式。

(1) 租借

主要规定有:

俱乐部累计可以租入、租出各2名国内球员。如俱乐部本赛季注册名额已满,则不允许再租入球员。

被租借的球员须由租出俱乐部办理完各注册手续后,再由租入俱乐部办理租借手续。

租借球员(含选秀球员)占用租入俱乐部注册名额,不占用租出俱乐部注册名额。租借期限由租借双方俱乐部协商,不得超过租借球员与租出俱乐部的《聘用合同》期限。被租借球员的薪资标准不得低于聘用合同薪资标准(被租借球员同意的除外)。

租入俱乐部须在交易截止前提交CBA联盟统一版本的《租借协议》等租借相关材料。

租入俱乐部不得将租借球员进行转租。

已注册港澳台球员的俱乐部不得从其他俱乐部租入港澳台球员。

(2) 转会

主要规定有：

球员合同期内与俱乐部协商一致后，可以转会至其他俱乐部。未经所属俱乐部书面同意，球员及其经纪人、关联人员不得以转会为目的与其他俱乐部接触。

使用中国男子篮球职业联赛委员会统一印制的《中国男子篮球职业联赛国内球员聘用合同》办理注册的球员，如合同终止日期在2020年8月31日后且在本赛季常规赛开赛日之间的，所属俱乐部不得以转会形式要求该球员加入其他俱乐部（球员同意的除外）。

租借期内的球员如转会，租出俱乐部须与租入俱乐部完成租借终止手续。

转会费是新俱乐部向原俱乐部支付的补偿费用，由双方俱乐部协商确定。球员转会并收取转会费的，原俱乐部不得向新俱乐部再收取培养费。

球员发生转会后，原俱乐部对于该球员的注册权、匹配权自动转入到新俱乐部。

(3) 球员互换

球员互换的操作依据仅限于所涉及球员的剩余合同期限内的基本工资，不得使用交易筹码。互换操作中剩余基本工资总额偏高的一方不得高于另一方剩余基本工资总额的120%；单笔操作仅限于两家俱乐部间完成，同时规定：

A. 单笔交易中须涉及2名或2名以上球员，每个参与球员互换的俱乐部必须转出与转入同时发生。

B. 俱乐部可以选择互换球员的数量，但俱乐部须有足额的注册名额，对于互换后超出注册名额的交换申请，CBA联盟不予通过。

C. 球员互换仅限于各俱乐部签署A、B、C类合同球员。C类合同为M1+M2的，且球员互换发生在M1期间的，如M2为俱乐部选项，则M2工资计入基本工资总额；如M2为球员选项，则M2工资不计入基本工资总额。

D. 球员互换完全由俱乐部主导，所涉及的球员须按规定时间到新俱乐部报到，并在规定时间内与新俱乐部签署《聘用合同》，新合同须延续该球员原合同的所有约定。

E. 球员拒绝完成以上互换程序的，按本规定进行处罚，新俱乐部仍拥有该球员独家签约权及注册权。

F. 球员互换完成后以本赛季俱乐部实际发放工资核算工资帽。

（4）自由球员签约

自由球员签约也叫认领，其中自由球员指的是曾经在中职篮联赛有注册经历，在申请时未在任何一家俱乐部注册且与任何俱乐部均无合同关系的国内球员；被俱乐部买断的国内球员；合同到期前联盟未在规定时间内收到俱乐部提交的续约通知的（合同形式为 M1+M2 形式的，执行完 M1 合同后的除外），且在注册期前仍未与原俱乐部续约的。同时规定：

A. 符合条件的球员，须自行到联盟申请获得自由球员身份。

B. 合同到期前联盟未在规定时间内收到俱乐部提交的续约通知的（合同形式为 M1+M2 形式的，执行完 M1 合同后的除外）球员，如球员未申请成为自由球员，仍可在注册期截止前与原俱乐部续约。

C. 自由球员名单于中职篮官网实时更新公布，各俱乐部可参考自由球员名单，选择洽谈球员加盟事宜。

D. 俱乐部在本赛季注册期及注册窗口期，可认领自由球员。

同时规定：

a. 认领的俱乐部认领后注册名额应不超过规定的上限；

b. 计划认领的俱乐部须与自由球员协商一致签署聘用合同；

c. 合同到期前联盟未在规定时间内收到俱乐部提交的续约通知的球员在获得自由球员身份后，原俱乐部在本赛季不得认领；

d. 认领完成后球员须于五日内至认领俱乐部报到，认领俱乐部须提交该球员相关注册材料（同注册期注册材料）；

e. 球员原注册俱乐部可收取培养费（买断的除外）。

2. 管办分离阶段中职篮球员转会制度分析

（1）租借制度分析

球员租借制度与之前的短期交流类似，对于部分人员充足的俱乐部来说，租借一部分球员出去既可以为球员提供锻炼机会又可以节省薪水支出，等球员租借期满回到母队时还可能提升竞技实力，可谓是一举多得。租借期时间灵活，由双方球队商定，一般是三五年不等，如果该球员租借合同到期后，原合同没到期，那就得回到母队打到原合同结束，除非母队同意解除合约，让他以自由球员的身份和租借球队签约。如果租借合同到期，母队希望球员回归，但租借球队不愿意归还球员，球员也不愿意回到母队，这时母队只需要给这名球员一份顶薪合同，那么这名球员就必须回到母队，这也是中职篮租借制度对母队的保护。租借制度推出后，得到了多家俱乐部的认可和实施。

以租借方式提升球员实力最好的案例就是高诗岩。2020—2021赛季开赛前中职篮官网的注册信息显示，辽宁队高诗岩和郭旭新赛季被租借到山东队，山东队的朱荣振租借给辽宁队，两队正式完成交易。其中，高诗岩、朱荣振租借期为两年，郭旭租借期为三年。辽宁本钢队因为有郭艾伦的存在，高诗岩没有太多上场锻炼的机会，但高诗岩的潜力和职业态度都非常优秀，所以为了不浪费人才，辽宁队在综合考虑后把他租借给了山东西王队。来到山东西王队，高诗岩获得了充足的上场时间，在巩晓彬教练的麾下迅速成长，2020—2021赛季场均出场时间32.4分钟，场均得分（12.4分）在所有参赛球员数据中排名第69，而在季后赛4场比赛中，场均出场33.3分钟，场均得分（18.3分）在所有参赛球员数据中排名第18，使其成为该赛季中职篮十分抢眼的球员之一，而他在2019—2020赛季代表辽宁本钢队出战46场常规赛，场均只有6.6分、2.5个篮板、2.2次助攻、1.8次抢断。辽宁本钢队的主力中锋韩德君受年龄和体力限制，急需一个有实力的替补中锋分担责任，朱荣振青训出身，基本功扎实，他的到来有效解决了韩德君的"轮休"问题，也增加了辽宁队的内线高度和轮转厚度。2020—2021赛季朱荣振场均出场15.6分钟，场均得到7.2分，已经是一名非常合格的替补中锋。这次租借给双方都带来了正面效应。

（2）转会制度分析

转会制度是中职篮一直都有的制度，但早期的联赛由于各种原因，球员转会成功的数量并不多。但在管办分离后，转会制度更加透明和公开，只要球员本人和两方俱乐部达成一致，在完成相关手续后，CBA公司就许可球员转会。转会后的球员合同也将在新的俱乐部注册信息中公开（除年平均工资没有公开）。

2020年9月10日，中职篮官方网站更新北京队员注册信息表：前深圳队中锋李慕豪正式转会至北京队，双方签下一份5年常规合同。李慕豪在2019—2020赛季常规赛代表深圳领航者队出战37场，场均出场25.9分钟，场均可以得到11.5分、6.2个篮板、1.2次盖帽，是深圳队的内线核心，但由于队内另一内线沈梓杰的不断成长，深圳队在人员配置上需要进行调整，因此送走了李慕豪。与此同时，北京首钢队还引进了原时代中国广州队队员范子铭，而范子铭则是2018—2019赛季新疆广汇汽车队从广州队租借的球员，新疆队的西热力江和孙鸣阳被租借至广州队，广州队租借出了范子铭。而浙江广厦控股队则通过转会从南京同曦宙光队和福建豹发力队得到冯欣、孙椿棚两位球员，转出了刘铮、赵天熠和苏若禹。新疆队转入冶征文、于德豪、吴永盛，转出俞长栋、可兰白克、范子铭、刘羽楠。山西汾酒股份队转入吴轲、刘冠岑、周湛东、翟逸，转出李敬宇、郭晓鹏、侯兴宇[1]。从中职篮官方网站有关俱乐部公布的球员注册信息中可以看到，转会球员的实力和转会的数量已大大超越从前，俱乐部不再一味强留某位球员，在制度和供需的综合因素影响下，中职篮的转会市场正逐渐走向成熟。

（3）球员互换制度分析

球员互换是一种灵活的球员流动方式，当两家俱乐部都对对方球员有倾向，并且双方球员的薪酬相近时，俱乐部可以主导球员互换，球员必须服从安排。同时，在时间安排上，从2020—2021赛季开始，球员互换被安排在注册窗口期进行，而不是在注册期。另外，在注册期只有球员互换和自由球员的注册才会被受理。如果是租借或者转会，将不会在注册窗口期被受理。这对于中职篮来说是一个巨大的改变。这意味着中职篮历史上将第一次出现国内球员在赛季中流动的现象，对于没能在赛季开始前注册的运动员或者合同到期的运动员有新的机会在赛季当中加入俱乐部。

2019年6月20日，四川五粮金樽队官方宣布："经我俱乐部与江苏肯帝亚篮球俱乐部友好协商，就黄荣奇、李原宇转会事宜达成一致。从即日起，李原宇永久转会至我俱乐部，黄荣奇永久转会至江苏肯帝亚篮球俱乐部。"

而在2018年，青岛国信双星队和广东东莞银行队也进行了多名球员互换，广东队得到苏伟、刁成灏，青岛队得到周湛东、杨金蒙、邵英伦、刘传兴、高尚（租借转正）。广东队人才济济，但同时也使得有天赋的年轻球员没有足够的机会锻炼，所以一大批准国字号球员（李原宇、董瀚麟、高尚，加上之前的刘晓宇和后来的朱旭航、鞠明欣等）都主动或者被动离开广东队。而在连续流失了一批球员之后，广东队也不可避免地出现了一定的人才断层的情况。这实际导致了易建联在内线负担过重，广东队如果想争冠，迫切地需要在他的身后补上一个合格的轮换球员，随时上来支撑至少一节时间。通过球员互换，苏伟来到广东队，他

---

[1]董博. 厉兵秣马再争锋[N]. 吉林日报, 2020-10-27.

的回归使得易建联的压力得到了有效的缓解。更重要的是，这笔交易为身后一批更年轻也更有天赋的年轻球员清空了舞台。在周湛东、杨金蒙离开之后，胡明轩、徐杰、杜润旺、王薪凯都得到了更多机会，加上已经崭露头角的赵睿，广东队的轮换阵容不但时间够长，而且实力够强。而在广东青年队饱受伤病困扰的刘传兴的球员互换却是无心插柳柳成荫，他在刚加入青岛队的第一个赛季一共只打了3场比赛，但2019—2020赛季他出场44场，场均出场17.6分钟，场均得到7.9分，让人看到其身上蕴藏的潜力。

（4）自由球员签约制度分析

成为自由球员的途径有三种：第一种是被买断；第二种是只是在中职篮注册过，但目前和任何俱乐部没有合同关系；第三种是合同到期，俱乐部没有续约，且注册期前仍然没有同原俱乐部续约。相对于球员互换，自由球员签约更是倾向于对球员权利的倾斜，给合同到期而又没有与原俱乐部签约的球员提供了自由选择的权利。如2020年8月31日，中职篮官方公布西热力江成为自由球员引起人们热议，此前曾在新疆队打球10年（2008—2017年）的老将在合同到期后选择离开，重新获得自由，而在2020年9月9日，中职篮官方网站南京同曦大圣俱乐部公布的球员注册信息显示，西热力江拿到了同曦队给到的D类顶薪合同，也算是对他的认可。根据《2020—2021赛季CBA联赛球员注册、报名管理规定》，球员互换和自由球员签约都只能在注册窗口期进行，根据CBA公司官方公布信息，2021年2月24—27日为联赛的注册窗口期，俱乐部可以认领自由球员或者进行球员互换。根据CBA公司2021年2月24日官方公告，2020—2021赛季中职篮自由球员名单共26人，其中14名球员来自前八一南昌队。值得一提的是，在经历半个赛季无球可打之后，前八一南昌队所有球员都已成功退役，并按照规定成为自由球员，有资格加盟其他俱乐部。这对于未能参赛的前八一南昌队队员是一个好消息，最终，14名前八一南昌队队员全部成功签约新的俱乐部，延续了自己的职业生涯。可以说，2020—2021赛季的自由球员规定为前八一南昌队队员提供了良好的转会平台，也得到其他俱乐部和球员的认可，在标准制度和人文关怀中都收到良好效果。

2021年8月31日中职篮官方网站公示，共有18人成为自由球员，分别是郭晓鹏、赵梓壹、周彦旭、高尚、孟博龙、邓群飞、翟逸、栾晓君、孙伟博、郭一飞、贺天举、汤杰、余晨、段江鹏、何敬佳、宋建骅、边塞远、滕贺麒。这些球员当中不乏有曾经球队的首发主力球员，但他们现在也必须面对重新找工作的局面。按照规程，俱乐部可在2021—2022赛季交易窗口期认领自由球员（具体时间未定）。

根据中职篮官方数据，2018—2019赛季、2019—2020赛季和2020—2021赛季中职篮国内球员注册期交易数分别为42人、51人和62人，其中，2020—2021赛季的62人中，转会17人、自由流动34人、租借11人，自由流动已经成为球员交流的主要形式。2020—2021赛季的球员注册信息显示，李根、李慕豪、可兰白克、冯欣、吴轲、西热力江、高诗岩、朱荣振、侯逸凡等多位知名球员均在此次转会期以转会或者租借的方式完成门庭转换。这么多球员转换东家，也使此次转会期创造了一项的新纪录：中职篮有史以来人员变动最为丰富的一次。另外，从信息披露的透明度和公开性方面，2020—2021赛季的球员转会也显得更加专业。在此之前，大多数球员的转会都是在私下进行，是在各方的猜测中才最终得到俱乐部的确认，但该赛季CBA公司能够"一日一报"，将所有的交易都公之于众，也因此显得更加珍贵。这在中职篮的历史上第一次出现，也让大家看到中职篮日益职业化的一面，因为这是大多数职业联赛都在遵循的规则，而且更不能忽视的是，中职篮官方网站还将每一位国内球员的合同类型尽量详细公开。越是有规矩，越是好执行，而且违规者也越容易露出破绽，过去钻空子的"阴阳合同"也会得到有效遏制。总之，管办分离后球员流动制度的改革探索已取得明显效果，中职篮球员的转会通道正朝着健康之路不断前行。

（三）球员转会制度改革评析

1. 强化市场杠杆作用，健全转会制度，确保球员市场供需良性运行

转会制度是球员管理的重要内容，也是促进球员职业发展的重要依据，与过去相比，CBA目前的转会制度已经有了飞跃式的发展。过去俱乐部在球员合同到期后的优先续约权被弱化，新的转会制度给了球员更多的选择，且很多制度都是历史性的改革，这也形成了管办分离后中职篮球员大量流动的良好局面。但新的转会制度也存在向俱乐部权力倾斜的趋向，其中代表性的是有关俱乐部独家签约权的规定，《2021—2022赛季CBA联赛球员选秀、工资帽、聘用及交易管理规定》指出，俱乐部针对以下球员拥有相应类型合同的独家签约权：①本俱乐部认定的自行培养球员拥有A1类合同的独家签约权；②在选秀大会中被俱乐部选中的球员拥有A2类合同的独家签约权；③本俱乐部A1类及A2类合同到期选择涨

薪 100%续约的球员拥有 B 类合同的独家签约权；④俱乐部 B 类、C 类、D 类、E 类合同到期的球员拥有 D 类合同的独家签约权。简单来说，就是合同到期后，俱乐部可以通过顶薪强留运动员续约，如果运动员不同意，潜在下家俱乐部必须开出让原俱乐部满意的交易费用，原俱乐部才会同意放人。这样的规定最大限度地帮助了各支球队留住他们自己培养的球星。对职业球队来说，球星是他们最重要的资产，在新制度下，球队在留住球星方面拥有绝对主动。因此，在继续加强市场杠杆作用的同时，中国篮协的宏观调控必不可少，建立更加周全的转会政策便显得尤为必要。

2. 建立转会制与薪酬制的配套联动机制

现实中，球员的转会与其薪酬密切相关，很多转会胶着出现在球员与俱乐部在薪酬问题上未能达成一致。因此，如何在转会与薪酬方面建立配套的良性联动机制，是球员转会制度改革的一个新方向。在 2021—2022 赛季从中职篮转入澳大利亚打球的原新疆队队员周琦就是在合同到期后没有和新疆广汇俱乐部签订新的顶薪续约合同。俱乐部是按照规章办事，但周琦一方不同意续约，并向 CBA 公司申请调解，在调解请求被 CBA 公司全部驳回后，周琦又向中国篮协提起上诉。之后，周琦在微博中公布宣布退出整个 2021—2022 赛季，最终又转会进入澳大利亚 NBL 效力于东南墨尔本凤凰队。

周琦退出 2021—2022 赛季中职篮是一种无奈，由于新冠肺炎疫情等综合原因，俱乐部运营困难，联盟出台顶薪制保护投资人利益，而球员失去流动自由，在顶薪制面前处于弱势地位。但在现阶段，这也是可以理解的，不过在未来修订《标准合同》时，针对运动员转会的顶薪强留制度应该做一定修改。如在签约年限方面，规定顶薪强留能使用一次，且最多只能使用三年，不能无限使用；在薪水方面，规定新俱乐部最高给予上一年薪或签约年薪（取更高年薪）为基础的三倍的培养费给原俱乐部等。争取达到俱乐部和球员双赢的局面，从而增加联赛球员流动，激励球员努力为俱乐部实现自身价值。

3. 改变人才单一培养机制，探索"体教结合"新途径

如前所述，确实需要在制定规则时尊重和保护俱乐部在人才管理方面的利益，但除此以外，也必须正视中国篮球人才的培养现状。中职篮当前的国内球员主要由俱乐部的三级梯队自行培养，球队主力队员较难流动。这种单一的人才培养模式是造成中职篮高水平球员无法自由转会的主要因素。所以，当前最重要的

是，中职篮需要尽快改变单一的人才培养机制，紧扣"体教结合"主线，早日实现"小学—中学—大学—职业队—国家队"体教结合的人才培养模式。同时扩大球员来源方式，打破壁垒，广泛吸纳篮球人才，提升中职篮整体影响力。到那时，球员有底气组建自己的球员工会，联赛自然而然也会实现俱乐部、球员双赢的自由谈判，建立顺畅的沟通方式，从而建立更加科学、和谐的国内球员管理制度。

五、球员工资帽制度改革

（一）球员工资帽制度回顾

球员薪资制度是职业体育联赛运行机制的重要内容。合理的薪酬不但能有效地激发球员的积极性、提高球队竞争力，而且能促进联赛健康发展。近几年，中职篮俱乐部在球员工资方面的支出越来越多，已经成为困扰俱乐部运营的首要问题，关于设立工资帽的呼声也不断增加。2019年10月，CBA公司股东会一致同意设置工资帽，并统一球员薪资结构，从而尽快遏制国内球员薪资增长过快的趋势，促进联赛的可持续发展。当时的提议是统一合同工资（基本工资和赛季排名为基础的绩效工资）和单场赢球奖，拟规定自2020—2021赛季开始，初始工资帽的基准值为3600万元、缓冲值为1200万元，初始工资帽上限为4800万元、下限为2400万元。实际合同工资支出超出工资帽上限或者低于工资帽下限的俱乐部，应向联盟缴纳青训调节费。调节费由联盟专款专用，统一用于青训和CBA品牌青少年赛事。CBA公司还将充分调研，制定一系列特例条款（无须缴纳全部或部分调节费），包括单场赢球奖特例（另行设立上限）、各级国家队队员激励特例、边疆地区特例、鼓励年轻球员杰出表现和特殊贡献球员等特例条款。自2020—2021赛季起，单个国内球员最高合同工资限额为该赛季工资帽基准值的25%。对于超过该金额的球员合同，联盟将不予注册。

到了2020年，由于新冠肺炎疫情的暴发，CBA中断了5个月，复赛后采用赛会制并限制观众人数，使整体经营受到影响。为此，2020年8月发布的《2020—2021赛季CBA联赛球员注册、报名管理规定》将工资帽相关标准统一做了下调。

①A为基准值是3200万元，X和Y为缓冲值各1200万元，即工资帽上限是4400万元，下限是2000万元，新疆地区特例是A值可上浮20%，即3200×120%+1200=5040万元。工资帽是软帽，超出部分需要上交CBA联盟25%的调节费，

这个费用在未触发工资帽（包括国内和外籍）的俱乐部中平分。同时工资帽的上下线不是固定不变的，会根据每年俱乐部参赛费的调整上下浮动。

②国内球员顶薪 C 值是 A 的 25%，即 3200×25% = 800 万元。

③P 值是绩效工资也就是所谓的名次奖，第 13~20 名为 100 万元；第 3~12 名为 500 万元；第 2 名为 1000 万元，第 1 名为 2000 万元，新疆地区特例是 P 值可上浮 10%。关于名次奖触发点、发多少各俱乐部可以自行选择，但是不能超过，因为这一部分金额属于硬帽。

④单场赢球奖常规赛 25 万元/场（上限），季后赛 50 万元/场（上限）。单场赢球奖金额俱乐部可以自动设置，再乘以胜场数进行累计。俱乐部在额度之内自行决定发放时间、人员、金额，这部分金额属于硬帽。

⑤外籍球员整体薪酬限额是 700 万美元，含俱乐部实际支付所有外籍球员的薪酬总和，包括基本工资、名次奖、赢球奖等所有外籍球员薪酬所得。这部分金额是硬帽。

⑥买断合同不计入工资帽上、下限，老将合同不计入工资帽上限。

⑦现有合同基本工资超出 C 值（800 万元顶薪）的继续履行。

⑧现有合同基本工资超出 C 值（800 万元）的可以转会，转会后新俱乐部与该球员签订聘用合同的基本工资不得超过 C 值，聘用合同基本工资计入新俱乐部工资帽；超出 C 值的部分须继续由原俱乐部支付，不计入原俱乐部工资帽。

⑨为监督各俱乐部工资帽执行情况，特成立中职篮工资帽执行情况监管专项工作组，对俱乐部财务核算、球员劳动合同、球员银行卡流水进行随机抽查。俱乐部和球员应按照要求分别提供当赛季的财务流水资料。

中职篮俱乐部的财务核算主要聚焦在成年队薪酬、银行账户管理及核算、无形资产（球员资产）、关联方交易及往来这四大层面。一般情况下，俱乐部所有的日常收款、支出、球员薪酬支付及资金的调拨和使用，均应通过俱乐部的银行账户进行操作，并且银行账户的开户人及实际持有人均应为俱乐部法人主体，而不应使用其他任何形式的银行账户。俱乐部应指定一个人民币账户和一个外币账户作为球员薪酬发放专用账户，其他银行账户原则上不用于薪酬发放。球员用于接受薪酬所得的个人银行账户应在俱乐部备案，每名球员最多可备案 2 个本人名下的银行账户。严禁俱乐部用现金或其他抵充物发放工资。

为防止俱乐部通过关联方支付球员薪水，CBA 公司要求俱乐部充分披露与关联方的财务来往。所谓关联方是指：① 俱乐部的母公司、子公司，或受同一母公司控制的其他企业；②对俱乐部实施共同控制的投资方、施加重大影响的投资方；③俱乐部的合营企业、联营企业；④俱乐部主要投资者个人及与其关系密切的家庭成员；⑤俱乐部或其母公司的关键管理人员及与其关系密切的家庭成员；⑥俱乐部主要投资者个人、关键管理人员或与其关系密切的家庭成员控制、共同控制或施加重大影响的其他企业。

(二) 球员工资帽制度分析

在整个中国篮球市场还没有特别完备、商业化价值没有特别高的情况下，设立"工资帽"来限制球员薪水是有利于中职篮良性发展的。如今，随着中职篮的发展，球队间的竞争日益激烈，要想提高实力必须进行高投入，而这又会导致强队间不断加码进行"军备竞赛"，弱队在这种环境下也很难独善其身，所有球队的运营成本都在逐年提高。但是，一方面，高投入面临高风险，毕竟巨额引援很容易让资金链产生问题甚至断裂；另一方面，高投入如果没有合理、完善的规则加以制约，整个市场容易变得无序，导致非良性竞争。以往就有一些球员拿着一支球队的高薪合同向另外一支球队"抬价"，或者为了能吸引一个球员，几支球队之间疯狂竞价，这无疑对俱乐部的健康发展不利。此外，如果没有工资帽限制，一些土豪球队可以花费巨额资金引进多名高水平球员，助其"抱团"争夺总冠军，这容易让其他球队产生消极心理，也会导致比赛失去悬念，联赛的竞争力和精彩程度大打折扣。

其实早在2009年，中国篮协就曾推出过"限薪令"，规定外援月薪不得超过6万美元，国内球员最高年薪不得超过100万元。不过，这个"限薪令"执行得很不到位，主要原因是各俱乐部都有自己的小算盘，官方一个合同，私下一个合同，即所谓的"阴阳合同"，最终导致政策不了了之[1]。2012年，随着此前一个赛季NBA停摆大牌外援涌入，导致中职篮外援薪资暴涨，投资人支出大幅增加，俱乐部再度响起限薪呼声。不过这一次同之前一样，同样收效寥寥。中国篮协几次推出限薪措施，但最后的实际效果总是达不到预期，因为一些长期存在的因素：如有财力的球队对于稀缺的高水平球员争夺非常激烈，同时球员的薪资又不够透明，导致球队与球员签订"阴阳合同"的做法屡见不鲜，令限薪无法真正落实到位。另外，CBA对球队财务审计的执行力难以真正到位，这也使得中国

---

[1] 武圣博. 我国职业体育联盟制度变迁的研究 [D]. 长春：东北师范大学，2020.

篮协对于球队的监管相对乏力。2020—2021赛季实施的工资帽制度会从多方面进行监督，尽量保证工资制度的公平、透明。

(三) 球员工资帽制度改革建议

1. 修改规则，向球员权益方向倾斜

现行的工资帽制度是由CBA公司在股东会决议通过的，主要表达的是俱乐部的意志，球员的参与权利比较小。参考NBA，美职篮的工资帽制度是劳资双方集体谈判的结果，由代表球员利益的球员工会与NBA联盟就薪资限额、奢侈税处罚开展充分协商，达成共识后，再形成具体的条款[1]。当然，从中职篮球员的整体实力来看，绝大多数球员只能限于在我国国内的篮球俱乐部流动，俱乐部在球员市场中处于垄断地位。俱乐部协商确定的工资帽集中体现了各家俱乐部限制球员薪资的意愿，直接目的是减少俱乐部薪资支出，是俱乐部基于自身利益商议的结果，这对于运动员方面并不公平。从程序上讲，工资帽制度会对球员利益产生巨大影响，理应由俱乐部或者CBA公司和球员（工会）共同协商决定球员的最低和封顶工资，抑或是进行公开征求意见。但工资帽制度以管理文件的方式对外公布，并没有事先征得球员的认可，也因此较难得到球员的积极配合。因此，未来在对工资帽制度进行调整改革时，需要考虑运动员方面的意愿，至少需要有运动员代表或者运动员工会参与工资帽制度的制订，以此制订出符合劳资双方共同认可的薪酬制度。

2. 调整特例，促进公平

工资帽制度的目标之一是实现俱乐部之间的竞争平衡，但是中职篮的工资帽设计似乎并不能达成这一目标。其一，调节费的惩罚力度过轻。2020—2021赛季的调节费的比例是超出（或低于）工资帽上限（或下限）部分的25%。而美职篮的奢侈税制度分为两种，普通奢侈税项下设有150%~325%的超额累进税率；如果一支球队在过去四年中有任意三年超过了奢侈税起征线，则触发超级奢侈税，设有250%~425%的超额累进税率[2]。目前，中职篮工资帽制度中调节费比例设置过低，意味着工资帽的作用将大大减弱，若某家俱乐部大力投入资金

---

[1] 周青山. 职业体育集体议价合同的美国经验与中国前景 [J]. 武汉体育学院学报，2014，48（6）：50-55.

[2] 张晨颖，李希梁. 美职篮"工资帽"制度的反垄断法分析：兼评中职篮"工资帽"制度的合法性 [J]. 竞争政策研究，2020（6）：47-62.

引进优秀球员，而付出的惩罚性费用却不多，将有可能出现超级球星俱乐部，从而削弱各支球队之间的竞争力。其二，新疆地区特例引发不平等。工资帽制度中规定中允许新疆广汇俱乐部的基本工资帽上浮 20% 的特例。实际上，新疆广汇俱乐部老板近几年都是不惜重金求购顶级教练员和球员，球队战绩也一直处于前列，曾在 2010—2011 赛季和 2016—2017 赛季两度获得 CBA 常规赛冠军。若仅因为地区因素，便在工资帽制度下为新疆队设置特权，不仅对其他俱乐部不公平，也不利于竞争平衡的实现。因此，对于工资帽中的某些特例需要调整，尽量最大限度保证公平。

第二节　外援管理制度改革

外援（外籍球员）是中职篮球队的重要组成部分，中职篮自 1995—1996 赛季开始就有外援加入。近几年，外援人数不断增多，提高了中职篮球队实力，扩大了联赛影响力，但同时也挤占了国内球员的上场时间，部分外援在赛场内外还发生过一些负面事件，因此，引进外援对于中职篮来说是一把"双刃剑"。基于此，中国篮协也在不同时期针对外援的管理制度做出过相应调整。

一、外援引入方式回顾与分析

1995—1996 赛季，浙江松鼠中欣队聘请了乌兹别克斯坦运动员米哈依尔·萨芬科夫。萨芬科夫成为中职篮外援第一人。之后的每个赛季，中职篮都会引入外援，在 1995—2021 赛季中，外援引入制度共经历了以下三个阶段。

（一）第一阶段（1995—2003 年）：自由选择外援阶段

1995—1996 赛季，浙江松鼠中欣队通过引入外援拿到了中职篮第 6 名的成绩，对于实力有限的浙江队可以说是黑马式的跨越。看到浙江队引援成功，1996—1997 赛季，各支球队共引入 11 名外援，引进外援加入中职篮成为各队提高实力的重要手段。但在中职篮发展初期，由于经验不足，很多俱乐部对国外球员的信息掌握不多。球队仅仅依靠简单的联络就远赴海外，有时花费了高额的费用，也可能没有得到所需要的外援。随后球队改变了引援方式，依靠中职篮的影响力，向国外的球员发出邀请。这样，外援主动前来球队进行试训极大减轻了俱乐部的负担。但是，由于中国篮协对外援引进没有明确规定，前来试训的外援数量急剧增加，可竞技水平却参差不齐，曾经有俱乐部一个赛季试训了十几名外援。另外，由于当时中职篮实行的是升降级制度，因此，部分外援的经纪人在不同球队的报价差距较大，也给俱乐部造成了较大的经济负担。据统计，2003—2004赛季，中职篮所有俱乐部引进外援共花销208万美元，按当时的汇率算，折合人民币近1700万元，给联赛初期尚不盈利的大多数俱乐部球队在经济上造成过重的负担，联赛急需另一种引进外援的方式来缓解当前的困境[1]。在这种背景下，由中国篮协统一进行的外援引进制度开始实施。

（二）第二阶段（2004—2007年）：集中选择外援阶段

2003—2004赛季结束后，各家俱乐部针对目前外援引进的困境纷纷表态，并要求篮管中心组织统一的外援选择方式。于是2004—2005赛季前，篮管中心统一组织，协同各俱乐部的代表远赴美国进行统一的选秀，外援要想加入中职篮，必须经过美国篮球学院资深专家选拔并且通过集中训练，依据其在选秀训练营中的表现给予评价，并对其个人能力高低做出排名。各家俱乐部球队根据上一赛季中的排名按照"倒摘牌"的顺序选拔外援。另外，俱乐部除可以优先保留上赛季效力的一名外援选择权外，其他外援必须要从选秀营中选出。这是中职篮第一次统一组织选秀大会，共挑选出37名外援来参加中职篮，整个联赛期间球员的总花费未超过700万元。可以说，这一时期的引援方式在为中职篮的各家俱乐部节省了大量资金的同时也节省了大量的精力。但是这种方式也存在弊端：首先，选秀大会在美国举行，选取的球员都是美国籍，缺乏多样性，球员实力普遍不强，因为选秀是在NBA选秀及很多亚洲和欧洲联赛之后进行的。其次，由于篮管中心规定，统一选拔的外援在联赛期间不得更换，那么外援在联赛期间更换的问题不能得到解决。虽然篮管中心在后面几个赛季中允许球队在季后赛期间可以借用其他球队的外援，但是这种问题没有得到根本的解决。在这种背景下，集中选拔外援的制度也遭到议论。

（三）第三阶段（2008—2021年）：自由选择外援阶段

经过自由选择外援和集中选择外援两个阶段，中国篮协和俱乐部对于外援选

---

[1] 孙民治，张玉国，张雄. 我国篮球职业联赛引进外籍球员的多维思考[J]. 武汉体育学院学报，2008，42（12）：66-70，76.

择初步达成一致，外援的引进不再由中国篮协统一组织，而是由各家俱乐部自行引进。中国篮协对各家俱乐部引进外援及更换外援都做出了宏观的指导。每支球队允许注册两名外援，并且在联赛期间可以自主更换外援。这一阶段，一些NBA大牌球星也加入中职篮俱乐部中，如2008—2009赛季威尔斯加盟山西中宇队，2009—2010赛季马布里加盟山西汾酒集团队，2010—2011赛季弗朗西斯加盟北京金隅队、哈德森加盟广东东莞银行队，2011—2012赛季J. R. 史密斯加盟浙江稠州银行队，2012—2013赛季麦迪加盟青岛双星队、阿里纳斯加盟上海玛吉斯队，2016—2017赛季弗雷戴特加盟上海哔哩哔哩队，2019—2020赛季林书豪加盟北京首钢队。众多球星相继登陆中职篮，比赛观赏性大大提高，同时也带动了中职篮在国际篮球界的知名度。对于中职篮球队来说，优秀的外援可以直接帮助球队获得总冠军。北京队在2011—2014赛季的4年3冠就得益于马布里对整个队伍的积极调动，以至于2011—2012赛季夺冠后，闵鹿蕾说："北京队可以没有闵鹿蕾，但是不能没有马布里！"[1] 辽宁本钢队获得2017—2018赛季的总冠军也离不开哈德森对球队的巨大贡献。

但并非所有的大牌外援都能给球队带来总冠军。2012—2013赛季麦迪带领的青岛双星队在常规赛只取得了8胜24负的战绩，其也在常规赛结束后便离开中职篮。而弗朗西斯代表北京金隅队出战4场，一共打了不到14分钟，共得到了2分和3个篮板，还有4次失误。上海哔哩哔哩队的弗雷戴特得分能力虽然是联赛顶级，但并不能带动全队发挥，因此除了第一个赛季带队获得中职篮第3名，后两个赛季成绩都不理想。可见，在引入优秀外援的同时，如何加强外援与国内球员的交流，通过外援发挥带动国内球员进步，使球队产生化学变化，真正提升球队实力，才应该是引入外援的初衷。

二、外援使用方式回顾与分析

（一）外援注册人数规则回顾

在外援的引进数量上，中职篮早期对各队外援的数量控制在2~4名，中途不得更换。到了2008—2009赛季，外援不限人数，并增加排名靠后球队可以引进亚洲外援制度。2009—2018赛季，中国篮协规定各队可以注册两名外援，球

---

[1]闵伟凡. 北京首钢男篮历史成绩决定因素的研究 [D]. 北京：北京体育大学，2018.

队通常是引进一名大外援（内线队员）和一名小外援（外线队员），但排名靠后的球队可以多注册一名亚洲外援，且球队在常规赛和季后赛都有机会更换外援。到了2018—2019赛季，球队可以在赛季前更换2次外援、常规赛更换4次、季后赛更换2次。与此前常规赛只可以更换2次外援、季后赛只可以更换1次外援的政策相比变化较大。相比于从前，一支球队整个赛季才可以更换3次外援，但2018—2019赛季，一支球队整个赛季可以更换8次外援，这可以很好地保障球队管理外援，尤其是当外援耍大牌不服管教或者意外受伤时，球队不会因为更换外援次数受限制而不敢随意更换外援，或者任由外援不服管教。中职篮出台这样的规定使得俱乐部在选择外援方面更加主动，同时对于外援的要求也越来越高，不仅要求其水平高，而且要求其职业态度要好，不然俱乐部随时可以更换。2020—2021赛季规定，每队最多可注册4名外援，不再有更换次数限制，但进入季后赛的球队，不再允许更换外援。

外援的注册人数经历了从少到多的变化，而在更换制度上，经历了从紧到松的变化。目前，俱乐部可以注册4名外援，使俱乐部挑选外援的范围更大，也会储备更多外援，而常规赛不限制更换外援次数，这样的政策使得外援在俱乐部打球也有紧迫感，同时在季后赛不允许更换外援，对于外援与国内球员的磨合也更好。

（二）亚洲外援规则回顾与分析

2008—2009赛季，为了平衡强队与弱队之间的差距，中国篮协出台了"三外援"政策，即上个赛季排名后几位的球队在正常引进两名外援的同时，还能签约一位亚洲籍外援。亚洲外援的到来也打破了中职篮原有的平衡，三名外援同时在场上，缩小了弱队与强队之间的差距，让比赛变得更精彩。通过引进亚洲外援后球队常规赛排名来看，亚洲外援对球队的贡献立竿见影（表4-9）。

表4-9 中职篮引进亚洲外援前后球队常规赛排名统计表

球队	赛季	无亚洲外援排名	赛季	有亚洲外援排名
上海	2008—2009	18	2009—2010	4
天津	2012—2013	15	2013—2014	6
山西	2013—2014	16	2014—2015	6

续表

球队	赛季	无亚洲外援排名	赛季	有亚洲外援排名
四川	2014—2015	18	2015—2016	3
广州	2016—2017	20	2017—2018	9
北控	2018—2019	20	2019—2020	7

从表 4-9 可以看出，亚洲外援的到来，使得球队排名直线上升，尤其是 2009—2010 赛季的上海队，从上赛季的联赛排名倒数第一到引入亚洲外援后的常规赛第 4，以及 2014—2015 赛季同样排名倒数第一的四川队，因为三外援的到来排名常规赛第 3，并最终获得联赛总冠军。一时间，亚洲外援成了香饽饽。亚洲外援制度实行以来的十几个赛季，阿巴斯、道格拉斯、哈达迪等优秀亚洲外援在中职篮风生水起，尤其是约旦球员赛义德·阿巴斯，他自 2009 年来到中职篮，在 2009—2015 赛季，他所在的球队均进了季后赛，并在 2012—2013 赛季代表山东队获得联赛亚军，甚至有人发现了"得阿巴斯必进季后赛"这一"定理"[1]，导致一些实力不济的球队为了争夺下一年的亚洲外援名额，在场上消极比赛，故意输球，引起球迷的不满。由于"三外援"对于球队的实力补充过于强大，也因此引来了外界对亚洲外援政策的争议："三外援政策"限制了国内球员的发展，对于全华班和实力中游的球队进入季后赛产生巨大冲击[2]。另外，一旦失去亚洲外援，球队实力会起伏不定，如四川队在夺冠之后的赛季，当三外援变成双外援以后，仅获得第 7 名。同时近几年天津队、青岛队、吉林队在拥有三外援的情况下，球队排名依然倒数，可见"亚洲外援政策"并没有发挥出制定它时的积极作用，反而在一定程度上扼制了国内球员的发展。

"亚洲外援政策"逐渐成为中国篮协的一个难题。为此，中国篮协不断出台政策调整亚洲外援的使用限制。2016—2017 赛季规定可以使用外援政策的队伍缩减为 5 支（之前是 6 支），2017—2018 赛季又将这一数量缩减为 4 支。而从 2018—2019 赛季开始，亚洲外援政策被进一步调整，只有前一赛季排名最后两名的球队才能使用亚洲外援。同时，如果进入季后赛，该球队只能使用双外援（含亚洲外援），也就是说，亚洲外援在季后赛将被当作普通外援来使用，受到

---

[1] 马喆涛. "亚洲外援政策"对 CBA 联赛发展影响的多维研究 [D]. 成都：四川师范大学，2019.
[2] 姚健. CBA "三外援"特殊政策的理性审视与改革优化 [J]. 成都体育学院学报，2017，43（2）：54-59.

四节六人次的限制。另外，亚洲外援还会受到末节单外援的限制。在此情况下，使用亚洲外援的球队越来越少，加上全华班的八一队战绩不理想偶尔会排在最后两名，能够引进亚洲外援的球队越来越少。2018—2019赛季，在四川五粮金樽队放弃亚洲外援资格后，整个联赛没有亚洲外援，联赛中期加盟新疆广汇汽车队的哈达迪最终被当作普通外援使用。2019—2020赛季，北京紫禁勇士队和南京同曦宙光队分别使用了亚洲外援，最终北京紫禁勇士队获得联赛第7名、南京同曦宙光队获得第14名，使用亚洲外援效果一般。在2019年中职篮股东大会通过的新的外援政策中，亚洲外援相关条款将在新的赛季被取消，而在2020年公布的《2020—2021赛季CBA联赛球员注册、报名管理规定》中，也确实没有提到亚洲外援的注册使用条款。

亚洲外援政策在制定之初是好的，特定时期发挥了特定的效果，但从目前来看，将亚洲外援并入普通外援一同管理，对于国内球员发展、俱乐部竞争均衡都会起到积极作用，也将会推动中职篮管理制度的不断完善。

（三）外援使用规则回顾

随着外援加入中职篮，中国篮协对于外援上场制度的规定也在不断探索，1995—2021赛季中职篮外援具体使用规则如表4-10所示。

表4-10 1995—2021赛季中职篮外援使用规则一览表

赛季	赛季使用规定	赛场使用规定
1995—1998	限制2名外援，中途不能更换	每次只能上场1名
1998—1999	限制2名外援，中途可更换1人次	每次只能上场1名
1999—2001	限制4名外援，中途可更换1人次	4节4人次
2001—2002	允许引进2~3名外援，中途可更换1人次	最多可以上场2人，常规赛4节5人次，季后赛4节4人次
2002—2003	允许引进2~3名外援，中途可更换2人次	同上
2003—2004	允许引进2~3名外援，中途可更换3人次	同上
2004—2005	允许引进2~3名外援，中途可更换2人次	同上
2005—2008	引进2名外援，中途可更换2人次	同上

续表

赛季	赛季使用规定	赛场使用规定
2008—2009	不限人数，后4名球队和新加入的球队允许注册1名亚洲外援，常规赛可换2次，季后赛1次	不限上场人次，对阵八一男篮时使用2人4节5人次
2009—2014	2人，其他同上	4节6人次，对阵八一男篮时使用2人4节5人次
2014—2015	2人，后6名球队可注册1名亚洲外援 其他同上	4节6人次，并且最后一节必须使用单外援
2015—2016	同上	同上，增加非"全华班"的球队与"全华班"球队比赛时，外援上场时间由两人4节5人次，改为两人4节4人次
2016—2017	2人，后5名球队可以注册1名亚洲外援，其他同上	同上，亚洲外援第四节上场不受限制
2017—2018	2人，后3名球队可以注册1名亚洲外援，常规赛可换2次，季后赛1次	同上
2018—2019	2人，后2名球队可以注册1名亚洲外援，季前赛可换2次，常规赛可换4次，季后赛2次	4节6人次，并且第四节必须使用单外援（含亚洲外援），季后赛球队只有两名外援（含亚洲外援）
2019—2020	注册4人，后2名球队可以注册1名亚洲外援，外援需签保障合同	同上
2020—2021	注册4人，外援需签保障合同	报名2人，采用4节4人次，前一赛季后五名球队4节5人次，季后赛统一4节4人次

资料来源：中国男子篮球职业联赛官方网站。

1995—1999赛季，规定场上只能有1名外援；1999—2000赛季开始，逐步放开限制到4节5人次或4节4人次；2008—2009赛季，对上场人次做出重大调整：不限制人次，但为公平起见，要求对阵八一男篮比赛时使用2人4节5人次；2009—2019赛季，一直保持在2人4节6人次。在《2014—2015赛季CBA联赛竞赛规程》中规定第四节只能有一名外籍球员上场，也就是通常所说的末节单外援政策，如果说亚洲外援政策是中职篮外援引进政策的一大特点，单外援政策则是外援使用政策上的重大改革。在之前的中职篮比赛中，经常出现第四节看双方两个外援表演的镜头，在实施末节单外援以前，外援在末节得分上占到整个球队的一半，在篮板和助攻统计方面几乎占到球队总量的40%，在实施末节单外援之后外援的数据才有所下降[1]。可见，中联篮在实施末节单外援之后，给本土球员提供了更多的锻炼机会。因此，2014—2015赛季单外援政策一经推出便得到多方肯定。前辽宁队主帅郭士强也表示："这样的政策对于中国篮球的发展是好事情，以往都是双外援，现在变成单外援之后对国内球员能力水平的提高有帮助，包括国内球员在关键球的处理上，占的比例以后会更大一些。"[2] 从末节单外援制度和亚洲外援等同一般外援制度的变化可以看出，中国篮协和CBA公司正在逐步限制各支球队对外援的依赖。

中职篮在管办分离后，外援政策也在不断调整。具体如下。

2019—2020赛季，外援使用政策如下：①外援实行2人4节6人次，第四节只能上场1人次（含亚洲外援）。②与没有注册外籍球员（即全华班）比赛时，执行外援2人4节4人次，第四节只能上场1人次。③能够注册并且使用亚洲外援的球队，加入不注册亚洲外援，该球队可以多增加1人次的外援上场时间，即2人4节7人次（仅限常规赛），到了季后赛就和其他球队一样。④允许各球队同时注册两名外籍球员。

2020—2021赛季，CBA公司规定每队每场比赛可报名两名外援，采用4节4人次，每节最多1人次，前一赛季后5名的球队允许4节5人次（前3节单节最多2人次，最后1节最多1人次）。进入季后赛的球队，不再允许更换外援，所有球队都是4节4人次。另外，由于新冠肺炎疫情，部分外援的注册时间会受到影响。为此，CBA公司设置了注册"缓冲期"，共47天，其间有外援的球队对阵全华班球队采取4节2人次；缓冲期结束，除上赛季后4名球队外均实行4节4人次。

外援政策中，增加注册名额是希望俱乐部广泛寻求优秀外援，也希望优秀外援在关键比赛专心投入（季后赛不允许更换外援），同时照顾到排名靠后的球队，允许他们在4节比赛多一次外援使用次数。另外，因为新冠肺炎疫情，部分球队可能没有选择外援，在与其比赛时对方球队的外援使用相对公平。

对于外援来说，这些措施都使得他们在中职篮打球的日子更加"艰难"。当然，对于竞技实力强、职业素质高的外援来说，这一政策给他们提供了展示自我

---

[1] 徐亚北.2014—2015赛季CBA联赛实施末节单外援政策对本土球员的影响[D].北京：北京体育大学，2016.

[2] 倪保锐，丁先琼，白银龙.CBA外援政策演变及其对联赛发展的影响研究[J].辽宁体育科技，2019，41（5）：15-19.

的机会。可以说，中职篮的外援使用制度正逐步完善，相信未来也一定会有越来越多高水平、高素质的外籍球员加入中职篮。

(四) 外援使用规则分析

外援超强的拼搏精神、扎实的个人技术、出色的身体素质、比赛关键时刻的抗压能力是球迷普遍认可的，也会在一定程度上提升中职篮的观赏性。因此，自中职篮创立初期，各俱乐部就非常重视外援的引进，而外援的表现也成为影响俱乐部成绩的关键因素。目前，球队的外援配置一般是一个"大外援"和一个"小外援"。除个别球队有三外援外，内外线位置组合几乎是每个球队"约定俗成"的引进策略。

外援的得分能力是衡量外援个人能力的重要标准，也是多数俱乐部引入外援看重的重要指标，而外援所在球队的排名则能从整体上看出外援对俱乐部的贡献，也能间接反映外援制度的合理性，下面对2018—2021赛季中职篮常规赛个人排名前十的外援表现进行分析（表4-11、表4-12、表4-13）。

表4-11 2018—2019赛季中职篮常规赛个人排名前十的外援数据

姓名	个人排名	场均出场时间（分钟）	场均得分（分）	所属球队	球队常规赛排名
皮埃尔·杰克逊	1	41.2	39.8	北京农商银行	20
詹姆斯·弗雷戴特	2	40.7	36.9	上海久事	12
达柳斯·亚当斯	3	40.6	36.6	新疆广汇汽车	2
乔丹·克劳福德	4	38.9	36.5	四川五粮金樽	17
约瑟夫·杨	5	41.9	36.1	南京同曦大圣	19
凯尔·弗格	6	39.1	34.4	时代中国广州	13
马库斯·邓蒙	7	38.2	33.6	浙江稠州银行	11
泰勒·罗切斯特	8	41.6	33.5	天津滨海云商	16
乔纳森·吉布森	9	35.5	33.1	青岛国信双星	15
理查德·莱多	10	40.7	32.3	北京农商银行	20
平均值	—	39.8	35.2	—	14.5

资料来源：中国男子篮球职业联赛官方网站。

表4-12　2019—2020赛季中职篮常规赛个人排名前十的外援数据

姓名	个人排名	场均出场时间（分钟）	场均得分（分）	所属球队	球队常规赛排名
约瑟夫·杨	1	41.0	38.3	南京同曦宙光	14
多米尼克·琼斯	2	40.4	37.8	吉林九台农商银行	11
达柳斯·亚当斯	3	36.2	34.9	青岛国信双星	7
安东尼奥·布莱克尼	4	39.1	34.8	苏州肯帝亚	15
安德鲁·汉斯布鲁	5	37.1	32.3	四川五粮金樽	17
考尔佩里亚尔·哈里斯	6	35	32.0	山东西王	10
乔纳森·吉布森	7	34.4	31.2	苏州肯帝亚	15
德兹明·威尔斯	8	38.8	31.1	浙江广厦控股	9
贾马尔·富兰克林	9	39.4	30.1	山西汾酒股份	12
莱斯特·哈德森	10	37.7	29.2	山东西王	10
平均值	—	38.0	33.2	—	12

资料来源：中国男子篮球职业联赛官方网站。

表4-13　2020—2021赛季中职篮常规赛个人排名前十的外援数据

姓名	个人排名	场内出场时间（分钟）	场均得分（分）	所属球队	球队常规赛排名
多米尼克·琼斯	1	40.8	38.2	吉林九台农商银行	10
罗伯特·高登	2	29.6	30.4	福建豹发力	16
德兹明·威尔斯	3	36.5	30.4	苏州肯帝亚	19
马尔科·托多罗维奇	4	33.1	28.5	天津先行者	17
达柳斯·亚当斯	5	33.0	27.3	青岛每日优鲜	6
马尚·布鲁克斯	6	22.7	26.9	广东东莞大益	1
詹姆斯·弗雷戴特	7	32.3	26.3	上海久事	14
阿奈特·摩尔特里	8	36.7	26.3	南京同曦宙光	18
达拉斯·摩尔	9	33.1	26.2	时代中国广州	12
希尔文·兰兹博格	10	27.2	26.2	浙江稠州金租	3
平均值	—	32.5	28.6	—	11.6

资料来源：中国男子篮球职业联赛官方网站。

在运动员身体健康的情况下，场均出场时间代表了主教练对队员的信任程度，通过表4-11可以看出外援平均上场时间为39.8分钟，在4节12分钟共48分钟的比赛里，外援几乎打满全场，可见教练员对外援的重视程度。在场均得分方面，根据中职篮官方网站统计数据显示，外援得分占据了球员得分榜的前列，外援得分前十名也是所有球队球员得分前十名，外援最高场均得分39.8分、最低场均得分32.3分。2018—2019赛季20支球队平均得分107.3分，单个外援得分就占到30%，可见外援对球队所起的重要作用。但是，外援拥有大量的出场时间导致了同位置的国内球员出场时间被极具压缩，甚至无法出场。而在外援较多的出场时间中往往战术也是围绕着外援展开，外援占据着大量的出手权，导致了国内球员在场上利用率变低、效率下降。当然，这与国内球员自身实力不足，致使俱乐部及教练员在比赛中过度使用外援有关。

但从个人排名前十的外援所属球队的最终排名来看，外援超强的得分能力并没有使得球队在整个赛季获得较好的名次。2018—2019赛季个人排名前十的外援所属球队最终成绩主要集中在第11~20名，只有新疆队排名第2，球队平均排在第14.5名，可以说是比较差的名次了。这样来看，这些外援只是一个得分利器，并没有真正起到带动全队的效果，外援的扩大效应还有待提升。

从2019—2020赛季和2020—2021赛季个人排名前十的外援表现来看，外援场均出场时间为38分钟和32.5分钟，场均得分33.2分和28.6分。可以看出，2020—2021赛季，主教练对于外援的使用有所调整，外援整体上场时间连续减少，随之而来的是得分的降低。这说明国内球员正在不断进步，能力不断提升，开始获得主教练的认可。这是我们希望看到的。同时，在个人排名前十的外援所在球队最终排名上，2019—2020赛季平均排名第12名，2020—2021赛季平均排名第11.6名，球队成绩的提升，也从侧面印证了外援出场时间和得分不是越多越好，外援个人数据下降带来的是外援和国内球员的融合发展，也间接说明了不断调整的外援政策是有积极效果的。

三、外援管理方式回顾与分析

中职篮成立初期，外援由于传统文化底蕴、民族特征、生活习惯、社会制度等与我国差别较大，加上球队管理者对他们的特殊照顾，使部分外援在球场上不执行教练员的命令、日常生活中不遵守规章制度等事件时有发生，几乎每个赛季都会发生外援打架或辱骂裁判员的事件，甚至还有球员不辞而别、故意旷训、假冒国籍等现象出现，造成了不良后果，影响了中职篮在社会上的形象。中国篮协对于外援的管理则主要集中于赛季更换外援和限薪制度上，更换外援方面前文已经进行了分析，下面对外援的工资、合同制度改革进行分析。

（一）外援工资制度回顾与分析

在薪金方面，中职篮建立初期（1995—2004赛季）没有对外援工资进行限制。2004—2005赛季，中国篮协要求外援最高月薪不得超过2万美元。2005—2006赛季，外援的月薪被提高到了25000美元[1]。随着俱乐部引进外援力度的增加，外援工资也越来越高，到了2009—2010赛季，中国篮协规定外援的月薪将不得超过6万美元[2]，但具体执行效果没有得到有效检验。之后的几个赛季，中国篮协不再严格限制外援工资，俱乐部依然按照自己的实力给外援发放工资，这也导致外援工资一路走高。2012年以后，外援合同薪资普遍在100万~200万美元，2015年新疆天山农行队以3年750万美元合同续约布拉切，那是当时中职篮史上最大的合同，平均算下来也就是每年250万美元。此前马布里、莫里斯等大牌外援的合同也都没有超过每年200万美元。2016年，山东高速队和NBA球员科尔签下一年500万美元的合同，引起轰动[3]。但他只在中职篮打了3场球，就宣称自己脚踝扭伤。经队医检查并无大碍可以继续上场参赛后，科尔却在随后的6场比赛中出工不出力，表现和身价完全不符。无奈之下，山东队只能选择和他解约。

外援薪水过高会给俱乐部带来运营负担。2018年后，中国篮协开始探索外援管理的一系列方案，其中，工资帽的设定就是一个重要内容。《2020—2021赛季CBA联赛球员注册、报名管理规定》首次设立了球员的工资帽，其中指出，在各类工资帽中，"FS"专门为外援所设。FS是硬工资帽，指外籍球员整体薪酬限额，含俱乐部实际支付所有外籍球员的薪酬总和，包括基本工资、名次奖、赢球奖等所有外籍球员薪酬所得，上限为700万美元，而外籍球员指本赛季各俱乐部注册的外籍球员（包括注册被更换的外籍球员）。根据规定，俱乐部注册外籍球员时，薪资空间应大于或等于拟注册外籍球员聘用合同总金额。薪资空间=

---

[1] 刘喜山，钞俊红.CBA外援引入政策的影响及改进［J］.体育科技文献通报，2018，26（3）：14-15，118.
[2] 张宁.CBA联赛外籍球员引进机制的嬗变与反思［J］.成都体育学院学报，2014，40（8）：59-62.
[3] 黄维.CBA外援单赛季合同金额已经突破500万美元大关［N］.广州日报.2016-10-7.

FS-仍在履行的聘用合同总金额-已终止聘用合同的实际发放金额。虽然2020—2021赛季将外援注册人数的上限提高到了4名，表面上给了俱乐部更多挑选外援的机会，但外援工资帽总额不超700万美元的管理规定，却让各家俱乐部在外援聘用上慎重考量，努力挑选性价比最高的外援。

（二）外援聘用制度回顾与分析

在管办分离之前，中职篮俱乐部对能力强的外援总是"求贤若渴"，往往花重金聘请外援，因此许多外援来中职篮打球都抱着一种"高薪挣钱"的心态。一是来中职篮打球可以挣钱；二是由于中职篮赛程与NBA不同，中职篮赛程结束后，许多曾经打过NBA的外援仍想回归NBA赛场，这样既能赚到钱，还能通过比赛保持状态冲击NBA，但同时为了避免受伤外援不会在赛场上全力拼搏，因此影响了比赛的观赏性和球队的化学反应，如上文提到的科尔，在和山东队解约之后，科尔火速飞回美国，没过多久就加盟了NBA俄克拉荷马城雷霆队。另一位NBA球员J. R. 史密斯于2011—2012赛季加盟了浙江稠州银行队，但在中职篮全明星赛过后，2012年2月18日便和NBA纽约尼克斯队正式签约。2017—2018赛季，山东高速队与浙江广厦控股队进行抢七焦点大战，但山东队外援劳森在比赛之前就将行李打包带来比赛地，比赛结束后，他直接返回美国。24小时后，NBA华盛顿奇才队宣布签约劳森至赛季结束。另外，也有外援在签订了多年的合同后，训练和比赛的积极性开始下降，如被称为最"懒"外援的布拉切虽然得分能力强，但训练态度不积极，每年休赛期体重都会大增，但如果新疆队要更换他，则需要支付较高的违约金，使得新疆队在管理上非常被动。

上述难题在2019—2020赛季得到了一定的解决，从该赛季开始，CBA公司规定新签的外援只能签一年合同（不包括在此前已签长约的外援），外援在该赛季打5~20场为非保障合同，超过20场合同转为完全保障，球队需支付外援赛季薪水，签约后的外援还要经历一个"试用期"，这就在很大程度上避免了J. R. 史密斯、布拉切、克劳福德那样肆意妄为的现象出现，也能增加外援群体整体的危机感，便于俱乐部对外援进行管理。

（三）外援个人管理制度回顾与分析

在《2020—2021赛季CBA联赛球员注册、报名管理规定》中有关外援个人的管理规定有如下内容。

1. 外援注册限制

①CBA 联盟如发现俱乐部拟注册的外籍球员涉嫌因包括但不限于服用禁药、吸食毒品、球场暴力等不良行为被其他联赛或相关组织处以禁赛且处于禁赛期的（以下简称不予注册情形），联盟有权延长该外籍球员注册审核期并有权增加内部公示环节。如联盟在以上过程中，认定该外籍球员确有上述不予注册情形，将不予注册。

②不予注册情形的认定，以国际篮联及相关联赛、组织的官方通告或公告为准。

③在审核期及内部公示期内，如不能认定拟注册外籍球员有不予注册情形的，将对拟注册外籍球员（须其他注册材料完备）予以注册，注册完成后将不再接受任何形式的针对不予注册情形的异议。

2. 其他方面的管理

在《2020—2021 赛季 CBA 联赛球员注册、报名管理规定》中《外籍球员聘用合同》（2020—2021 赛季）中对于外援的各项不当行为，都做出了相应的处罚规定。如训练或者比赛时迟到，每次罚款××美元；未经甲方（俱乐部）书面同意缺席赛前会议的，每次罚款××美元；公开顶撞教练员、裁判员及中国篮协工作人员，每次罚款××美元；在比赛期间和他人发生冲突或有其他暴力行为的，每次罚款××美元；在比赛中做出违反中国篮球协会规定的手势等肢体动作，导致被罚犯规的，每次罚款××美元；未经甲方书面同意擅自离队，每次罚款××美元；乙方（俱乐部签约外援）应在约定的报到日至甲方报到，延期报到需经甲方书面同意。乙方未经许可未报到，或被许可的延期报到日届满仍未按时报到的，本合同不生效，甲方无须支付工资，至乙方通过体检或试训之日起开始支付。乙方每延期报到一天罚款××美元，乙方未报到或被许可延期报到日届满，达 7 日（含）以上的，甲方有权终止合同，乙方必须向甲方支付违反诚信的赔偿金××美元；在训练、比赛期间，如果乙方认为自己的身体健康条件不适于继续参加训练、比赛，应当及时向甲方书面报告伤病情况。但经甲方队医检查认定，乙方符合参加训练及比赛条件而乙方怠于履行义务，甲方有权书面警告乙方一次，经二次书面警告未果的，甲方有权给予停赛处罚，同时甲方还有权立即解除与乙方的合同，且不支付后续任何保障性工资。

最后，乙方如有一些行为，系严重违反中国篮协、CBA 公司及甲方纪律准则的行为，属乙方严重违约，甲方有权直接解除与乙方的合同，不再支付后续任何保障性工资或其他费用，乙方还应当支付甲方违约金（违约金数额为已发放工资及奖金总和的50%），同时甲方有权拒绝为乙方出具澄清信。

上述有关外援管理制度，多数都是基于过去俱乐部在外援管理方面出现的问题而专门制定的，从报到、训练、比赛等多个方面都对外援的言行做了详细的规定并制定了严格的处罚措施，而一旦外援签订聘用合同，就必须遵照执行。这必将大大提升对外援的管理能力。

四、外援管理制度改革建议

（一）限制末节外援上场时间，提升本土球员实力

外援在给中职篮带来益处的同时，也存争议问题，其中呼声最大的就是外援的使用对国内球员竞技能力提高的影响。过度使用外援严重挤占了国内球员的成长空间，近几年我国年轻的国家队队员在国际大赛中表现不佳也与此有关。而现行的末节单外援制度，虽然对外援的使用进一步削弱，但在比赛最后时间，外援接管比赛的案例仍然较多。为进一步提升国内球员在关键时间的比赛能力，应当限制球队对外援的过分依赖。建议在外援使用中，加入最后一节限制外援上场时间的规定，如在最后一节进行到一半的时间（6分钟），启用更换外援官方暂停，要求参赛双方必须将外援替换下场，在剩余的比赛中，完全由国内球员在场上进行竞争。当然，这样的做法也可能削弱引进外援的作用，但作为平衡依赖外援和帮助国内球员成长的权宜之计，未来可以进行尝试。

（二）增加认同感，促进球员整体实力提升

篮球运动是集体对抗项目，仅凭一人发挥很难获得比赛胜利。在当今中职篮各个俱乐部实力均衡化发展的背景下，仅靠外援发挥很难支撑俱乐部获取持续的竞争优势。外援必须和国内球员一起努力，融入球队的技战术体系中，形成外援和国内球员和谐相处、共同提高、全力拼搏的良好局面，从而带动俱乐部健康可持续发展。首先，无论赛场内外，教练员和俱乐部都要有意识地增加外援与国内球员的交流，增强双方在技战术运用方面的熟悉度和信任感，甚至可以要求国内球员学习英文篮球术语，并建议外援学习汉语，以此来增进双方的沟通。其次，无论是俱乐部还是球迷，都要尽力增强外援在俱乐部的归属感和文化认同感，中

国文化博大精深，不同地域都有各自独特的风土人情，俱乐部可以在中国传统节日或者休赛期邀请外援家属及朋友来俱乐部所在地区参观旅游，创造条件和机会让外援认同俱乐部的历史文化，讲好俱乐部故事，促进其融入当地的生活。

这方面最成功的案例就是前北京队外援马布里，马布里是前 NBA 全明星球员，曾在多家 NBA 俱乐部打过球。2010 年 1 月 27 日，马布里加盟中职篮山西中宇队，在 2009—2010 赛季代表山西队出战的 15 场比赛中，其场均可以得到 22.9 分和 9.5 次助攻。在山西队总经理调整后，马布里遭到弃用。2010 年 11 月 29 日，马布里与广州龙狮俱乐部成功签约。2012 年起，马布里效力于北京首钢俱乐部。马布里加盟北京队后，和另外一名外援莫里斯组成了黄金搭档，他们联手带领北京队在 4 年内三夺中职篮总冠军。马布里在 NBA 征战了 13 年，虽然个人能力极强，但却只有 4 个赛季出现在季后赛的舞台上，而且从来没有进入过第二轮，但是来到北京队后的第一个赛季，马布里就带领北京队拿到了中职篮的总冠军，这也让马布里更加专注在北京队打球。场上奋勇拼搏的马布里到了场下非常随和，他和俱乐部的管理层、教练员、其他队员、球迷都相处融洽，还主动帮助球队年轻队员成长，帮助主教练设计战术体系。马布里对北京队做出的贡献有目共睹，更被中国球迷亲切地称为"马政委""马指导"等。

2012 年北京队夺冠，北京市长给马布里颁发了"长城友谊奖"，这是北京市政府授予在北京工作外国专家的最高奖项，马布里还在 2014 年被北京市政府授予了荣誉市民的称号[1]。

马布里也非常热爱北京和中国文化。2013 年的时候，马布里曾到云南省短期支教过，在北京队期间，马布里还曾参与过传统曲艺相声的表演，虽然他的中文说得不是很流利，但他喜爱中国传统文化。2015 年 12 月，马布里获得中华人民共和国外国人永久居留证，是中职篮历史上第一个获得《外国人永久居留证》的现役外援。马布里对中国也怀有深厚感情。2021 年，在一次国际会议中，马布里接受采访时表达："中国是我的家，用我妈妈的话来说'我从来没被照顾得这么好过'，在这里我感觉很平和，中国人的热情好客让我觉得很棒。"

可以说，马布里加盟北京队，成就了北京队，而北京队也使马布里的篮球才华得到进一步提升，双方实现了互赢的良好局面。因此，对于外援的引进，不能单单只看他的比赛数据，外援的领袖能力、对俱乐部的认同感和奉献精神也是同

---

[1] 张敏. 马布里效应对我国 CBA 引援的启示 [J]. 体育文化导刊, 2016 (7): 95-99, 135.

等重要的。

(三) 设立特殊政策，鼓励外援长期效力

每个赛季，人员流动最大的就是外援，对2020—2021赛季之前参加过中职篮的所有外援效力的赛季时长进行统计，得到表4-14。

表4-14 1995—2020赛季中职篮外援效力赛季时长统计表

效力赛季时长	人数（人）	占比（%）
1个赛季	393	68.59
2个赛季	77	13.44
3个赛季	41	7.16
4个赛季	27	4.71
5个赛季	10	1.74
6个赛季	13	2.27
7个赛季	6	1.05
8个赛季	2	0.35
9个赛季	1	0.17
10个赛季	3	0.52
合计	573	100

从表4-14中可以看出，在中职篮只效力1个赛季的外援共有393人，占比68.59%。究其原因，首先，这些外援实力水平达不到俱乐部的要求，不能给球队带来较明显的提升；其次，随着外援政策的放开，赛季中途允许俱乐部更换外援，造成外援竞争压力大，几场比赛发挥不稳定就有被替换的可能；最后，少数外援受伤病影响、私自离队等也是造成外援续约率低的原因。为外援提供优惠政策，提高其归属感是球队和外援彼此成就的双赢的重要举措。除前文所说的马布里外，莱斯特·哈德森先后在广东、青岛、东莞（现在的深圳）、新疆、辽宁、山东俱乐部共效力10个赛季，分别帮助广东东莞银行队和辽宁本钢队获得过总冠军；迈克·哈里斯在东莞（现在的深圳）、上海、江苏（现在的苏州）、浙江、青岛、四川俱乐部共效力10个赛季，帮助四川队获得过队史的第一个总冠军；"十年老将"积臣是中职篮历史第一外援，在广东队效力10个赛季五夺总冠军，

2009年12月23日广东队为其举办了球衣退役仪式,这是广东队建队以来第一次举行球衣退役仪式。人民日报更是称积臣为中职篮树立了一个标杆[1]。这些多年为中职篮效力的外援都可以被称为优秀外援,也是会给各个俱乐部带来化学变化的外援类型。因此,建议未来中职篮出台政策,对于效力超过一定时长的外援提供特殊的工资制度,如可以对效力两个赛季以上的外援再次签约中职篮时,工资上浮一定比例。以此来鼓励优秀外援更长时间留在中职篮,为俱乐部做出更大贡献。

中职篮引入外籍球员不仅符合世界职业篮球发展的规律,同时也是推进我国篮球运动可持续发展的重要手段。在此过程中,虽然可能会对国内球员发展空间和后备人才培养方面产生"阵痛",但却是现阶段我国职业篮球改革探索发展的必经之路。因此,我们应当以发展的眼光来看待外援的引进,通过制度改革选拔优秀外援,通过俱乐部建设、文化内涵、人性化管理留住外援,使外援真心实意地为俱乐部效力,同时反哺本土球员的成长,最终使得俱乐部、外援、国内球员都从中受益,从而推动中职篮的高质量发展。

第三节 裁判员管理制度改革

一、中国男子篮球职业裁判员管理制度背景

裁判员是篮球比赛的管理者,一场高水平的篮球比赛离不开高水平裁判员公正、准确的判罚。篮球比赛的裁判员要经过培训、选拔、管理、监督等多个环节,才有可能胜任高水平职业比赛的裁判员角色。在中职篮1995—2005赛季的10个赛季中,裁判员一直由中国篮协负责选拔,一般在赛前2个月左右统一进行考核,然后选拔出该赛季的执裁人员。从2005—2006赛季开始,中职篮正式更名为中国男子篮球职业联赛,由中国篮协、俱乐部投资人和相关领域的专家代表等26人共同组建了"中国男子篮球职业联赛委员会"(以下简称联赛委员会),由联赛委员会下属的裁判组负责裁判员的选派、培训、监督等工作,以及对裁判员违纪事件的调查处理。2006—2007赛季,联赛委员会对中职篮的裁判员制度做了重大改革,联赛裁判员的选派由联赛委员会办公室负责,裁判员的培

---

[1] 赵文迪.《人民日报》中CBA外援"他者"形象的建构与演变 [D]. 北京:北京体育大学,2017.

训、考核由国家体育总局篮管中心负责，邀请一些老技术代表或退休裁判员构成监评组对裁判员进行评价和监督，但从 2010—2011 赛季开始又回归了原来的模式。虽然从中职篮建立之初、中国篮协就一直在尝试对裁判员制度进行改革，但在裁判员的管理方式和方法上依旧遵循传统的模式，裁判员业余的情况始终没有得到改变。自 2015 年开始，国家体育总局开始推动"管办分离"的改革，也为中职篮裁判员制度改革提供了良好的契机。同年，国家体育总局审议并通过了《体育竞赛裁判员管理办法》。此后，国家体育总局篮管中心在此基础上出台了《中国篮球协会裁判员管理办法暨实施细则（暂行）》，对中国篮球运动中裁判员监管管理事项进行了专项细化和明确，将中职篮裁判员的管理细分为管理机构、裁判员资格认证、培训、考核、选拔、监督处罚六方面。该文件也成为中职篮裁判员管理的基础性文件。经过两年多的反馈并结合中职篮发展实际，中国篮协于 2018 年出台了《中国篮球协会裁制员管理办法暨实施细则》。该文件包含八章内容（总则、裁判员委员会、裁判员技术等级认证、裁判员注册和培训、退休和荣誉裁判员、裁判员权利和义务、裁判员奖励和处罚、附则）及七个附件和三个附表，是目前关于中职篮裁判员管理比较全面和权威的文件。

二、管办分离后中国男子篮球职业联赛裁判员管理制度改革回顾与分析

（一）2017—2018 赛季裁判员管理制度改革措施分析

1. 设立视频回放中心，提高判罚准确性

视频回放系统是现代科技与体育融合发展的产物，现已被广泛应用到众多体育赛事中。2014—2015 赛季 CBA 就开始执行"即时回放系统"，但由于硬件设备等因素制约，临场裁判员较少使用该系统。2017—2018 赛季，为最大限度地保证裁判员判罚的准确性，CBA 公司设立了视频回放中心，对现场有争议的判罚进行核实，协助临场裁判员做出正确的判定。视频回放应用的场景有四大类（共 15 条细则）。①每节最后时刻或决胜期最后时刻（1 条细则：一次成功的投篮出手是否在结束该节或决胜期的比赛计时钟信号响之前球离手，如出现宣判了下述 4 种情况时，查看比赛计时钟上是否还显示剩余时间，以及剩余多少时间。这 4 种情况分别是投篮队员出界违例、进攻时间违例、8 秒违例、在某节或某决胜期

比赛结束之前宣判一起犯规)。②第 4 节和每一决胜期最后两分钟（含）之内（4 条细则：一次成功的投篮是否在进攻计时钟响之前球离手；在宣判任何犯规前投篮的球是否已离手；是否正确地宣判了一起干涉得分或干扰得分违例；辨认是哪名队员使球出界)。③比赛任何时间（9 条细则：成功的投篮是计 2 分还是 3 分；宣判了一起对投篮队员的犯规后，球未中篮，是给予 2 次还是 3 次罚球；一起侵人犯规、违反体育运动精神的犯规或取消比赛资格的犯规是否符合相应标准，或者是否应该升级或降级，或是否应被视为一起技术犯规；在比赛计时钟或进攻计时钟发生故障后，应该修正多少时间；辨认正确的罚球队员；辨认在一起暴力行为涉及的球员、主教练、助理教练员和随队人员；宣判的犯规是否先于进攻计时钟响起；宣判的犯规在他的同队队员进行一次成功的投篮之前还是之后；是否发生突发情况)。④比赛任何时间强制使用即时回放（1 条细则：任何被直接宣判取消比赛资格的犯规)。

其中第一大类和第二大类视频回放应用主要从比赛关键时间考虑，努力减少临近比赛结束时刻的误判。第一大类重点为"单节或全场比赛最后时刻投篮出手和比赛计时钟信号响的先后顺序，同时如果出现违例、犯规后查看比赛计时钟上是否还显示剩余时间及剩余时间多少等精细问题的判断"。第二大类为"第 4 节和每一决胜期最后两分钟出现的得分、投篮犯规、干扰球、辨别哪名队员使球出界等在比赛最后时刻经常出现的争议判罚"。而第三大类视频回放应用时间涵盖全场，内容也更为复杂，包括对投篮得分的判定、犯规类型的认定、计时钟故障后时间的修正、暴力事件参与人员的认定等，既有常规问题也有突发状况。第四大类强制使用即时回放是因为涉及被直接宣判取消比赛资格的犯规，属于重大犯规事件。需要指出的是，在上述的四大类、15 条细则中，只有"对于犯规进行升级或者降级"这一种情况，需要裁判员根据规则和自己的理解进行主观判断，其他的判罚都是基于客观事实进行判断。对于申请即时回放系统的对象，除比赛双方的主教练外，临场主裁判也可以根据比赛需要使用此系统。

视频回放中心可以接收各场比赛的直播信号，可以在比赛过程中截取任意比赛片段，并通过截取最佳角度的视频回放片段。为提高准确性，同时设立"回放专员""监评员""值班裁判员"三个临时岗位，根据各岗位的工作性质，分别对回放专员、监评员、值班裁判员制订了相应的管理办法，从而保证在 CBA 进行期间回放中心的各项工作能够顺利进行。2017—2018 赛季 CBA 揭幕战便采用了视频回放系统帮助裁判员判罚进球是否有效，第二节末段新疆队球员亚当斯投篮不中后孙桐林补篮得手，但此时24秒提示音也响起，最终通过裁判员调取录像，确认补篮无效。

视频回放中心是对裁判员工作的有利补充，通过与后台工作人员的相互配合，帮助临场裁判员做出更为准确的判罚，最大限度地确保比赛的公平性；通过监评员对裁判员在比赛过程中的判罚统计，进而优化对裁判员的考核，为评价裁判员能力提供依据。通过对裁判员的视频资料整理收集，可以客观、真实地反映出裁判员在执裁工作中出现的问题，并以此为鉴，对裁判员的业务进行指导，提高裁判员判罚准确性。

2. 采用人工智能选派裁判员，减少人为因素干扰

CBA公司成立前，临场裁判员的选派由联赛委员会下属的裁判办公室根据裁判员等级和年龄进行安排。首先根据裁判员的等级，国际级裁判员要排在国家级裁判员前面，如果级别相同则根据裁判员的年龄，年龄大的裁判员排在年龄小的裁判员前面。CBA公司成立后，重新将裁判员的级别进行档位的划分，划分依据为上一个赛季裁判员执裁比赛的综合判断。

改革前的裁判员选派方式难免会在选派过程中掺杂人为因素。CBA公司成立后，在安排临场裁判员的过程中由人工智能系统根据裁判员的档位进行编排，避免了掺杂人为的因素，增强了裁判员的竞争意识。使得每位裁判员都要积极准备，无形中提升了裁判员的能力。

3. 划分裁判员档位，完善考评制度

对CBA裁判员临场执裁能力进行综合考评，将参与执法的裁判员分为5个档位，每个档位的工资绩效各有不同。每轮比赛结束以后，根据临场表现对裁判员进行考核打分排序，评分较低的裁判员可能被降档。一旦某位裁判员被降至最低档，可能会被停赛。在每进行10轮比赛后，CBA公司会对裁判员的档位进行重新的调整，方式为档位之间的变化和档位内的变化。对CBA裁判员进行档位划分后，裁判员在赛季吹罚的场次会有所增加。这种制度会提高裁判员队伍的竞争意识，对CBA裁判员起到了规范和激励的作用。另外，档位划分也为裁判员绩效考核提供了依据，绩效与裁判员收入有直接关系，这也是鼓励裁判员的有效工具。

4. 事后评判，对关键时间段发布裁判报告

CBA公司规定，当第四节比赛剩余两分钟时，两队的比分差距在5分以内

（包括5分）时，回放中心会由监评员做出最后两分钟裁判报告，该报告中包含了3名裁判员在最后两分钟内做出的所有判罚。

2017年12月13日，CBA公司正式对外发布第一份裁判报告，就中职篮第15轮12月12日山西汾酒股份队主场116∶114战胜新疆喀什古城队的比赛中，对当值裁判员在比赛最后两分钟的5次判罚进行描述和总结，既给比赛双方和球迷一个客观的回应，也给当值裁判员敲响了警钟。

在这份报告中，承认了最后一球出界在先，此球为裁判员漏判，并且在主队有利上打钩，报告中写道：比赛最后两分钟共出现5次犯规，其中4次判罚正确、1次漏判，并有1次球出界未宣判，属漏判。争议主要在比赛剩余6秒时，客队7号（可兰白克）在场外触球违例，然后球进入场内，裁判员漏判。此时比分为114∶114，紧接着主队17号（刘冠岑）接到持球上篮获得两分，比分116∶114，此时比赛剩余时间0.6秒，客队进攻打完剩余时间，比赛结束。

以往中职篮比赛中如果出现争议判罚，尤其是最后时刻影响比赛结果的判罚，大多是事后不了了之。即便有球队进行申诉，相关部门认定确实存在错判、漏判的情况，通常也是对裁判员进行内部处理，并不对外公布相关结果。但随着裁判员报告的出炉，相当于裁判员一有错误就会被公之于众，这虽然无法更改已经成为既定事实的比赛结果，但可以让球员、教练员及球迷明白哪些是错判，对于裁判员的监督作用还是比较明显的，毕竟，任何一名裁判员都不希望自己总是成为报告中的反面教材。

（二）2018—2019赛季裁判员管理制度改革措施分析

1. 成立裁判督导组，加强监督和指导

为了加强对裁判员的监督和指导，2018—2019赛季，CBA公司成立了裁判督导组，共聘请了马立军等三位资深技术代表。他们不仅要在比赛时到赛区监督、指导裁判员的临场工作，还要参与赛前准备会、赛后小结会。此外，还要定期到回放中心进行值班，以全面监督裁判员的执裁工作。

2. 丰富裁判监评系统，快速反馈结果

裁判监评系统于2017—2018赛季正式推出，主要是对裁判员的工作进行日常考核和评估。2018—2019赛季，CBA公司对裁判监评系统进行了丰富，每个比赛日结束后的当天晚上，裁判办公室的工作人员会将系统中的错漏判视频点对点发给当值裁判员,用这种最直接的方式提醒和督促裁判员。该系统不仅可以认定临场的个别事件,也可以从宏观上明确CBA的执裁原则。

3. 设立了降档或限制执法的规定

为了进一步提升裁判员的竞争意识,设立了降档或限制执法的规定。如果因为错误判罚过多而达不到这一标准,将对该裁判员实施降档或减少执裁场次等处罚。

上述措施的实行对裁判员起到了激励和规范的作用,正判率在已经进行的比赛中有了明显的提升。根据CBA公司赛事运营部总监方伟向媒体公布的数据显示,2018—2019赛季的前15轮,60名裁判员的平均正判率为93.43%,高于上赛季同期的87.82%。根据新京报数据显示,在前15轮进行的149场比赛中,主队平均胜率为56.85%,低于2017—2018赛季同期的67.08%和常规赛的63.16%。"主场哨"效应进一步弱化,从侧面证明了比赛更加激烈,裁判员的判罚更加准确、公正。

(三) 2019—2020赛季裁判员管理制度改革措施分析

1. 提高待遇,激发裁判员工作热情

2019年10月23日,在2019—2020赛季中职篮发布会上,原CBA公司CEO王大为表示,新赛季裁判员将会涨薪30%以上。据联赛委员会下属的裁判办公室提供的数据显示,中职篮裁判员的薪酬是常规赛每场2000元、季后赛每场2500元,裁判员队伍中的专职裁判员每场再加500元[1],目前中职篮裁判员多数为兼职,他们只是在有比赛任务时才去吹罚比赛。在2020—2021赛季之前,中职篮都是主客场制度,裁判员往往需要提前一天到达赛区做准备,比赛当天还要进行赛前准备会、赛后总结会等一系列工作,第二天才能离开赛区,执裁一场比赛前后需要三天的时间,这样的劳务报酬并不算多。因此,对于裁判员涨薪30%的改革,有助于裁判员更加努力地投入工作中。

2. 进一步推进裁判员职业化改革

CBA公司成立之前,执裁的CBA裁判员以"半职业化"的"兼职裁判"为

---

[1] 邢金明,崔佳琦,赵子祺. 中国篮球职业联赛裁判员职业化改革推进策略研究:基于人力资源管理的视角 [J]. 体育与科学, 2019, 40 (5): 113-120.

主，受自身本职工作制约，很难参与系统性的业务、体能训练。有学者对执裁2018—2019赛季的中职篮裁判员的工作性质进行调查，结果显示中职篮裁判员本身职业中教师的身份占到了2/3以上，其他职业还有公务员、军人、行政人员、公司职员、自由职业等[1]。中职篮裁判员身份的业余性与目前的联赛职业化发展是不相符的，在中职篮的改革浪潮中，有关中职篮推行裁判员职业化的呼声也越来越高。

2019年10月，CBA官方发布了关于裁判员工作的"獬豸计划"[注释：獬豸又称獬廌、解廌（xiè zhì），是中国古代神话传说中的神兽。獬豸拥有很高的智慧，懂人言知人性。它怒目圆睁，能辨是非曲直，能识善恶忠奸，发现奸邪的官员，就用角把他触倒，然后吃下肚子。它能辨曲直，又有神羊之称，它是勇猛、公正的象征，是司法"正大光明""清平公正""光明天下"的象征]。即全面提升中职篮裁判员的管理考评体系，为联赛全面推进裁判员职业化做准备。知名篮球裁判员闫军等5名裁判员则成为CBA的首批专职裁判员。在2020—2021赛季中职篮技术代表、裁判员名单中，共有技术代表34人、裁判员68人，其中专职裁判员6人。专职裁判员的人数比上赛季增加，可以证明"獬豸计划"正在逐步推广。

CBA现有专职裁判员人选的产生是双向选择的结果。CBA公司的选择范围是CBA裁判员和CBA后备裁判员中的佼佼者。在制订了人员选拔原则和征求CBA俱乐部的意见之后，CBA公司确定了初步候选名单。由于目前CBA裁判员以学校教师和事业单位工作人员为主，而成为专职裁判员意味着要辞去现有工作、与CBA公司正式签约，因此，有部分进入候选名单的裁判员没有选择加盟。最终，闫军、段铸、叶楠等人成为首批专职裁判员。CBA公司在选择专职裁判员人选时也考虑了年龄和裁判员梯队建设的因素，目前的几位专职裁判员年龄都在50岁以下。

裁判员是中职篮的核心参与者之一，专职裁判员的出现符合职业联赛发展的方向。非专职裁判员平时有自己的工作，投入裁判员工作的时间有限。成为专职裁判员之后，他们接受CBA公司的统一管理，会花更多时间来研究和学习裁判员业务，敬业精神也将大大提升，从而尽可能减少随意性判罚，尽量保证比赛执法的公平、公正，促进中职篮的健康发展。

---

[1] 姜思远. 公司化运营下中职篮裁判员管理研究[D]. 北京：首都体育学院，2020.

(四) 2020—2021赛季裁判员管理制度改革措施分析

1. 选派辅助裁判员跟队训练

2021年1月23日，联赛委员会下属的裁判办公室选派辅助裁判员参加了广东队的训练，这是裁判办公室首次选派辅助裁判员去球队服务训练。此后，辅助裁判员又分别参与到天津、浙江等队伍的训练中。

一方面，在跟队训练中，年轻裁判员可以现场执裁高强度的训练比赛，了解高水平运动进攻、防守的技术特点，加上资深裁判员的指导，结合篮球竞赛规则，会帮助其更好地完成执裁任务。而运动员通过一线裁判员的反馈和指导，也会纠正平时的不良习惯，并学会合理利用规则完善技术。另一方面，由于裁判员和运动员在比赛中处于管理和被管理角色，缺少沟通，随着规则的不断完善，裁判员执裁会越来越严格，球员如果无法理解，在场上就容易出现急躁情绪。通过这种方式，大家一起交流沟通，可以更好地学习和提高，减少在赛场之上的对立情绪。

2. 组织主教练和裁判员参加座谈，增进双方交流

由于新冠肺炎疫情的原因，2020—2021赛季中职篮以赛会制的方式进行。赛会制比赛为裁判员、教练员在客观上提供了比较便利的沟通条件，CBA公司组织多家球队主教练与裁判员进行交流。南京队主教练贝西洛维奇、新疆队主教练阿的江分别与裁判员进行了座谈交流。贝西洛维奇表示："裁判员与教练员不是对立的双方，多些交流，可以化解矛盾。"裁判员韩栩表示："通过交流，贝西洛维奇教练讲了很多技战术内容，对执裁很有帮助。现在比赛中裁判员有时确实需要和教练员多进行交流，那么对什么是合适的方式和方法，我们也有了很好的认识，有助于裁判员今后更好地完成执裁任务。"

三、中国男子篮球职业联赛裁判员管理制度改革评述

(一) 裁判员职业化是中职篮职业化发展的必然

随着中职篮职业化改革的深化，裁判员在赛场上的公平执法和赛场外的职业化管理成为联赛健康发展的必需，也是联赛发展的必然结果。裁判员作为比赛的执法者，其执法水平、执法态度对于比赛有着重大影响，在某些关键时刻甚至决

定着比赛胜负。随着CBA公司的成立，中职篮开始朝着职业化方向稳步前进，裁判员的执法专业性和严肃性也逐渐被提到议事日程上来，成为2016年中国篮协退出中职篮后联赛改革的一大重点。CBA公司成立后，中国篮协在裁判员管理方面也增加了更多的投入。其一，在职业联赛领域推进裁判员职业化进程，逐步推动"半职业—职业化"的进程；其二，2018年、2019年连续两年在国家级裁判员培养方面增加了报考和晋升名额，给予更多执裁技能优秀、更具发展潜力的年轻裁判员执法机会，增加了裁判员基数；其三，针对裁判员区域发展不均衡的问题，面对西部地区定向培养国家级裁判员，并且多次举办西部篮球裁判员和教练员培训班，促进了我国西部篮球裁判员的成长与发展。

（二）裁判员职业化改革的建议

1. 谨慎推进中职篮裁判员职业化改革

中职篮裁判员的职业化改革是大势所趋，但并不意味着全部裁判员都要成为专职裁判员，建议以点带线、以线带面逐步试改，层层递进地进行篮球裁判员职业化。

目前，中职篮裁判员的职业化改革正处在积累经验、巩固成果的阶段，建议短期内不要大规模"扩容"专职裁判员。从专职裁判员的评价来看，2020—2021赛季试点的6名专职裁判员中有3人获得联赛十佳裁判员称号，这是对他们在赛季裁判工作的充分肯定，但他们也曾在一些重要场次比赛中出现过比较明显的失误，引起了CBA俱乐部和舆论的一些不良反应。如果盲目"扩容"，一旦新加入的专职裁判员的执法专业性不如他们或出现比较严重的错误，可能引发新的矛盾。另外，CBA俱乐部投资人也不愿意CBA公司花较高的薪水来"锻炼"专职裁判员[1]。同时，对于一些执裁水平较高的兼职裁判员来讲，要成为专职裁判员需要辞去本职工作，很多人的本职工作都是"铁饭碗"，而成为专职裁判员后从目前看还不具有"完全保障性"，这会影响他们转为专职裁判员的积极性。上述问题都是裁判员职业化改革需要面对的问题。

中职篮裁判员的职业化发展是一个漫长的过程，不能一蹴而就。首先，需要走到基层，广泛交流，深入了解兼职裁判员转为专职裁判员后真正关心的问题，

---

[1] 刘雷. 基于SWOT分析我国篮球裁判的发展战略研究：以中职篮为例[J]. 文体用品与科技，2022（1）：174-176，184.

对于优秀的兼职裁判员，尽力解决其后顾之忧，争取将其转为专职，使其能够安心执裁，充分发挥其专业才能。其次，对于申请想成为专职裁判员的人员，在其他条件符合的情况下，可以先设置一个试用期（1~2个赛季），便于对其进一步考核，考核通过后，再批准其转为专职裁判员。最后，裁判员职业化改革工作还需要经常与CBA俱乐部老板、运动员、观众、媒体、球迷等群体充分沟通，了解其对于裁判员职业化改革的要求和建议，建立综合的专职裁判员引入制度，夯实基础，从而稳步推进裁判员的职业化改革。

2. 建立合理的薪酬制度

薪酬机制是管理系统的主要部分，合理的薪酬机制可以起到良好的激励效果。目前，CBA公司给裁判员提供的薪酬包括裁判员的临场基本工资、作为激励机制的绩效奖金和全年的意外伤害险。尽管较CBA公司成立前有了更为完善的薪酬结构，但仍有不足。在建立薪酬制度时，应考虑以下几点：①薪酬制度要有利于推动中职篮整体发展战略的实施，通过裁判员薪酬制度来帮助中职篮实现高质量发展。②裁判员对薪酬的满意度会影响裁判员的工作效率和工作质量。职业裁判的薪酬制订需要在一定程度上参考其他行业的相关薪酬情况，保证其在一个合理的区间，充分调动裁判员工作积极性。③薪酬设计既要考虑中职篮目前的实际运营情况，还要考虑非物质因素，争取建立一个全面的薪酬制度，具备可选择性和吸引力的薪酬制度。④还可综合考虑裁判员的执法经验、级别等因素，并结合绩效考评，进行薪酬水平的制订。⑤建议对专职裁判员和兼职裁判员的薪酬制度区别开来，可以对专职裁判员实行年薪制，对兼职裁判员以工作场次计酬为主。完善而全面的薪酬体系会吸引更多兼职裁判员选择从事专职裁判员的工作，从而提高专职裁判员备选范围，为中职篮裁判员的职业化改革提供人力保障。

3. 加强对裁判员的人文关怀

2020年底，新冠肺炎疫情突然暴发，2019—2020赛季部分比赛和2020—2021赛季的比赛都采用了赛会制的方式进行，要求运动员和裁判员都要在赛区接受封闭管理。这种封闭式的生活，对于年纪普遍偏大的裁判员来说，容易引起心理负担。同时，由于裁判员每场比赛的正判率还和绩效奖金挂钩，每场比赛之后也都有技术官员给他们的判罚评分，这都会对裁判员造成较大的心理负担。另外，媒体舆论、球迷、运动员、教练员也会因其在比赛中的判罚而发表观点，同样会对其造成心理干扰。因此，在探索裁判员管理制度改革过程中，也要充分考虑裁判员作为普通人所能承受的心理压力阈值，对其加强人文关怀，如定期安排心理辅导，尤其要对关键场次出现重大失误的裁判员，及时进行心理干预，帮助其降低压力，建立起积极面对的工作态度。

（三）裁判员执法水平提升建议

1. 针对性发布执裁报告以提高裁判员执法的专业性

CBA 公司推行的最后两分钟执裁报告在一定程度上反映了裁判员关键时刻的执裁能力，也包括临场能力和心理能力。通过对最后两分钟判罚的重新复盘，对于当值裁判员自我能力的提高也有较好的借鉴价值。过去，很多球迷和媒体因为自己支持的球队在关键时刻输球后，会将输球的原因归结于裁判员的临场判罚。这种报告可以将裁判员在关键时刻做出的判罚给予最权威的解释，帮助缓解队员与裁判员的紧张关系，帮助树立裁判员的权威。

根据 CBA 官方网站发布的 2019—2020 赛季和 2020—2021 赛季所有的第四节最后两分钟执裁报告表得到表 4-15。

表 4-15　2019—2020 赛季和 2020—2021 赛季裁判报告情况

赛季	裁判报告总数（份）	报告中统计判罚总数（次）	正确判罚率（%）	严重影响比赛结果判罚率（%）
2019—2020	103	522	85.9	5.8
2020—2021	26	133	92.5	2.3

注：2020—2021 赛季，CBA 官方网站一共发布裁判报告 27 份，其中 2021 年 1 月 26 日进行的 2020—2021 赛季中职篮常规赛第 34 轮（场序 339）山东西王队主场对阵浙江稠州队的比赛中，浙江稠州队以 120∶119 战胜山东西王队。根据比赛监评人员的情况报告，该场比赛虽已触发"裁判员最后两分钟执裁报告"，但因第四节最后两分钟内无判罚（含漏判）及使用即时回放系统情况发生，故 CBA 公司裁判办公室将不出具该场比赛裁判员第四节最后两分钟执裁报告表。因此，本表中统计的 2020—2021 赛季裁判报告只有 26 份。

从表 4-15 可以看出，近两个赛季都在使用裁判报告，但 2019—2020 赛季的裁判报告数量明显多于 2020—2021 赛季。裁判报告自 2017—2018 赛季开始推出后，就一直正常发布，但自从 2019—2020 赛季四分之一决赛辽宁本钢队对阵浙江稠州银行队的裁判报告发布后，裁判报告就"消失"了。之后的半决赛，在广东东莞银行队首场逆转北京首钢队的比赛中出现多次争议判罚，裁判报告却一直没有对外公布。2021年1月25日晚，CBA公司在南京同曦宙光队与吉林九台农商银行队比赛之后，发布了2020—2021赛季的首份裁判报告。针对该场比赛最后两分钟的3次判罚，裁判报告认为当场主裁判的判罚均正确。这是中职篮时隔174天后重新对外公布裁判报告。在之后的比赛中，需要发布裁判报告的比赛CBA公司都正常发布，直到最终的总决赛。

　　裁判报告最重要的作用是重新判定当值裁判员在最后关键时刻关键的判罚是否正确。2019—2020赛季发布的裁判员报告中，共涉及裁判员判罚522次，正确判罚率85.9%，因裁判员行为严重影响比赛结果的判罚率为5.8%。裁判员行为严重影响比赛结果的界定条件是：在比分极其胶着的情况下，裁判员产生漏判或者误判，并且不利于落后方，即裁判员关键时刻错误执裁的行为影响了落后方追分并可能导致其惜败[1]。临场裁判员出现的错漏判较多，使裁判员的执裁能力成为人们讨论的热点。而关键场次的错误判罚，会影响比赛结果，更是让裁判员倍感压力。如在2020年6月28日，中职篮常规赛第31轮、场序306的比赛中，对阵双方为北京紫禁勇士队（主）VS吉林九台农商银行队（客），比赛时钟走到45.7秒时，比分为98（主）：99（客），此时裁判员出现了误判：主队进攻，24秒进攻计时钟信号响时，球还在主队13号宗赞手中，发生24秒进攻时间违例，裁判员未进行宣判，而这次漏判使主队抢下二次篮板球进而三分投篮命中反超2分。该场比赛最终打进了加时赛，结果是客队2分惜败。不得不说，主队这次违例未被判罚进而得来的3分对比赛结果产生了重要影响。

　　但从2020—2021赛季公布的裁判报告中可以看出，裁判员判罚准确性有了较大幅度的提升，正判率从85.9%提升到了92.5%，而严重影响比赛结果的判罚率也由5.8%下降到了2.3%。尤其是总决赛前两场发布的最后两分钟执裁报告，第一场比赛6次判罚全部正确，第二场比赛12次判罚中11次正确、1次错判。裁判报告的出现使得裁判员的执裁效果有了较大幅度的提升。另外，尽管裁判报告告中出现的错判、误判或者是漏判不会更改比赛的结果，但是裁判员报告把裁判员的吹罚公开透明，会起到震慑的作用，在一定程度上减少了"黑哨"的出现，因此，对于裁判员公信力的提高也有一定的促进作用。考虑到目前的CBA裁判员并非全部为专职裁判员，当这种报告对外公布时也要从裁判员所处工作实际考

---

[1] 赵如意. CBA与NBA裁判员关键时刻执裁能力的比较研究［D］. 上海：上海师范大学，2021.

虑，如是否会对其本职工作产生影响，因此，建议先将裁判报告用于现有的专职裁判员身上。

2. 完善录像回放规则以提高裁判员执法的准确性

中职篮的录像回放制度可以保证比赛在有突发情况发生时，裁判员在第一时间通过在这种辅助机制的帮助做出令运动员、教练员、观众最为信服的判罚。但现行的录像回放规则仍有一些不完善的地方，如每队每场比赛只有一次挑战机会；挑战失败会减少暂停机会，没有暂停的话，教练员会被处罚一次技术犯规；即使场馆内设有大型电视，录像回放也不能在大屏幕回放。因此，建议一是合理规划录像回放系统引用范围，限制回放介入的时间，整个回放过程可以通过大屏幕展现给现场观众，增强判罚的可信度。二是扩大主教练主动申请录像回放的适用范围，增加技术犯规、违反体育道德犯规判罚申请即时录像回放规则。三是适当增加教练员申请录像回放次数，如季后赛可从现有的一次申请增加到两次。通过完善录像回放系统使用规则，最大程度提升比赛的公平性。

第五章 中国男子篮球职业联赛俱乐部发展改革研究

俱乐部是中国男子篮球职业联赛（以下简称中职篮或 CBA）的基本参赛单位，中职篮俱乐部既具有一般现代企业的共性，也具有职业体育的特性。它是以经营高水平篮球赛事为主体，并开发相关附属产品，以追求最大利润的特殊体育企业。中职篮俱乐部作为特殊的成长性企业，在 20 余年的演进历程中，各利益相关者始终都在积极地探索创新路径，力求打破各种障碍使其走向真正的职业化道路。当前，在我国振兴"三大球"和加快发展体育产业的背景下，中职篮俱乐部改革一直是研究的热点。本章从中职篮俱乐部的简介入手，并展开分析俱乐部分布的地域演化、俱乐部经营改革、俱乐部文化建设等方面的改革，力图探索适合我国篮球俱乐部健康发展的模式。同时，也探讨了在中原地区增设中职篮俱乐部的可行性和必要性。

第一节　中国男子篮球职业联赛俱乐部简介

一、中国男子篮球职业联赛退出俱乐部或球队回顾与分析

在中国男子篮球职业化改革进程中，共有 35 支俱乐部或球队先后参加过中职篮的比赛，经过俱乐部层面的迁址、收购、退出等，截至 2020—2021 赛季结束，存在的俱乐部或球队为 19 支。中职篮俱乐部退出（或被收购）情况如表 5-1 所示。

表 5-1　1995—2021 赛季中职篮俱乐部退出（或被收购）统计表

俱乐部或球队名称	进入赛季	退出赛季	退出原因
空军男篮	1995—1996	1998—1999	体制改革、军队裁员等
前卫男篮	1995—1996	1999—2000	体制改革、军队裁员等
南京军区男篮	1995—1996	2000—2001	体制改革、军队裁员等
沈阳军区男篮	1995—1996	2001—2002	体制改革、军队裁员等
济南军区男篮	1995—1996	2001—2002	体制改革、军队裁员等
四川熊猫	1996—1997	1999—2000	违规被处罚降级至甲 B 联赛
北京奥神	1998—1999	2004—2005	准入制未达标
湖北美尔雅	1999—2000	2000—2001	被降级到甲 B 联赛
陕西锂源动力	2001—2002	2009—2010	被佛山男篮收购
深圳润迅	2001—2002	2002—2003	被降级到甲 B 联赛
台湾新浪狮	2001—2002	2003—2004	主动退出
香港飞龙	2002—2003	2003—2004	资金困难
云南红河	2004—2005	2009—2010	违反规定，取消资格
河南仁和	2004—2005	2006—2007	变更主场，改为山西中宇
重庆翱龙	2014—2015	2015—2016	被北京控股收购
八一富邦	1995—1996	2020—2021	军队系统改革

从表 5-1 可知，中职篮从 1995 年开始创立，至今有 16 家俱乐部退出、解散或者被收购。联赛初期，12 家俱乐部中有 6 家俱乐部属于军队或公安系统，这是中国篮球历史上一个特别时代的组合。随着社会环境的变化发展，以及部队、体工队体制的改变，军旅球队逐步退出篮坛，到了 2020 年，八一南昌队也不再参加中职篮。其他俱乐部退出 CBA 的原因各异：湖北美尔雅队、深圳润迅队因为成绩不佳，在甲 A 联赛征战 1 个赛季后便被降级到甲 B 联赛；四川熊猫队因为违规被中国篮协处罚降入甲 B 联赛，之后没有再进入甲 A 联赛行列；香港飞龙队在 2002—2003 赛季成功加入中职篮，1 个赛季后由于资金不足而解散。台湾新浪狮队前身是台北宏国象队，球队于 2001—2003 赛季加盟中职篮，并于 2001—2002 赛季打进季后赛。之后因球队战绩不佳同时财务方面遇到问题使新浪狮队退出中职篮，之后其并没有解散，回到台北后，他们继续参加了台北的篮球联赛，现在球队的名称是璞园建筑篮球队。四川熊猫队、云南红河队分别由于违反

相关规定受到处罚，四川熊猫队在 1996—1997 赛季进入甲 A 联赛，1998—1999 赛季结束后被降级到甲 B 联赛；云南红河俱乐部于 2004 年 3 月注册成立，成立当年以主客场全胜成绩夺得全国男子篮球联赛冠军，根据中国篮协规定，获得全国男子篮球联赛冠军的球队将顶替北京奥神队参加 2004—2005 赛季中职篮，云南红河队艰难地通过了中职篮委员会的评估晋级中职篮。2010 年，云南红河俱乐部因为欠薪问题，未达到俱乐部准入制相关条件，被强制退出中职篮。北京奥神队是一支有实力的球队，1997—1998 赛季获得甲 B 联赛冠军而取得参加中职篮的资格。1998 年，北京奥神队受邀请参加亚俱杯比赛，发挥优异，最终获得冠军，随后奥神队又先后在 1999—2000 赛季、2002—2003 赛季和 2003—2004 赛季三度杀入季后赛，彰显了黑马风采。但 2004 年因为拒绝放队员孙悦去国家青年队集训，北京奥神队被中国篮协禁赛一年。2005 年，北京奥神队以参加"海峡杯"为由，撤回了向中国篮协提交的中职篮资格准入评估报告，主动放弃中职篮参赛资格，自此北京奥神队离开了中职篮。陕西、河南、重庆俱乐部在加入中职篮不久，因为内外部多种原因，经中国篮协同意，转让给其他俱乐部。

2020 年 10 月 20 日，中国篮球协会官方微博发布消息：中国篮球协会致敬八一男女篮，八一男女篮不再参加中职篮和中国女子篮球联赛。中国篮球协会在公告中写道：10 月 19 日收到中央军委训练管理部军事体育训练中心的来函。来函表示，八一男女篮今后不再参加中职篮和中国女子篮球联赛。八一男篮是中职篮的老牌劲旅，自建队以来，发扬解放军优良传统和作风，本着为国争光，为军队争光的高度荣誉感和使命感，严格治队，严格训练，形成勇猛顽强、敢打敢拼、团结协作的战斗作风和注重防守、快速、准确、内外结合的技战术风格。八一男篮历史上有着辉煌的战绩，从联赛创立之初连续 6 个赛季蝉联冠军（1995—2001 赛季），2002—2003 赛季、2006—2007 赛季再次夺得联赛冠军。多年来，为国家培养、输送了多名优秀运动员和教练员，为我国篮球事业的发展和提高做出了积极贡献。2006 年，中国篮球协会发出"向八一队学习"的号召，称赞八一男篮是"中国篮坛的铁军"，八一男篮代表着中职篮的一个时代，他们更凝聚着中职篮在那个时代的精神气质。

但自 2011—2012 赛季后，八一男篮便没有进入过季后赛，近几年在中职篮中排名也是一直靠后。导致八一男篮退出中职篮的原因可能如下：其一，体制原因，八一男篮不能聘请外援，只能全华班出战，而在近几年的中职篮选秀大会上，八一男篮也不再拥有选秀权，这都会导致八一男篮在人员补充方面落后于其他球队，从而导致球队成绩不佳。其二，中职篮职业化改革后，球员的工资也不断增加，而2018年全军的军事体育机构进行改革，组建了全新的军事体育训练中心，八一男篮统一由军事体育训练中心负责管理，队员需要遵守按军衔设定年薪的规定。与其他球队队员工资的巨大差距，也会导致八一男篮队员打球的动力不足。其三，根据《军委训练管理部军事体育训练中心调整改革工作方案》，军事体育训练中心调整改革总体设计中有关优化力量结构指出：保留部分军事特色鲜明的专业项目队，不再保留群众性强、社会资源丰富的竞技体育项目队。而篮球、排球正是群众性强、社会资源丰富的竞技体育项目队，从改革方面上讲是非必要保留的体育项目队。虽然八一男篮退出了中职篮，但八一男篮在中职篮中的经历将成为一段永不磨灭的历史。

从上面的分析可以看出，中职篮俱乐部的发展受到多种因素制约。首先，在职业化初期，政府的行政力量对俱乐部的生存、组建和变迁起着很大的干预和主导作用，河南仁和队将主场迁址山西省就是例证。其次，一些俱乐部一味追求当下球队的竞技成绩，没有长远的俱乐部良性发展的概念也导致了俱乐部的发展受阻，如武汉美尔雅俱乐部。再次，个别俱乐部管理者投机取巧，没有建立规范的俱乐部管理运转制度，造成拖欠员工工资等极端事件的发生，典型代表就是云南红河俱乐部。最后，部分俱乐部由于经营管理问题，被其他俱乐部收购，也导致了其在中职篮版图上消失，如陕西、重庆俱乐部。而八一男篮的退出，则是我国军队制度改革和中职篮职业化改革等综合因素所致。

上述种种原因在主观或者客观上影响了中职篮俱乐部的发展，使得这16家俱乐部或球队成为中职篮的历史。

二、中国男子篮球职业联赛现有俱乐部简介

在目前中职篮19家俱乐部中，1995—1996赛季就存在的有广东、辽宁、江苏、山东、浙江、北京6家俱乐部，之后，上海、吉林、新疆和福建分别成立了俱乐部并加入甲A联赛。2005—2006赛季，中国男子篮球甲A联赛正式更名为中国男子篮球职业联赛，并且从此取消球队升降级制度，实行俱乐部准入制度。2006年，在山西省体育局、河南省体育局、中国篮协和俱乐部的共同努力下，对原河南仁和队和山西宇晋队进行重组，成立了山西中宇猛龙俱乐部。2013年11月，山西汾酒集团正式宣布回购山西中宇职业篮球俱乐部全部股份。此后，东莞新世纪俱乐部（2005年准入，2015年10月，东莞新世纪烈豹篮球俱乐部搬

至深圳，2015—2016赛季以深圳马可波罗队的名义出战）、浙江广厦俱乐部（2006年）、天津荣钢俱乐部（2008年）和青岛双星（2008年）俱乐部先后通过准入制度的评估而加入，此时中职篮俱乐部已有18家。2009—2010赛季，云南红河俱乐部因欠薪被取消注册资格而退出CBA，也是准入制实施以来唯一退出的中职篮俱乐部，此后中职篮连续4个赛季（2009—2013赛季）只有17支球队参赛。2013年四川金强俱乐部加盟。2014年重庆翔龙俱乐部（2015年被北京控股集团收购，更名为北京控股篮球俱乐部，2019年球队更名为北京紫禁勇士队）和江苏同曦俱乐部（2017年更名为南京同曦大圣篮球俱乐部，球队更名为南京同曦队）的双双进入，使中职篮的俱乐部数量增加到20家。2020年八一南昌队退出CBA，截至2020—2021赛季结束，中职篮参赛俱乐部有19家，见表5-2。

表5-2　2020—2021赛季中职篮参赛俱乐部及球队名称一览表

序号	进入中职篮的首个赛季	俱乐部名称	球队名称
1	1995—1996	广东宏远华南虎俱乐部	广东东莞大益
2	1995—1996	辽宁沈阳三生飞豹俱乐部	辽宁本钢
3	1995—1996	江苏龙肯帝亚俱乐部	苏州肯帝亚
4	1995—1996	山东西王王者俱乐部	山东西王
5	1995—1996	浙江稠州金牛俱乐部	浙江稠州金租
6	1995—1996	北京首钢俱乐部	北京首钢
7	1996—1997	上海久事大鲨鱼俱乐部	上海久事
8	1998—1999	吉林九台农商行东北虎俱乐部	吉林九台农商银行
9	2002—2003	新疆广汇飞虎俱乐部	新疆伊力特
10	2004—2005	福建鲟浔兴俱乐部	福建豹发力
11	2006—2007	山西国投猛龙俱乐部	山西汾酒股份
12	2006—2007	浙江广厦猛狮俱乐部	浙江广厦控股
13	2008—2009	天津荣钢先行者俱乐部	天津先行者
14	2008—2009	青岛国信海天俱乐部	青岛每日优鲜
15	2010—2011	广州龙狮俱乐部	时代中国广州
16	2013—2014	四川金强蓝鲸俱乐部	四川五粮金樽
17	2014—2015	南京同曦大圣俱乐部	南京同曦宙光
18	2005—2006	深圳新世纪领航者俱乐部	深圳领航者

续表

序号	进入中职篮的首个赛季	俱乐部名称	球队名称
19	2015—2016	北京控股俱乐部	北京紫禁勇士

有学者曾做过研究，在开放式的联盟（实行升降级制度的联盟）中，俱乐部维持在 24 家左右为最佳；但对于封闭式的联盟而言，数量维持在 26~28 家为最佳[1]。理由之一是当职业体育联盟的成员数量过少时，就会使管理主体的积极性降低，从而引起不利于联盟发展的恶性循环。从这个角度出发，中职篮目前拥有的俱乐部数量有待增加，可以考虑增加 2~3 家，合理增加俱乐部数量也应该成为中职篮未来改革的内容之一。随着中职篮影响力日渐扩大和市场竞争性不断增强，俱乐部的比赛交通费用、训练费用、优秀球员引进、二三线队伍建设等方面的运营成本迅猛增长，未来经济实力雄厚的大型企业将是投资新俱乐部的主力军，如新近加入的四川金强和江苏同曦俱乐部就是很好的例证。他们都是以房地产开发为主体的多元化集团型企业，它们的负责人既通晓现代企业管理，又对篮球运动充满热情。作为一个不断朝着职业化方向变革的国内顶级篮球职业联赛，中职篮需要吸引和动员这样的投资主体参与，以保证俱乐部的资金和管理运转良好，从而促进俱乐部不断向上发展。

第二节 中国男子篮球职业联赛俱乐部地域演变分析

一、俱乐部空间分布特征

空间格局是指生态或地理要素的空间分布与配置[2]。中职篮俱乐部的空间布局是影响我国篮球商业化和产业化的重要因素，合理的空间格局可以优化资源配置，实现各地区之间的联动而达到协同发展的目标。按照地理区划我国内地可分为七大区域：东北（黑龙江省、吉林省、辽宁省）；华东（上海市、江苏省、浙江省、安徽省、福建省、江西省、山东省）；华北（北京市、天津市、山西

---

[1]左伟,白喜林.中国男子篮球职业联赛（CBA）管理体制创新研究 [J].天津体育学院学报,2016,31（2）：179-184.
[2]刘小明,王兴.中国男子篮球职业联赛俱乐部的时空演变 [J].北京体育大学学报,2017,40（4）：21-28.

省、河北省、内蒙古自治区）；华中（河南省、湖北省、湖南省）；华南（广东省、广西壮族自治区、海南省）；西南（四川省、贵州省、云南省、重庆市、西藏自治区）；西北（陕西省、甘肃省、青海省、宁夏回族自治区、新疆维吾尔自治区）。按经济带可划分为：东部沿海地区（辽宁省、河北省、北京市、天津市、山东省、江苏省、上海市、浙江省、福建省、广东省、广西北族自治区、海南省）、中部内陆地区（黑龙江省、吉林省、内蒙古自治区、山西省、河南省、湖北省、湖南省、安徽省、江西省）、西部边远地区（四川省、重庆省、贵州省、云南省、西藏自治区、陕西省、甘肃省、宁夏回族区自治区、青海省、新疆维吾尔自治区）。由于职业体育发展与所在城市的地理位置和经济水平息息相关，本节就以我国地理区域和经济带的划分方法为依据，探讨中职篮俱乐部的区域分布格局。

（一）俱乐部空间地理位置分布演变

中职篮创立26年间，随着参赛球队数量的变化，俱乐部所在城市和省份也发生着变化。但总体而言，俱乐部的空间集聚度较高，从地理位置上看，俱乐部所在主场主要集中在华北（北京市、天津市）、华东（上海市、南京市、杭州市、宁波市、义乌市、青岛市）、华南（东莞市、佛山市、深圳市）、东北（长春市、营口市、沈阳市）地区，而一个城市一般设立一个中职篮俱乐部的主场，这对于比赛资源配置和城市经济文化建设都是有好处的。但中职篮两个俱乐部出现在一个城市的情况也曾出现，如在1998—2004赛季的6个赛季中，北京市同时拥有北京首钢和北京奥神两个俱乐部，在2005—2015赛季的10个赛季中，东莞市也拥有两个中职篮俱乐部（广东宏远和东莞新世纪）；2015—2016赛季，东莞新世纪俱乐部将主场搬到深圳市，至此，东莞市只有广东宏远一家俱乐部。而随着2015年6月，北京控股集团有限公司完成对重庆翱龙篮球俱乐部的收购，北京市时隔11年再次拥有了两家俱乐部，也是目前唯一落户两家中职篮俱乐部的城市。东莞市被誉为"世界制造业之都"，也是"全国篮球城市"，北京市是我国政治、经济和文化发展的中心城市，这两个城市的综合实力和良好的篮球内外部环境，为职业篮球俱乐部的扎根和发展提供了得天独厚的条件。但在中职篮还没有在全国平均分布的情况下，这些篮球资源还是显得过于集中。从分布省份来看，聚集情况也经常发生，如浙江省有10个赛季拥有3家俱乐部（浙江稠州、浙江广厦和八一富邦），广东省有7个赛季拥有3家俱乐部（广东宏远、深圳新世纪和广州龙狮)。就目前中职篮俱乐部的地理分布情况来看,10个省(区、市)各拥有1家俱乐部,而广东、北京、浙江、山东、江苏5个省(市)同时拥有2家俱乐部,说明俱乐部聚集的情况仍然存在。从俱乐部分布省(区、市)情况来看,历史上只有18个省(区、市)曾经或现在拥有中职篮俱乐部,目前湖南、海南、河北、黑龙江、江西、贵州、甘肃、安徽、青海、广西、宁夏、西藏、内蒙古13个省(区)从未有过中职篮俱乐部。分析其原因,上述地域位置比较偏僻,整体体育水平发展缓慢,职业化体育又是需要投入大量经济才能运作起来的,因此,尚无中职篮俱乐部的省份要实现新的突破将会面临多重困难,地理位置和经济状况是影响新俱乐部培育的核心因素。

(二)俱乐部经济位置分布演变

根据目前中职篮俱乐部主场的分布情况可以发现,经济位置空间分布处于不均衡状态,经济发达的东部沿海地区11个省(市),除海南省外,曾分布23家俱乐部,占71.9%；现存的还有11家,占55.5%,职业体育的发展需要强大的经济支撑,该区域具有明显的经济优势,也是众多俱乐部集聚的重要原因之一。西部边远地区11个省(区)仅出现过5家俱乐部,其中云南、重庆和陕西3个省份曾经有过中职篮俱乐部,现存的仅剩新疆和四川,而中部内陆地区只有吉林、河南、湖北3个省份出现过中职篮俱乐部,可见,中职篮的俱乐部分布与所在地区的经济发展关系密切。新疆广汇飞虎俱乐部自2002—2003赛季加入中职篮以来,2012—2015三个赛季的投入都在8000万元以上,2015—2016赛季投入超过1亿元,能在中职篮给予俱乐部较少的经营权中,充分盘活有限资源,2016—2017赛季门票收入在3000万元以上,位居联赛俱乐部前列[1]。另一个西部地区的俱乐部是四川金强蓝鲸俱乐部,在2013—2014赛季作为西南地区的唯一代表加入中职篮,也是对中职篮俱乐部版图的扩展,推动了篮球运动在边远地区的普及和提高。而进入CBA俱乐部的条件之一就是需要缴纳入籍费3500万元,除此之外,四川金强蓝鲸俱乐部在引进球员方面已经投入超过3000万元,其中哈达迪一人的年薪就高达130万美元[2],充足的资金为俱乐部运转提供了保障,四川队在进入中职篮后的第三个赛季即2015—2016赛季便获得了总冠军。

---

[1] 王天丰.2016—2017赛季CBA联赛前三强俱乐部运行现状与发展对策研究[D].温州:温州大学,2019.
[2] 朱维文.从"恒大模式"看四川金强篮球俱乐部发展模式及对策研究[D].成都:成都体育学院,2015.

中职篮俱乐部目前空间格局的形成，是各地区经济、政治、文化和社会等因素共同作用的结果。在职业篮球俱乐部的组建与成长过程中，区域经济综合实力是物质基础和前提条件；政府体育发展战略是制度保障和方向引领；篮球文化氛围是情感支持和精神动力；社会公共服务是外部环境和潜在力量。当前，需要政府和社会积极配合、共同努力，改变俱乐部的空间关系，促使中职篮俱乐部在各地区均衡协同发展。

二、俱乐部主场城市选择特征

《2012—2013赛季中国男子篮球职业联赛俱乐部准入实施方案》中俱乐部主场及硬件设施第二十三条规定：俱乐部选定主场（包括分赛场）所在城市必须是我国地级（含）以上城市（不包括港、澳、台地区）。2012—2013赛季，每个地级（含）以上城市，只允许1家中职篮俱乐部将该城市作为主场（注：杭州和东莞两个城市不超过现有队伍数量），并且每个省（区、市）最多不超过3支队伍。第二十四条规定：俱乐部选定主场所在城市原则上是俱乐部工商注册所在的城市。如果俱乐部选定主场所在城市与俱乐部工商注册不在同一城市，则主场选择必须优先满足以下两个条件：一是目前没有中职篮俱乐部设置主场的省会城市或副省级城市；二是在该省会城市或副省级城市设置主场必须连续两年（含）以上。

根据准入制文件规定结合当地实际，中职篮俱乐部主场选择主要依据城市规模、人均GDP和当地政府支持力度，以及篮球文化的底蕴和氛围等外部因素。中职篮发展过程中，主场城市始终未变的俱乐部只有北京首钢（主场北京）、上海久事（主场上海）、广东宏远（主场东莞）、吉林东北虎（主场长春）、新疆广汇（主场乌鲁木齐）和福建鲟浔兴（主场晋江）6家。主场城市的稳定，除了离不开俱乐部强大的资金支持，还离不开球迷的广泛关注和所在地政府的大力支持，使得俱乐部能够建立长期良好的品牌形象。其他13家俱乐部，除了加入不久的四川金强和江苏同曦，主场城市都发生过改变，原因可能是投资人的变更或者篮球市场发展的需要。主场迁移也分为跨省迁移和省内迁移两种。跨省迁移一般由于原投资主体的经营困难导致俱乐部无法正常运转，而所在省市又无其他合适的企业接手，只能被迫将俱乐部转让给外省经济实力雄厚的大企业。如2006年河南仁和俱乐部将球队主场搬迁至山西省太原市；2009年，陕西东盛俱乐部被佛山市南海能兴集团有限公司收购后，球队主场由西安市迁到佛山市；2015

年，进入中职篮仅一个赛季的重庆翱龙俱乐部被北京控股集团收购，随之主场城市从重庆市搬往北京市。省内迁移是指俱乐部的股权和注册省份未变，其主场城市的选择也不会超出本省范围。省内迁移的成因主要包括：一是原主场城市已限制俱乐部发展，俱乐部只得重新选择主场城市。如辽宁衡润俱乐部最初的主场是鞍山市，接着搬到沈阳市，随后由于成绩下滑、球迷减少，先后将主场迁移到辽阳市、营口市、铁岭市和本溪市，2018—2019赛季的季后赛，球队又将主场迁回沈阳市。此外，浙江稠州俱乐部的主场也先后经历了义乌市、杭州市、金华市等城市的变迁；2016年龙狮俱乐部从佛山市迁至广州市也是如此。二是扩展经营发展需要实行"双主场"。俱乐部在原主场城市不变的基础上，将若干场次主场比赛放到本省其他城市进行，以求开拓新的球市，这也符合中职篮俱乐部准入制的规定。山东高速俱乐部先后把济南市、烟台市和泰安市作为主场城市，另外有5个赛季设立了临时主场，其中临沂市有2个赛季、东营市有3个赛季作为其分赛场。三是主场城市的位置未能达到中国篮协要求。《2008—2009赛季中国男子篮球职业联赛俱乐部准入实施方案》明确规定，俱乐部主场体育馆距离最近的民航机场不得超过100千米。辽宁衡润和云南红河俱乐部没有达到这一要求，他们的主场城市就分别从营口市迁到沈阳市、蒙自市搬到弥勒市。四是一个城市出现两个俱乐部，需要协调主场安排。2015年，南钢集团与肯帝亚集团达成转让协议，江苏肯帝亚俱乐部正式接手江苏队，2017年，肯帝亚俱乐部重新确定了常州市和苏州市两地作为主场，放弃了镇江市和他们打了二十余年职业联赛的南京市。而另一家江苏俱乐部南京同曦的主场也在变化，同曦是南京市江宁区的本土企业，早在NBL时期，同曦队的主场就设立在南京江宁体育中心。不过，根据2012年NBL准入中职篮细则要求，每个城市不能拥有两支中职篮球队，于是，为了顺利升级，同曦只能忍痛"暂别"南京市，他们于2013年将主场迁往合肥市。在合肥市的两个赛季，同曦队成功进入中职篮。后来，经过各方面考量，同曦队将主场的主赛场设在了常州市。2014—2015赛季球队全部主场都在常州市，接下来两个赛季，主场是一半设在常州市一半设在南京市。2017—2018赛季，南京同曦队的主场重新回到南京市，顺利"回家"。而同样情况也出现在东莞市，2015以前，东莞市一直有两家俱乐部，分别是东莞新世纪烈豹俱乐部和广东宏远俱乐部。2015年，东莞新世纪俱乐部将主场从东莞市迁至深圳市，避免了与"老大哥"广东宏远队争夺球市，同时，深圳独特的地理位置和良好的经济基础也帮助了新世纪俱乐部更好发展。

整体来看，随着中职篮的发展，俱乐部主场城市变迁比较频繁，迁移方向日益向北京市、上海市、广州市等中心城市和青岛市、深圳市等特色城市转移。但在相对发达的欧美国家职业体育联赛中，迁徙主场其实不是一件小事，这会涉及方方面面的问题。而最重要的一点，就是当地球迷对球队的地域认同感。以英格兰足球联赛为例，许多有着百年历史的球队，几乎都一直扎根在自己所在的城市及社区中，而球迷和球队的关系是休戚与共的，他们对于球队的支持几乎是家族式的传承。所以，很难想象英格兰的足球俱乐部会把主场迁往另外的城市，毕竟这已经融入当地文化和当地人民的骨子里了。如果以NBA为例，倒也不乏"迁徙"的实例，俱乐部因为种种原因不得不做出主场搬迁的决定，如昔日的西雅图超音速队及温哥华灰熊队，但迁徙过后的俄克拉荷马雷霆队及孟菲斯灰熊队直到现在都保持着主场稳定。

三、中部地区建立中国男子篮球职业联赛俱乐部的可行性分析

从现有中职篮俱乐部的地理分布来看，无论是自然区域划分还是经济带划分，都呈现出不平衡的特点。篮球运动是一项普及率高、群众基础好的运动项目，而中职篮又是国内开展较好的职业体育赛事之一，中国篮协和CBA公司有理由允许更多符合资质的企业申请加入中职篮，而有着广大人口群体的中部地区应该成为中职篮扩军的优先选择。在中部地区，河南省作为人口大省和竞技体育发展较好的省份，建立中职篮俱乐部首当其冲。

（一）河南省成立中职篮俱乐部的必要性

1. 河南省对于中职篮俱乐部有着强烈的需求

（1）经济快速发展对职业体育的需求增加

GDP（国内生产总值）是衡量经济状况的最佳指标。2021年中部六省GDP总量达到250132.5亿元，占我国经济总量（101.6万亿）比重为24.6%[1]。其中，河南省为58887.41亿元，湖北省为50012.94亿元，湖南省为46063.09亿元，安徽省为42959.2亿元，江西省为29619.7亿元，山西省为22590.16亿元。可以看出，河南省经济总体实力稳居中部地区首位。除河南省外，全国GDP超过5万亿元的省份还有5个，分别是广东省、江苏省、山东省、浙江省和四

---

[1] 徐佩玉. 各地GDP"年报"新意足[N]. 人民日报海外版，2022-02-10.

川省。

按照现有中职篮俱乐部地区分布情况来看，GDP 排名前四的广东省、江苏省、山东省、浙江省每个省份均有两家俱乐部，排名第六的四川省也有一家俱乐部，而排名第五的河南省却没有俱乐部，确实与经济大省的身份不相称。当人民物质生活不断提升后，对于职业体育的需要也会不断增加，因此，富裕起来的河南人渴望建立高水平的职业化篮球俱乐部。

（2）人口大省需要建立中职篮俱乐部

根据 2021 年 5 月 11 日公布的第七次全国人口普查结果，河南省常住人口 9936 万人，排名全国第三。排名第一的广东省常住人口数量为 1.26 亿人，山东省 1.015 亿排名第二，排名第四、五的分别是江苏省和四川省，人口总数分别为 8474 万和 8367 万。结合前文分析可以看出，我国人口数量与 GDP 发展有一定的关联，人口排名前五的省份中有四个省份的 GDP 也排名前五。从全国前五位人口大省拥有的中职篮俱乐部来看，广东省、山东省、江苏省都有两家俱乐部，四川省有一家，唯独河南省没有，这也使人口大省的河南有些尴尬。中职篮作为国内"三大球"的顶级联赛，俱乐部所在地辐射人口基数对于自身发展意义重大。反过来，良好的人口基础又可能转化为未来篮球俱乐部的忠实球迷，对于俱乐部的发展也大有益处。因此，单单从人口数量与俱乐部配比上看，河南省急需建立一家本土中职篮俱乐部，释放人们对于篮球运动的热爱，同时也会极大增加中职篮的影响力。

（3）中原文化与篮球文化协调发展的需要

中原文化是黄河中下游地区的物质文化和精神文化的总称，是中华文化的母体和主干。中原文化以河南省为核心，以广大的黄河中下游地区为腹地，逐层向外辐射，影响延及海外。中原地区是中华文明的摇篮，中原文化是中华文化的重要源头和核心组成部分。中原地区在古代不仅是中国的政治经济中心，也是主流文化和主导文化的发源地。中国历史上先后有二十多个朝代定都于中原地区，中国八大古都的一半在中原地区，包括洛阳市、开封市、安阳市和郑州市。中原地区以特殊的地理环境、历史地位和人文精神，使中原文化在漫长的中国历史中长期居于正统主流地位，中原文化在一定程度上代表着中国传统文化。同时，中原文化之所以在中国文化的整体格局中占据重要地位，还在于它强大的辐射力。中职篮作为我国最高水平的篮球联赛，近几年也不断将中国文化融入联赛，如每年提出一个汉语主题词作为联赛的口号：2019—2020 赛季初提出的联赛口号是"敢梦敢当"，2020 年 6 月复赛后，联赛口号为"全力以复"，2020—2021 赛季口号为"不负所爱"；中职篮总冠军至尊鼎的制作："鼎"起源于原始社会，兴盛于商、周，有鼎盛之意，代表着不可战胜的气势，同时又具有悠久、深厚的中华情结；有关职业篮球裁判员改革的"獬豸计划"（此内容在第四章第三节已有论述）的命名等，这些举措均是有关中国传统文化与中职篮的有机结合。而中原文化与我国传统文化一脉相承，因此，在河南省设立中职篮俱乐部，既是中原文化对外发展的需要，也是提升中职篮文化内涵的重要方式。

2. 俱乐部版图扩展的需要

中职篮从 1995 年至今的 26 个赛季中，有 18 个省（区、市）的 39 个城市曾经或现在仍是中职篮俱乐部的主场城市。而这些城市主要集中在东部沿海地区。中职篮作为我国职业联赛的最高代表，有着广泛的影响力和号召力，因此，应该尽可能广泛地在我国不同区域进行覆盖。河南省作为经济大省、人口大省、文化大省，亟须建立一支本土俱乐部，满足人民群众日益增长的篮球热情，同时，中职篮的发展布局也需要河南贡献自己的力量，这对于提升中职篮的全国影响力也大有益处。

（二）河南省建立中职篮俱乐部的可行性

1. 充足的篮球人才

河南省作为人口大省，同时拥有众多篮球人才。回顾历史，身高 206 厘米的女篮中锋郑海霞，前中国女篮运动员，1967 年出生于河南省商丘市柘城县任庄村，1992 年代表中国女篮获第 25 届奥运会亚军，1984 年获第 23 届奥运会铜牌，1997 年登陆美国职业女篮联赛，加盟洛杉矶火花队。男篮队员方面，2003 年被 NBA 达拉斯小牛队选中的薛玉洋，就是来自河南焦作；代表中国队参加北京奥运会的王磊，也是来自河南焦作；老一辈的河南球员还有刘云峰、王占宇、温武、商磊等。

目前在中职篮俱乐部中也有很多来自河南省的球员。如周琦，国家队主力中锋，来自河南新乡，曾短暂加入了 NBA；李根也是前中国男篮队员，来自河南焦作，帮助北京金隅队和新疆喀什古城队拿到过中职篮总冠军；2018 年的中职篮状元姜宇星，目前在吉林队效力，来自河南郑州，姜宇星如今也是中职篮顶级的侧翼球员，2019—2020赛季场均可以得到14.1分、4.3个篮板、2.6次助攻，两分球投篮命中率高达65%，三分球投篮命中率为44%；浙江稠州银行队的朱旭航，来自河南洛阳，2019—2020赛季上场31.7分钟，场均可以得到14.7分、6.1个篮板，两分球投篮命中率为52%，三分球投篮命中率为38%。除了以上球员，现役球员还有冯欣（南京同曦）、王政博（新疆广汇）等，可以说，河南省本土不缺篮球人才，也不缺少培育篮球人才的土壤，相信一旦成立中职篮俱乐部，会有更多优秀的篮球人才涌现。另外，对于职业联赛的俱乐部而言，球员也不是只有本土培育一条道路，也可以通过转会和选秀等途径补充人才。

2. 良好的篮球群众基础

篮球运动在河南省的普及率很高，一个现象最能说明问题：河南省男子篮球联赛的举办。"赊店老酒·2019河南省男子篮球联赛"至今已经举办4届，这是由河南省体育局主办，河南省球类运动管理中心、河南省篮球协会承办，各地市体育局、篮协协办的省级联赛，全省18个地市均派球队参赛的省级男子篮球赛事。该比赛分为三个阶段进行。第一阶段：9月开始，在各省辖市篮球协会的统一组织领导下，开展篮球队选拔，代表地市参赛。第二阶段：10月中旬开始，各省辖市代表队参加分区赛。分区赛分为东、西、南、北四个大区（开封市、濮阳市、商丘市、周口市为东区；三门峡市、济源市、洛阳市、焦作市为西区；漯河市、平顶山市、南阳市、驻马店市、信阳市为南区；安阳市、鹤壁市、新乡市、郑州市、许昌市为北区）。每个大区采用单循环的赛制决出前两名，共八支球队进入第三阶段：主客场赛。第三阶段：10月中下旬开始，12月上旬结束。利用每个周末，由第二阶段四个大区决出前两名的球队进行主客场赛制直至决出总冠军。联赛每年从9月开始到12月上旬结束。由于比赛门票采取发放制，并不对外发售，因此，很多球迷通过网络观看了比赛。2018河南省男子篮球联赛总决赛第二场、第三场通过直播平台的直播和回放观看人数超百万。2019年该联赛引入了专业的数据统计系统，每一场比赛、每一个球员都有属于自己的数据统计。专业数据统计的引入，不仅进一步推动了河南省男子篮球联赛的专业性，也让参赛运动员拥有更强的责任感和荣誉感。河南省男子省篮球联赛的成功是比赛本身的吸引力、广泛的球迷支持、各地方体育局的重视、网络推广的便捷等综合因素的共同作用。

放眼全国，广东省男子篮球联赛在2015年率先开展。2016年，河南省举办了第一届省级男子篮球联赛，作为全国第二个举办省级男子篮球联赛的省份，河南省成为全国省级男子篮球联赛的先行者。经过4届赛事的沉淀和积累，河南省男子篮球联赛已经成为河南省水平最高、影响力最大，在全国具有一定知名度的省级篮球赛事，成为河南省的品牌赛事。河南省男子篮球联赛的成功举办，说明篮球运动在河南省各城市体育爱好者心中占据重要地位，这些篮球爱好者是河南省篮球联赛发展的根基，也是未来河南省建立中职篮俱乐部坚定的支持者。有了广大球迷作为坚强后盾，河南省建立中职篮俱乐部便是众望所归。

3. NBL俱乐部蓬勃发展

历史上新加入中职篮的俱乐部，属NBL俱乐部申请获批比例最高。因此，通过现有的NBL俱乐部进入中职篮也是可行的。历史上河南省有两支NBL俱乐部：一支是主场位于南阳方城体育馆的河南赊店老酒俱乐部；另一支是主场位于洛阳新安体育馆的洛阳金星篮球俱乐部。河南赊店老酒男子篮球俱乐部前身是2006年重组的河南省男子篮球队，2006—2012赛季名为河南济钢篮球俱乐部，2007赛季获NBL第4名。2012年河南赊店老酒男子篮球俱乐部成立，球队的管理运作由俱乐部独立负责，在合同期内河南男篮队员的签约权、使用权、管理权和收益权归属俱乐部，河南省球类中心全力做好训练保障工作，2019赛季河南赊店老酒在NBL中排第5名，2021赛季在NBL中排第8名。河南省另一支NBL俱乐部是洛阳金星篮球俱乐部，其是洛阳市第一家职业篮球俱乐部，也是河南省唯一由全民营资本投入运作的职业篮球俱乐部。2016赛季，洛阳金星篮球俱乐部首次参加NBL，便进入季后赛取得了第6名的成绩；2017赛季，球队再创佳绩更进一步闯入NBL四强；2019年2月，洛阳金星篮球俱乐部主场由新安县变更至海南省海口市，使得河南省实际上只有河南赊店老酒一支俱乐部了。

河南赊店老酒股份有限公司董事长单森林对于河南省男子篮球发展一直充满信心，他曾表示：虽然NBL球队一直在烧钱，但现在城市篮球的市场化运营，一定要考虑投入和产出。我就是要在河南，把篮球这个产业做起来[1]。赊店老酒股份有限公司同时也是河南省男子篮球联赛的赞助商，有了这样发展良好的NBL俱乐部，相信时机成熟，河南赊店老酒俱乐部将有望获批成为河南省未来第一个中职篮俱乐部。

---

[1]刘岩. 河南省男子篮球联赛现状调查研究［D］. 开封：河南大学，2018.

4. 体育发展的政府规划

虽然建立职业体育俱乐部是企业行为，但政府对职业体育的态度也非常重要，可以为俱乐部的发展提供良好的社会环境。河南省政府一直十分关注"三大球"的发展，《河南省人民政府关于加快发展体育产业促进体育消费的实施意见》（豫政〔2015〕44号）中指出，加快发展"三大球"（足球、篮球、排球）等普及性广、关注度高、市场空间大的集体项目。制定中长期发展规划，鼓励省辖市、县（市、区）政府创造条件发展"三大球"项目，完善"三大球"运动普及、人才培养、运动员选拔体系，广泛开展省、市、县三级联赛、校园联赛及各类群众性赛事，积极发展青少年"三大球"运动，培育国内一流的足球、篮球、排球强队和职业俱乐部。《河南省"十三五"体育规划》（豫体〔2016〕35号）第十七条指出：大力发展"三大球"运动，制定"三大球"发展规划，逐步推行政社、政企和管办分开的"三大球"发展模式。建立完善"三大球"职业俱乐部制度，鼓励多元资本投入和资本市场运作发展壮大"三大球"职业俱乐部，支持社会力量兴办"三大球"。引导地方政府结合实际建设"三大球"特色城市，打造具有较强竞争力的中原足球劲旅和一流的篮球、排球队伍。《河南省"十四五"体育发展规划》（豫体〔2021〕43号）中提出，制订实施河南"三大球"发展行动计划，提升"三大球"竞技水平，力争在奥运会、全运会和职业赛事中取得优异成绩。鼓励政府和社会力量联办共建"三大球"学校和专业队，提高"三大球"市场化、社会化水平。河南省体育局和河南省教育厅多次立项有关河南省篮球职业联赛及俱乐部发展对策的研究课题，可见，河南省政府和体育部门正积极营造建立职业篮球俱乐部的外部环境，一旦有适合的机会，必定全力支持河南省组建中职篮俱乐部。

（三）河南省成立中职篮俱乐部的困难与对策

虽然河南省成立中职篮俱乐部对于联赛版图扩张和河南省篮球运动的发展都大有益处，但要想成立中职篮俱乐部，目前还有一些困难要解决。

1. 资金困难，需要大型企业支持

如前所述，河南赊店老酒篮球俱乐部作为目前最有希望成为中职篮俱乐部的河南本土俱乐部，各方面已经做了充足准备，但资金问题仍是一大难题。据官方资料显示，河南赊店老酒股份有限公司是一家国家大型企业，全国500家大型饮料制造企业之一，在河南省是有一定影响力。但放眼全国的中职篮俱乐部，投资主体企业大部分是超大规模企业，如银行、房地产、钢铁制造、汽车材料、投资管理、高速公路管理等，企业总资产普遍在千亿元以上，正是有如此强大的资金支持，在俱乐部引进外援、国内优秀运动员转会等方面才能顺利开展，而目前的河南赊店老酒股份有限公司要想筹建中职篮俱乐部，资金方面是一个现实的困难。但出路也有，河南省不缺少大型企业，如2021年全国500强企业中河南占据了12家，分别是万洲国际有限公司、中国平煤神马能源化工集团有限责任公司、河南能源化工集团有限公司、洛阳栾川钼业集团股份有限公司、牧原实业集团有限公司、建业控股有限公司、河南豫光金铅集团有限责任公司、安阳钢铁集团有限责任公司、天瑞集团股份有限公司、郑州中瑞实业集团有限公司、万基控股集团有限公司、伊电控股集团有限公司。从这些企业的经营状况来看，出资赞助河南省中职篮俱乐部的发展应该不难。上述企业可以作为赞助方加入河南省中职篮俱乐部的筹建，一旦通过准入，既可以有效推广自身企业，还可以与其他企业合作作为球队冠名商以获取经济回报，这是一条双赢的道路，企业得到了宣传，俱乐部得到了资金支持。当然，这中间必定还有许多细节需要协调，但这是解决俱乐部资金困难的可行方案之一。

2. 竞技实力不够突出，需要进一步提升

从中职篮俱乐部进入历史情况来看，NBL排名靠前的俱乐部有可能获批加入中职篮俱乐部。而河南赊店老酒俱乐部作为目前最有可能加入中职篮的俱乐部，其竞技实力还不够突出。2014赛季，河南赊店老酒队征战NBL（A组），常规赛结束，球队8胜10负排名第6晋级季后赛，最终季后赛第1轮0∶2负于陕西信达队，结束了2014赛季的NBL之旅。2015赛季，河南赊店老酒队闯入NBL常规赛四强。2016赛季，河南赊店老酒队夺得NBL常规赛第3名的好成绩，并成功地杀入季后赛半决赛。2017赛季，河南赊店老酒队长期位居NBL常规赛榜首，并且最终获得了常规赛第2名的好成绩。2018赛季，在老队员离开、新球员加入的情况下，河南赊店老酒队以常规赛第7名的战绩再次闯进NBL季后赛。2019赛季，新生力量快速成长，担任球队的中坚力量，河南赊店老酒队以常规赛第5名的成绩成功进入NBL季后赛，最终获得联赛第5名。2020赛季和2021赛季，河南赊店老酒队均以常规赛第8名进入NBL季后赛，最终都获得联赛第8名。

虽然河南赊店老酒队是NBL的一支季后赛球队，但从绝对实力上看，还不能算是非常突出的球队。以2021赛季NBL最终排名为例，广西威壮队91∶83的比分击败陕西信达队，以2∶0的总比分成为该赛季NBL的总冠军。广西威壮队时隔七年队史第二次获得NBL总冠军，他们上一次夺冠还是在2014赛季，那也是广西威壮队首次组队参加NBL。过去两个赛季，广西威壮队都是常规赛冠军，但连续两年在总决赛中输给安徽文一队。最近8个赛季NBL呈三足鼎立之势，总冠军在3支球队之间流转。广西威壮队在2014赛季和2021赛季获得总冠军，陕西信达队在2015赛季、2017赛季和2018赛季三次夺冠，安徽文一队同样三次夺冠，分别是在2016赛季、2019赛季和2020赛季。这3支球队的投入常年排在NBL的前列，进入中职篮的意愿和热情都非常强烈。

上述3支球队的竞技实力都在河南赊店老酒队之上。可以说，提升河南赊店老酒队的竞技实力、争取在NBL排名靠前是目前河南省冲击中职篮俱乐部的重要任务。

3. 关注不足，需要政府制定专门文件

虽然河南省体育局和河南省政府正在大力推进体育产业和职业体育的进程，但从对"三大球"的重视程度来看，重点工作仍是足球。《河南省体育发展"十四五"规划》中有关"三大球"的规划指出，全面推动"三大球"项目发展，构建政府主导、部门协同、社会力量参与的"三大球"训练、竞赛和后备人才培养体系，探索在高等院校设置独立的足球、篮球、排球学院。支持有条件的地方争创全国足球发展重点城市。可以看出，政府对于"三大球"的发展策略首先是关注竞赛、训练、后备人才培养等传统内容；其次是推动高校设立相关学院；最后是支持足球城市的发展。可见，河南省政府对于"三大球"的职业化发展并没有提上日程，并且对篮球项目的发展预期要低于足球。河南省已经有了足球俱乐部——1994年成立的河南建业足球俱乐部，在国内也是一支老牌劲旅，同时也是河南省第一个也是唯一的职业足球俱乐部，足球项目受到重视理所应当。但需要注意的是，目前我国篮球俱乐部职业化发展的大环境要优于足球，中原群众对于组建中职篮俱乐部心有期待，而从前分析，河南省也具备获批中职篮俱乐部可行条件，因此，当前还有一项重要任务，就是需要政府出面制定专门的政策，积极调动资源，鼓励和扶持河南省尽快组建符合条件的中职篮俱乐部。

4. 主场位置选定不明确，需要综合考虑

组建中职篮俱乐部，选定主场是一件大事。既要符合中职篮俱乐部准入方案对俱乐部主场所在城市位置的要求,还要考虑城市综合影响力、球迷忠实程度等因素。目前,有条件作为河南省中职篮俱乐部主场的城市有南阳市、郑州市和济源市。南阳市作为河南赊店老酒俱乐部工商注册所在的城市,符合准入制中主场城市与俱乐部工商注册在同一城市的一般规定,但从城市影响力和配套设施来看,南阳市作为河南省中职篮俱乐部主场城市优势并不明显。郑州市作为河南省会城市,有着得天独厚的优势,交通便利,设施完善,经济发展良好,可以为俱乐部发展提供良好的物质保障,也符合准入制俱乐部选定主场所在城市与俱乐部工商注册不在同一城市,必须优先满足的两个条件,但河南赊店老酒俱乐部是否同意将主场从企业所在地南阳搬至郑州则是需要多方面协调的。除了南阳市和郑州市,济源市也可以考虑作为主场城市,济源市是久负盛名的篮球之乡,也是首批全国篮球城市,其中,夏季球迷夜市篮球联赛从1999年开始,已成功举办18届。2019年8月,济源市政府与河南建业集团签订建设篮球小镇项目战略合作协议,占地约5000亩(1亩≈666.67平方米),总投资约150亿元,该项目以篮球运动为引领,融合体育、旅游、商业、传统文化体验等多种功能。济源市强大的篮球影响力也将增加其作为河南省中职篮俱乐部主场所在城市的可能性。当然,上述城市作为河南省中职篮俱乐部主场所在城市的候选,还需要综合考虑协调多方面因素,才能最终确定。

综上所述,河南省建立中职篮俱乐部,既是河南省广大篮球爱好者的热切期望,也是河南省篮球职业联赛发展的未来目标,更是中职篮扩大影响力、提升文化内涵的重要方式。当然,愿望是美好的,但还需要政府部门、NBL俱乐部、社会企业等多方面共同努力,在CBA公司准入政策许可范围内,全力以赴,争取早日成立河南省自己的中职篮俱乐部。

第三节 中国男子篮球职业联赛俱乐部经营改革

按照中职篮准入制规定,俱乐部必须依照《中华人民共和国公司法》(以下简称《公司法》)在国家工商行政管理部门正式登记为××篮球俱乐部有限责任公司或××篮球俱乐部股份有限公司,并获得企业法人营业执照。俱乐部股份有限公司应依法建立股东大会、董事会、监事会;俱乐部有限责任公司应依法建立股东会、董事会、监事会,并依照《公司法》明确职责。股东较少的俱乐部有限责任公司可不设股东会,其职责由董事会实行。俱乐部总经理由董事会聘任,明确职责，履行职能，对董事会负责。俱乐部应形成股东大会或股东会、董事会民主决策，董事会、总经理规范执行，监事会有效监督的法人治理结构。我国目前参赛的19家中职篮俱乐部均按照规定建立了公司，但在公司运营方面，盈利能力却参差不齐。俱乐部每个赛季在球员工资、青少年培养、比赛花费方面投入大量资金，而回报却偏低，到底是哪些原因造成了这一局面，现存中职篮俱乐部已经盈利的又有哪些经验可以总结，本节将针对上述问题进行讨论分析。

一、俱乐部产权改革回顾与分析

（一）俱乐部产权性质分析

产权清晰和产权制度是我国现代企业制度的基本核心，在产权的界定工作中，主要遵循"谁投资，谁所有，谁受益"的原则[1]。产权清晰是俱乐部提高运行效率的基础条件，只有明晰产权关系才能做到真正的内在统一，才能使俱乐部各方利益的主体形成合力，推动俱乐部向前发展。

近年来，有关中职篮俱乐部产权不清、责任不明的讨论不断被提及，我国职业俱乐部在运行过程中出现的问题大都与产权不清和产权制度有关。从表5-3可以看出，目前中职篮俱乐部的产权性质分为五种，其中以民营企业组建的最多共有8家，另外，国有企业投资的有5家，体育局+民营企业有4家，个人独资的有2家。整体来看，俱乐部已从初期的政府主导模式，逐渐开启了减少对政府的依赖、探索独立运作的现代企业管理道路。

表5-3 2020—2021赛季中职篮俱乐部产权性质统计表

序号	俱乐部名称	产权性质
1	广东宏远华南虎俱乐部	民营企业
2	辽宁沈阳三生飞豹俱乐部	体育局+民营企业
3	江苏龙肯帝亚俱乐部	体育局+民营企业
4	山东西王者俱乐部	体育局+民营企业
5	浙江稠州金牛俱乐部	体育局+民营企业

---

[1] 刘静霞. NBA职业篮球俱乐部与CBA职业男篮俱乐部的产权关系比较研究 [J]. 南都学坛，2007（3）：111-112.

续表

序号	俱乐部名称	产权性质
6	北京首钢俱乐部	国有企业
7	上海久事大鲨鱼俱乐部	国有企业
8	吉林九台农商行东北虎俱乐部	个人独资
9	新疆广汇飞虎俱乐部	民营企业
10	福建鲟浔兴俱乐部	民营企业
11	山西国投猛龙俱乐部	国有企业
12	浙江广厦猛狮俱乐部	民营企业
13	天津荣钢先行者俱乐部	民营企业
14	青岛国信海天俱乐部	国有企业
15	广州龙狮俱乐部	民营企业
16	四川金强蓝鲸俱乐部	个人独资
17	南京同曦大圣俱乐部	民营企业
18	深圳新世纪领航者俱乐部	民营企业
19	北京控股俱乐部	国有企业

在8家民营企业俱乐部中，广东宏远华南虎俱乐部成立于1993年12月，由广东宏远集团公司创建，为全国第一家民营篮球俱乐部。该俱乐部二十余年来不断发展壮大，逐渐形成了较为完善的青少年训练和运动员选拔体系，使球队的实力得到不断的加强，截至2020—2021赛季结束，广东队共夺得了11次中职篮总冠军，培养出NBA球员易建联和多名国家队队员。新疆广汇飞虎俱乐部创建于1999年，球队所在地乌鲁木齐，是在新疆维吾尔自治区体育局大力支持下由新疆广汇实业投资（集团）有限责任公司组建的职业篮球俱乐部。新疆队成立至今的20年间，共夺得中职篮总冠军1次、亚军5次、季军1次，球员方面，先后培养出西热力江、可兰白克、阿不都沙拉木等国家队队员。浙江广厦猛狮俱乐部成立于2005年4月，先后获得过2005年NBL亚军和2006年NBL冠军，并于2006年通过了中职篮准入评估，正式成为其中一员。球队从2007—2008赛季开始基本都能进入季后赛（2019—2020赛季除外），是中职篮的一支劲旅。深圳新世纪领航者俱乐部前身为东莞新世纪烈豹俱乐部，2005年从NBL中脱颖而出，成功晋级中职篮。2015年10月，东莞新世纪俱乐部在深圳龙岗召开新闻发布会，

确定球队将由东莞迁往深圳，新赛季队名改为深圳新世纪马可波罗烈豹队，主场设在龙岗大运中心。2019—2020赛季，深圳队名正式更改为深圳领航者。天津荣钢先行者俱乐部成立于2006年，2007年球队夺得NBL冠军，但恰逢中职篮取消升降级制导致其未能进入。2008年，天津荣钢队获得NBL亚军，8月通过准入评估升入中职篮。2013—2014赛季历史性地闯入季后赛，并取得第6名的好成绩，但近几个赛季，天津荣钢队成绩并不理想，始终在后几位徘徊。福建浔兴俱乐部成立于1999年，俱乐部秉承团队、拼搏、信念、价值的球队理念。在2003年甲B联赛中，福建浔兴队提前一轮冲击甲A联赛成功，在两年时间里成功实现从乙级联赛到甲A级联赛的跳跃，引起了全国篮坛的关注。在中职篮中，2006—2010赛季福建队均进入季后赛，但首轮即遭淘汰，2014—2015赛季和2019—2020赛季进入季后赛第二轮。南京同曦大圣俱乐部于2007年9月在南京市正式成立，隶属于同曦集团有限公司。2008年开始征战NBL，四进总决赛，并两夺总冠军。2014年9月，南京同曦俱乐部顺利通过准入评估成功晋级中职篮。但南京同曦队成绩在中职篮排名靠后，进入中职篮的7个赛季中，南京同曦队最好的成绩是在2019—2020赛季以18胜28负排在联盟第14名。近几年，南京同曦队不断通过新秀队员补充实力重建球队。广州龙狮俱乐部成立于2010年9月，前身是陕西锂源动力体育俱乐部。2010—2011赛季，陕西队以4胜28负的战绩在中职篮中排名垫底。赛季结束后，传出了这支球队将离开陕西省的消息。最终，由佛山市兴普投资有限公司成功收购，并更名为佛山市龙狮篮球俱乐部。2016年，龙狮俱乐部将球队的主场从佛山市搬迁至广州天河体育中心。2017年9月1日，龙狮俱乐部成功挂牌新三板，成为第一家挂牌上市的中职篮俱乐部。龙狮俱乐部推行"媒体+场馆+俱乐部+娱乐"四位一体的市场化运营模式。近几年，龙狮俱乐部成绩并不理想。

在5家国有企业俱乐部中，北京首钢俱乐部历史最为悠久，成立于1996年，而北京队成立于20世纪50年代，1988年球队开始与北京首钢集团共建，正式更名为北京首钢篮球队。2014年9月，北京首钢俱乐部向媒体透露，不再与球队冠名赞助商金隅集团续约，在之后的中职篮赛场上，球队将以北京首钢队的名字继续征战。成绩上，2011—2012赛季北京队获得队史第一个中职篮总冠军，2013—2014赛季、2014—2015赛季又连续两年获得中职篮总冠军，也是中职篮职业化以来，继八一队、广东队之后第三支卫冕的球队。2015—2016赛季成绩有所下滑，近几个赛季，北京首钢队在人员引入方面不断投入，先后引入NBA球员林书豪和李慕豪、范子铭等国内球员，虽然都进入季后赛，但只有2019—2020赛季进入四强。上海久事大鲨鱼俱乐部前身是上海体育运动委员会下辖的上海市男子篮球队，成立于20世纪50年代初期，1996年1月上海东方电视台与上海体育职业学院合作成立了上海东方篮球俱乐部。经过多年发展，上海机场（集团）有限公司也成功入股，最终形成了上海机场（集团）有限公司、上海体育职业学院、上海文广新闻传媒集团（上海东方卫视）三家持股的局面。2007年9月，在三方股东的统一授权下，俱乐部与上海西洋集团签订长达5年的合作协议，西洋集团每年出资1500万元投入俱乐部运营以换取商务运营权。但西洋集团只有出钱投资的义务却没有获得任何股权，于是西洋集团致函三方股东表示在2008—2009赛季结束后将终止协议。2009年7月，上海泰戈鲨客投资管理有限公司成为球队出资方接手球队工作。2016年10月，上海队更换赞助商，球队名也更改为"上海哔哩哔哩篮球队"。2019年，在CBA公司股东大会上，对姚明将所持有的上海东方俱乐部全部股权转让给上海久事集团的事项进行表决，获全票通过，上海久事成为上海队的新东家。上海队的巅峰时期是姚明在的时期，1999—2000赛季及2000—2001赛季蝉联两届中职篮亚军，2001—2002赛季获中职篮冠军。北京控股俱乐部的历史要追溯到2009年成立的广州自由人职业篮球俱乐部，它由广东南海控股有限公司所投资成立，2009赛季球队刚升入NBL，就获得当季亚军。2012年9月6日，广州自由人队发布公告称，即日起暂停参加任何篮球联赛（包括全国男子篮球青年联赛），征战了三年四个赛季的广州自由人队要与大家暂告别。自由人队此前曾尝试转让球队，但是始终没有什么进展，最终做出解散决定[1]。广州自由人俱乐部解散后，2013年重庆体育局引入，更名为重庆翱龙篮球俱乐部，2013赛季、2014赛季连续获得NBL常规赛冠军。2014赛季，重庆三雄极光队获NBL总排名第3名升入中职篮。2015年夏天，北京控股完成了对重庆翱龙的收购，将球队搬迁至北京市，并更名为"北京控股篮球俱乐部"，近几年球队成绩都在第12名以后，2019—2020赛季北控队历史性地杀入中职篮季后赛八强。青岛国信海天篮球俱乐部前身是有着光荣历史的济南军区男子篮球队。2003年下半年，济军男篮撤编，青岛双星集团出巨资买断，队伍进行了重大调整，组成青岛双星篮球俱乐部。2008年，由于北京奥神篮球俱乐部没有按照相关规定和要求提交评审材料，失去参加2008—2009赛季中职篮资格，

---

[1]黄维.广州自由人解散因难进CBA.[N].广州日报，2012-09-06.

青岛队替补其位置成为第 18 支中职篮球队。2017 年,青岛国信集团与双星集团签署了股权转让协议,国信集团通过下属国信文体公司持有双星篮球俱乐部大部分股权,成立青岛国信双星篮球俱乐部有限公司。2020 年,该公司名更改为青岛国信海天篮球俱乐部有限公司。青岛队进入中职篮后成绩一直靠后,2012—2013 赛季,成绩平平的俱乐部引入了 NBA 球星特雷西·麦克格雷迪,引发球迷关注,但一个赛季后麦克格雷迪便返回美国。2014—2015 赛季,青岛双星队在拥有 3 名外援的情况下勇夺常规赛第 3 名,跻身季后赛四强。之后便没有进入季后赛。2019—2020 赛季和 2020—2021 赛季青岛队都进入季后赛第二轮。山西国投猛龙篮球俱乐部成立于 2018 年 9 月,但其历史可以追溯到河南男篮。2006 年,在山西省体育局、河南省体育局、中国篮协的共同努力下,对原河南仁和猛龙队、山西宇晋队进行了重组,组成了全新的山西中宇队。2013 年汾酒集团收购中宇篮球俱乐部全部股权,之后更名为山西汾酒职业篮球俱乐部。2018 年山西省国有资本投资运营有限公司(山西国投)收购了山西汾酒职业篮球俱乐部资产。球队成绩方面,2011—2012 赛季进入季后赛四强,2014—2015 赛季进入季后赛,2019—2020 赛季进入季后赛附加赛。

在 4 家体育局和民营企业共建的俱乐部中,江苏龙肯帝亚俱乐部成立于 1995 年,在中职篮创办的元年就加入了中职篮。20 世纪 60 年代,江苏省篮球队被集体下放到南钢集团,由此南钢集团的篮球队实际上就是江苏省篮球队的前身,这就决定了南钢篮球队的另一个管理方是江苏省篮球队的管理部门——南京体育学院。商业方面的经营运作权保留在南京钢铁集团手上,球队管理训练方面的权力又被保留在南京体育学院手中。虽然之后先后有同曦、大华等赞助商冠名球队,但是俱乐部最大的股东一直是南钢集团。2015 年,南钢集团与肯帝亚集团达成转让协议,江苏肯帝亚篮球俱乐部正式接手江苏队。从 2018—2019 赛季起的 5 个赛季,球队以"江苏苏州肯帝亚队"的名称征战。成绩方面,2004—2005 赛季,江苏队进入总决赛,最终以 2∶3 的总比分不敌广东队屈居亚军,这是江苏队唯一一次闯入总决赛,同时也是江苏队史的历史最好战绩;2018—2020 赛季俱乐部成绩并不理想,排名靠后。辽宁队 1995 年成立,并于同年加入中职篮,俱乐部成立初期名称为辽宁猎人。2011 年 10 月,辽宁衡业集团接手辽宁男篮。2013—2016 赛季,球队冠名赞助商更改,球队名称改为"辽宁药都本溪",2016—2017 赛季中又改为"辽宁本钢"。2019 年 10 月,俱乐部更名为辽宁沈阳三生飞豹篮球俱乐部。辽宁队是中职篮历史上的老牌劲旅,1996—2021 赛季,辽宁队8次获得联赛亚军，是获得总亚军最多的球队，并在2017—2018赛季获得冠军。山东西王王者篮球俱乐部成立于2014年，2002年山东黄金金斯顿公司与山东省体育局联合成立了山东黄金金斯顿男子篮球俱乐部，接管了山东队。2014年5月6日，山东省体育局召开新闻发布会，在会上，山东省体育局、山东高速集团及山东黄金集团分别签订了山东队合作框架及山东队产权转让协议。自此，山东队结束了与山东黄金集团的合作，正式被山东高速集团接手。2018年9月，山东高速集团宣布正式退出山东队，山东西王集团正式接手球队。山东队一直是中职篮劲旅，2017年至今，均进入到季后赛，并在2017—2018赛季、2020—2021赛季获得第4名。浙江稠州金牛俱乐部是由浙江稠州商业银行与浙江体育职业技术学院共同筹建的一家俱乐部，球队以浙江省男子篮球队为班底，成立于2009年9月。2020年浙江稠州金融租赁有限公司开始冠名浙江稠州队，2020—2021赛季浙江稠州队名称由"浙江稠州银行队"变更为"浙江稠州金租队"。球队成绩近几年比较稳定，涌现了吴前、王奕博等优秀球员，2018—2021赛季均进入季后赛，2019—2020赛季、2020—2021赛季止步八强。

个人独资的两家篮球俱乐部分别是吉林九台农商行东北虎俱乐部和四川金强蓝鲸俱乐部。吉林九台农商行东北虎俱乐部董事长是孙军，俱乐部1998年进入中职篮。近几年，球队成绩保持在中游水平。四川金强蓝鲸俱乐部的前身是四川省男子篮球队，2009年9月，球队被四川金强实业集团有限公司收购，并正式组建四川金强蓝鲸俱乐部，投资人是周仕强。2013年9月球队正式重返中职篮，并在2015—2016赛季CBA总决赛中，以总比分4∶1战胜辽宁药都本溪队夺得队史首座冠军奖杯。

(二) 俱乐部产权现状评析

1. 民营企业俱乐部改革建议：将篮球文化纳入企业文化以实现双赢

从目前来看，民营企业组建的中职篮俱乐部占据主流，19家俱乐部中有8家属于民营企业，他们为中职篮俱乐部的职业化改革做出了榜样，他们所经营企业的投资范围和企业实力如表5-4所示。从投资企业的性质来看，以房地产居多，占到5家，其余有钢铁、科技和服务业等。从企业实力来看，除了新疆广汇实业投资集团整体实力靠前，其余企业实力并非绝对突出，但企业对于篮球运动的投资却非常明确。广东宏远集团在官方网站的介绍中提及：在推进篮球事业的发展上一直不遗余力,为东莞打造"全国篮球城市"做出了应有的贡献。新疆广汇实业投资(集团)在文化建设中提及:大力支持文体事业发展,重点打造广汇男篮、广汇美术馆两大特色文化品牌。飞虎队不断弘扬广汇文化,传承广汇精神,在全体队员共同努力下,逐渐形成了"勇于拼搏、永不言败、勇争第一"的"飞虎精神"。广州龙狮俱乐部投资企业能兴集团多年以来一直秉持"以商业贸易为主导,以金融投资服务和房地产开发为两翼,将体育文化作为新的增长点"的创新驱动策略。南京同曦俱乐部投资企业同曦集团董事长在致辞中说:"从地产跨界到篮球,再到进军抗菌产业,同曦集团不断突破传统,以为百姓创造更加美好的生活为立足点,探索新的发展理念和发展战略。"可见,这些企业已经将篮球与自身企业发展、企业使命紧密联系起来,企业文化也包含了篮球文化,这既是对篮球比赛积极精神的认可,也是对企业员工奋勇向前的激励,实现了俱乐部和企业的良好互动,也为未来企业投资篮球俱乐部树立了榜样。另外,将投资篮球俱乐部与企业、城市发展相统一(广东宏远、南京同曦)的战略眼光也提升了篮球俱乐部和企业的责任感,并更容易获得主场球迷的认可,提升了球迷的重视度。但也有个别俱乐部在官方网站没有明确说明企业投资俱乐部的使命及发展战略,忽视了篮球俱乐部对于企业发展的推动作用,间接影响力了企业和俱乐部影响力的进一步提升。

表 5-4 中职篮现有民营企业俱乐部控股企业主体经营领域统计表

序号	俱乐部名称	控股企业经营范围	企业实力
1	广东宏远华南虎俱乐部	房地产开发、药业为龙头、体育产业等	广东省百强民营企业
2	新疆广汇飞虎俱乐部	能源开发、汽车服务、现代物流、置业服务	世界 500 强 444 位,中国民营企业 500 强 32 位
3	福建鲟浔兴俱乐部	拉链、服饰	广东省百强民营企业
4	浙江广厦猛狮俱乐部	建筑、房产、旅游、酒店、水电、教育等	中国企业 500 强 303 位,民营企业 500 强 90 位
5	天津荣钢先行者俱乐部	钢铁为主业,兼营物流贸易、资源开发等	中国民营企业 500 强 99 位
6	广州龙狮俱乐部	商业贸易,金融投资服务、房地产开发等	广东地产 20 强
7	南京同曦大圣俱乐部	地产、商业、文化艺术、体育、科技及高科技抗菌产品等	

续表

序号	俱乐部名称	控股企业经营范围	企业实力
8	深圳新世纪领航者俱乐部	房地产	中国房地产企业200强

注：俱乐部及股东信息均来自中国国家企业信用信息公示系统，部分资料来自各俱乐部官方网站、企业官网及媒体公开报道，数据来自企业公开发布的年度业绩快报和年度财报。

2. 国有企业俱乐部改革建议：提升俱乐部归属感

依托国有企业建立的中职篮俱乐部，虽然其产权模式并非理想，但从现存的5家俱乐部情况来看，也具有一定的合理性。其中，北京首钢俱乐部、北京控股俱乐部、上海久事俱乐部、山西国投猛龙俱乐部的控股企业都是国有大型企业，都在中国企业500强前列，雄厚的资金实力可以为俱乐部发展提供强大的保障，而青岛国信集团虽然实力稍逊，但也完全可以保障俱乐部的资金运转。正是在这种背景下，除了北京首钢俱乐部，其余4家俱乐部都是通过股权转让的方式最终成功建立了篮球俱乐部，这也从侧面解决了过去俱乐部运营过程中出现的资金困难。从俱乐部角度来看，虽然有了强大的国有企业支持会减轻资金压力，但也存在一些弊端，最主要的问题就是俱乐部的归属感不强。职业体育俱乐部从成立到成熟往往需要十几年甚至更长时间，而上述俱乐部只有北京首钢是自始至终一直陪伴这个篮球俱乐部成长的，其余4家俱乐部都未超过10年，投资主体的不断变化会给俱乐部发展带来一定影响，不同的企业文化和发展战略对职业体育俱乐部的认知也不一样，这些都会对俱乐部归属感产生影响。另外，强大的资金支持也使俱乐部在组建球队时会不惜重金引援，后备人才的培养相对落后，如对2020—2021赛季中职篮注册运动员培养单位（俱乐部）统计发现（表5-5），19家中职篮俱乐部中，5家国有企业投资的俱乐部输送球员数量和排名均靠后，尤其是青岛国信海天俱乐部和北京控股俱乐部，分别培养国内球员6人和4人，输送人数在所有俱乐部中排名倒数第2名和倒数第3名。5家国有企业投资的俱乐部球队有两个是从外省迁入（山西国投猛龙俱乐部、北京控股俱乐部），如何建立球队球迷的城市归属感也是需要考虑的问题。

表 5-5 2020—2021 赛季注册运动员培养单位（俱乐部）统计表

序号	俱乐部名称	输送人数（人）	输送人数排名
1	北京首钢俱乐部	13	11
2	上海久事大鲨鱼俱乐部	11	13
3	山西国投猛龙俱乐部	11	13（并列）
4	青岛国信海天俱乐部	6	17
5	北京控股俱乐部	4	18

基于上述分析，国有企业投资俱乐部作为目前我国俱乐部产权经营的一种方式，有其存在的合理性。但从长远来看，需要尽快制定相对稳定的俱乐部发展战略，如俱乐部定位、青年队伍训练、球迷培育等。另外，在企业发展过程中，尽量将篮球俱乐部与企业自身文化相结合，充分发挥篮球赛事独特的价值和深厚的群众基础，努力打造符合自身特色的国有企业俱乐部文化。

3. 体育局+企业模式俱乐部改革建议：克服双头领导弊端，努力创建协调发展特色模式

各俱乐部中，除了广东宏远等少数球队，绝大多数球队都和各省市体育局有合作协议，辽宁、江苏、浙江、山东四队所属的俱乐部更是有体育局或者体工队直接参与俱乐部管理。在这样双头管理中，就容易出问题。首先是球员人事权问题，由于体育局的介入，俱乐部自行培养的本土球员几乎不可能转会，这对于球员流动极为不利。近几年，转会市场上辽宁、江苏、浙江、山东 4 家体育局和企业共同经营的俱乐部人员流动数量偏低，伴随而来的还有工资待遇的相对下降，由于人事权基本掌握在体育局手中，因此球员工资也是能低则低。2021 年 9 月 3 日，山东男篮全体运动员向 CBA 公司发求助信的消息在网络上曝光。根据公开信的相关信息，山东队多名运动员被欠薪已达一年之久。最终在中国篮协主持下，运动员及教练员代表、西王集团、山东俱乐部三方达成和解。体育局与企业联合的第二个弊端就是企业积极性不高，这种模式下企业是出资方，但往往得不到相应的话语权，很容易打击企业的投资积极性从而退出合作。山东队从山东永安（1998 年）到金斯顿（2001 年），再到山东黄金（2006 年）和山东高速（2014 年），都是国企背景，后面的山东西王集团（2018 年）是首家接管山东队的民营企业，但经营三年后也要退出，投资企业的频繁变更背后与体育局的交叉

管理也有一定关系。

但从运动成绩看，体育局和企业合作管理俱乐部的模式又有一定的益处，由于运动员流动受限，因此可以专心效力俱乐部，这样对于球队成绩又有推动作用。如辽宁队的郭艾伦、韩德君，浙江稠州队的张大宇等人都是在同一俱乐部打球超过10年的本土球员，易立自2002—2003赛季进入中职篮赛场，连续18个赛季均效力于苏州肯帝亚队，对于俱乐部发展做出巨大贡献。另外，辽宁、江苏、浙江、山东4队是中职篮1995年建立初期便加入的，经历26年的洗礼仍保持强劲实力，说明其存在模式有一定的合理性。整体来看，体育局+企业模式的俱乐部对于俱乐部的发展利弊均有。未来发展中，辽宁沈阳三生飞豹俱乐部、浙江稠州金牛俱乐部、江苏龙肯帝亚俱乐部、山东西王王者俱乐部4家篮球俱乐部需要在本省体育局的支持下加强职业化管理，体育局也要增加政策扶持，减少行政干预，通过规范化、市场化、职业化运作，努力创建协调发展特色模式，打造具有竞争力的篮球俱乐部。

4. 个人投资模式俱乐部改革建议：提高决策准确性，保证俱乐部平稳发展

吉林九台农商行东北虎俱乐部和四川金强蓝鲸俱乐部的投资人都是体育专业人士，其中吉林九台农商行东北虎俱乐部的董事长孙军在球员时代一直效力于吉林男篮，曾多次入选国家队并获得亚洲冠军。但在运营俱乐部时，却遭遇经济危机。但资金困难并没有阻碍球队前进，多年来吉林男篮形成了一种精神就是坚韧团结。四川篮球"掌门人"周仕强对于篮球同样执着，从2009年到2013年，包括修建金强篮球训练基地在内，周仕强一共投入数亿元资金，周仕强对于四川男篮的执着可见一斑。作为国内少有的个人投资中职篮俱乐部代表，孙军和周仕强开辟了一种新的俱乐部运作模式，即一人享有最高决策权。其优点是效率高、处理事务快捷、节约人员成本，但是权力集中、易武断，出现单人决策失误的可能性较大，一旦出现失误，将会影响俱乐部的发展。因此，在俱乐部面对重大决策时，如何在保证投资人话语权的同时，引入客观、全面的辅助评价制度，避免个人主观倾向，提高投资人决策的科学性、准确性，保证俱乐部的平稳发展，是个人投资模式俱乐部未来发展需要考虑的重要问题。

二、俱乐部盈利能力分析

企业的盈利模式就是企业获取利润的途径和方式，是指企业将内外部资源要

素巧妙而有机地整合，俱乐部的盈利能力是衡量俱乐部发展状况的重要标志。中职篮俱乐部单赛季资金总投入一般包括运动员、教练员和其他人员的工资资金支出，以及球馆租金、安保、客场差旅费、二三线梯队建设等支出的总和。而俱乐部经营收入主要有冠名赞助费、门票收入和纪念品销售收入、电视转播收入、CBA公司分成、政府补贴等。盈利金额即俱乐部在一个赛季内总收入减去总支出的盈余。

（一）俱乐部投入情况分析

1. 运动员工资

运动员工资是俱乐部支出的第一大项，毕竟好的运动员才能打出高水平比赛，获胜的概率也更高，给俱乐部带来的其他收益也越大。运动员工资中，第一档是外援工资，由于俱乐部大多不会公开外援的年薪，因此每个外援的工资不能一一描述。近年来，外援身价不断提升，以在中职篮打球9年的美国外援莱斯特·哈德森为例，2011年1月，哈德森加入广东东莞银行队开启了自己的中职篮生涯，赛季结束后他转投青岛双星队。2013—2014赛季，从NBA再次返回中职篮的哈德森加盟了新疆广汇能源队，之后2014—2015赛季又加入辽宁药都本溪队，当时年薪140万美元左右。之后哈德森逐渐成为核心球员，年薪随之提升，在2017—2018赛季中，因为哈德森带队夺冠，薪水涨幅接近20%，2018—2019赛季哈德森年薪差不多已经达到了300万美元。2019—2020赛季，哈德森在中职篮的总得分超越朱芳雨，排第2名。他也在中职篮获得很多荣誉：2010—2011赛季总冠军，2012—2013赛季常规赛抢断王，2014—2015赛季常规赛抢断王，2013—2014赛季常规赛MVP（最有价值球员），2014—2015赛季常规赛MVP，2017—2018赛季总冠军，2017—2018赛季总决赛MVP，这样来看，哈德森的工资应当是与能力匹配的。另外2019年，辽宁本钢队用400万美元的高薪签下了兰斯·史蒂芬森，2019—2020赛季，北京首钢队给林书豪的年薪高达税后300万美元，都是近几年的外援较高年薪。外援工资也有较低的，2019—2020赛季中职篮得分榜第2名的吉林九台农商银行队外援琼斯年薪只有80万美元。运动员工资的第二档是国内球星工资。第三档是国手、主力这个层次的运动员工资，薪水差别比较大，主要看俱乐部的经济实力。第四档是普通轮换运动员工资，中职篮中产阶级的年薪大概在30万~100万元，这是运动员年薪最密集的区间。第五档是体制内运动员工资，由于是俱乐部自己培养的运动员，因此工资会更低。

由于各个俱乐部对运动员签订的合同是保密的，因此具体金额不得而知，但目前每个俱乐部都会花重金签约外援，再加上国内优秀运动员的薪水也不断增加，运动员工资的支出已经成为许多俱乐部花费最多的一项。据了解，有些俱乐部运动员薪资已经超过总支出的70%，而国外赢利的俱乐部多数在55%左右，高额的运动员工资使多数俱乐部在财政上不堪重负。正是基于这种考虑，CBA公司在2018—2019赛季推出了《国内球员聘用合同》（测试版）及《外籍球员聘用合同》（测试版），对未来俱乐部运动员工资等进行了详细规定（此部分在第二章有论述，此处不再展开）。

2. 场馆租赁费用

目前，俱乐部在场馆使用方面情况不一，但俱乐部出资建设主场体育馆的较少，大多是选择租赁场地。首先是按照目前土地价值，建设一个符合准入制的篮球场馆代价太高。其次是球馆的周边开发不完善，场馆周边产品售卖、广告等所带来的效益并不明显。最后是目前大多数的球队靠冠名商支持，随着赞助商的变更，球队很有可能会迁移到另一座城市，所以修建体育馆风险也较大。而目前许多城市为了把中职篮球队留下，基本上都会提供当地最好的体育馆。2019年5月，广州龙狮篮球俱乐部正式开始运营天河体育馆，成为目前中职篮唯一直接运营主场体育馆的俱乐部。而NBA俱乐部大都拥有主场场馆的产权，这一点给了俱乐部充分的条件利用场馆以提高俱乐部的品牌影响力。

3. 其他支出

除了上述两项支出，球队往返比赛的交通、住宿费用，俱乐部内部设置的行政部门人员的工资，教练员工资，球员赢球奖金，青少年队伍的训练支出等，由于各个俱乐部都不一致，因此不再一一叙述。

(二) 俱乐部收入情况分析

1. 门票收入

各俱乐部由于主场所在城市不同（一线城市与二、三线城市）、球队排名不同、比赛级别不同（常规赛与季后赛、总决赛）、赛场内座位不同，票价也有所不同。整体门票价位在几十元到上千元不等。

常规赛中，2018—2019赛季广州队门票为40~800元，四川队主场单场门票为 90~480 元、全赛程套票为 2099~12999 元。近年来，由于常规赛场次不断增加，俱乐部在门票定价上也推出相应策略，如 2019—2020 赛季辽宁队主场票价分 7 个档次，不同档次票价不同，另外还根据对阵的对手分成 A、B、C 三类场次。A 类场次（7 场）对手分别是：广东队、新疆队、浙江广厦队（2 场）、北京队、深圳队、山东队；B 类场次（10 场）队分别是：北控队、上海队、天津队、吉林队、山西队（2 场）、四川队、浙江稠州队、青岛队、江苏队；C 类场次（6 场）对手分别是：南京同曦队（2 场）、八一南昌队、浙江稠州队、广州队、福建队。7 个档次的门票价格，根据 A、B、C 三类场次分别为贵宾票 880 元、680 元、580 元；特等 VIP 票 680 元、580 元、480 元；VIP 票 580 元、450 元、380 元；特甲票 480 元、300 元、280 元；甲票 380 元、220 元、150 元；乙票 280 元、150 元、100 元；丙票 180 元、80 元、50 元。可见，辽宁队在门票上已经下足了功夫，通过比赛对手、赛场位置等因素设置门票价位，实现最佳收益。当然，也有相对低价的门票，如 2017—2018 赛季总决赛，浙江广厦队对阵辽宁队，浙江广厦队将总决赛门票共分为三档：380 元、280 元和 180 元，价格相对亲民。浙江广厦队总经理刘全胜解释说："总决赛门票不涨价目的就是让球迷前来给球队加油的，球迷们关注我们，这是对他们的回馈。"

与联赛门票相对应的还有上座率，一般来讲，上座率与球队比赛的精彩程度和广大球迷的支持程度呈正相关。通常来讲，越是成绩好的球队，队内有大牌球星的队伍，其主场的上座率越高，反之越低。作为主场观众，自己的心理是希望所支持的球队获胜的，经常性输球会导致广大观众对主队的情感受到极大的伤害，一部分球迷必然会失去兴趣，降低了重复消费的行为。2016—2017 赛季，观众场均人数为 5020 万人，场均上座率 81%，赛季排名前三的新疆队、广东队和辽宁队，门票收入分别为 3180 万元、4729 万元和 3047 万元。其中，新疆队是三个俱乐部平均上座率最高的球队，乌鲁木齐的红山体育场曾经创造过 24 场连胜，虽然上座率高，可是红山体育馆却只能容纳 4500 人。在这三个俱乐部中，虽然广东队的上座率较低，但其主场球馆是可以容纳 16000 人，实际场均观众人数达到 12640 人，是整个联赛为数不多的场均观众达到一万人以上的球队。辽宁队的场均上座率达到了 86%，场均观众有 5590 人[1]。也有门票收入较低的俱乐

---

[1] 王天丰. 2016—2017 赛季 CBA 联赛前三强俱乐部运行现状与发展对策研究 [D]. 温州：温州大学，2019.

部，如吉林、天津等。球队如未能进入季后赛，俱乐部的门票收入也会相应减少，约占总收入的10%。欧美成熟的职业体育俱乐部的盈利项目中，门票收入是其最重要的来源，通常占总收入的45%~50%。NBA俱乐部的运营理念是以"球迷消费为核心"，其比赛的门票收入可达到俱乐部总收入的50%左右[1]。

2. 冠名赞助商

球队赞助费是俱乐部获得资金的另一个重要渠道，在中职篮现有的市场环境下，冠名赞助已成为球队主要的收入来源之一。目前，中职篮有19支球队，除天津、青岛队外，其余17支球队均变更过队名，而队名的更换也就意味着球队赞助商的更换。据不完全统计，球队冠名收入占到总收入的25%~40%。俱乐部的赞助费用也是不断增加的，2000年前后每队冠名费约在50万~100万元，2004—2005赛季辽宁队获500万元冠名赞助费，到了2011—2012赛季，冠名费再次提升，如辽宁队1500万元名列第一，广东队是1200万元名列第二。2016—2017赛季，"哔哩哔哩"冠名赞助上海队，单赛季的金额约为1500万元，1000万~2000万元也是目前CBA球队单赛季冠名费的价位区间。2018—2019赛季有6支球队更换冠名赞助商，山东高速男篮更名为山东西王男篮，广州龙狮男篮名称由广州证券变更为时代中国，四川男篮冠名商由品胜变更为五粮金樽，福建男篮名称由浔兴SBS变更为晋江文旅，八一男篮与富邦集团的共建合作到期，改名为八一南昌队，另外新疆男篮冠名赞助商由喀什古城变更为广汇汽车。

3. 联赛经费收入

（1）中职篮商业运营回顾

自中职篮成立以来，中国篮协先后将联赛的商务运营权外包给国际管理集团IMG公司（1995—2001年）、北京中篮市场开发中心（2001—2005年）和瑞士盈方中国（2005—2017年）等专业招商公司。IMG公司是全球最大的体育娱乐营销管理公司，其在帮助足球甲A联赛的建立和推广方面成绩斐然，最重要的是，IMG公司中国区负责人理查德-埃弗里十分看好中国男子篮球未来发展，至于收益，他们更希望通过联赛的长期发展来逐步获取。最终双方签约6个赛季（1995—2001年）的商务开发合同。IMG公司不仅平均每年支付百万美金作为联赛运营费用，还请来了NBA的专家来给中国球队的管理者培训。在当时中职篮

---

[1] 王恒同. NBA职业联盟发展运行及成功经验研究［J］. 广州体育学院学报，2021，41（2）：22-25.

刚成立的情况下，为了最大程度获取赞助费用，IMG公司建议使用联赛冠名商制度，冠名商的出资额度当时基本都是2000万元起步。第一年为中职篮冠名的是"555香烟"，后来有希尔顿等。

在中职篮2000—2001赛季结束后，IMG公司与中国篮协的商务推广合同也宣告到期。在优先续约期内，IMG公司的续约报价却只有每年200万美元的现金和50%的纯利润分成，比前一份合同平均每年360万美元还要低。主要原因有：一是IMG公司的重要客户"555香烟"受限于相关政策被取消冠名权，另一个客户希尔顿则在开拓中国市场不利后决定退出，IMG公司担心短期内无法为中职篮找到新的冠名商；二是IMG公司之前每年360万美元是为了培育市场，下个阶段需要看到收益，所以未来付出要精打细算；三是由于1999年发生"反耐克运动"，最终篮管中心把球衣、球鞋等供应类产品签约权下放给各俱乐部，这让IMG公司手中一度只有联赛冠名权和场地广告等推广权。最终，IMG公司丧失优先续约权。篮管中心随后在2001年7月就2001—2004赛季甲A联赛的商务运营权进行公开招标，最终羊城报业开出3500万元+10%的纯利润分成中标[1]。但3个月后，羊城报业却出人意料地宣布放弃中职篮独家商务推广权，原因是经过多方面实地论证，羊城报业认为目前中职篮商业推广很难盈利，因此选择主动弃标，而篮管中心当初与羊城报业签下的居然只是协议文件而不是具有法律效应的正式合同[2]。最后，赛季开赛前篮管中心除了把一部分供应类产品招商权下放给各个俱乐部，冠名商、场地广告等主要推广权均交给了中国篮协下属单位——中篮市场开发中心（中篮公司的前身）。中篮市场开发中心成立于1998年，是篮协直属的具有企业性质的商业机构，主要负责开发篮协的各种商标授权和赛事资源，但因为中职篮和中国男篮这两项最具商务开发价值的核心资源均交给外包公司负责，所以他们虽汇集了本土营销人才，但一直也未能经历实战考验。最终，中篮市场开发中心还是通过不懈努力，在赛前签下3000万元赞助费的合同，使得2001—2002赛季的甲A联赛顺利开展。但在2002—2003赛季和2003—2004赛季，中篮市场开发中心没能实现扭亏为盈。

2004—2005赛季，时任篮管中心主任的李元伟推出"北极星计划"，对中职篮进行重大改革，决定取消联赛冠名商，转而参照奥运TOP计划将赞助商划分

---

[1]竞技体育:有质量才有市场[J].瞭望新闻周刊,2001(35):18-20.
[2]三丰.CBA与羊城报业离合纪实[J].篮球,2001(22):24.

为重要合作伙伴、市场合作伙伴、鞋类和服装类合作伙伴、指定赞助商四个等级。2004年10月，安踏与中职篮签下3年共计6000万元的合同。作为回报，中职篮也将安踏升级为"CBA唯一指定运动装备"赞助商，此时，篮管中心已经决定不再把联赛的运营权交给中篮公司。

2005年5月，篮管中心宣布与瑞士盈方的子公司盈方中国合作，双方就中职篮商务推广权签下7+5的超级长约，盈方中国前7年平均每年要上缴650万美金[1]。根据合同内容，中国篮协和瑞士盈方共同出资成立合资公司——中篮盈方，其中中国篮协的中职篮委员会拥有中职篮的所有权和控制权，获得51%的控股地位，盈方公司成为中职篮和中国国家篮球队的全球独家市场合作伙伴，获得了除俱乐部冠名费和门票收入外的联赛及各俱乐部的所有商业开发权益。中篮盈方所有收入的85%归中国篮协和各俱乐部支配，而剩下的15%则属瑞士盈方所有。盈方中国在2005年签约后连年亏损，但经过多年的磨砺，逐渐在2010年前后实现扭亏为盈，2012年更是以平均每年3.36亿元的价格击败多路竞标对手，成功和中国篮协完成7+5合同中的后5年续约。此后，盈方中国顶住压力为中职篮签下优质赞助商，其中尤以与李宁签下的5年20亿元的天价合同最为轰动（2012—2017年）[2]。2017年，中国篮协与盈方中国合同到期，双方未能达成续约协议。

2016年10月，CBA公司成立，标志着中职篮迈出了管办分离的第一步，之后，CBA公司获得中国篮协授权成为中职篮商务运营权的主要支配者。2017年，CBA公司建立了五级招商赞助体系，除了最高的官方主赞助商、官方战略合作伙伴，从高到低依次为官方合作伙伴、官方赞助商、官方供应商，总计赞助商共17家。具体为官方主赞助商：中国人寿；官方战略合作伙伴：李宁；官方合作伙伴5家：携程旅行、一汽大众、美孚速霸、TCL、广发银行；官方赞助商3家：德邦、崂山啤酒、UPS；官方供应商7家：达咖文化、金陵体育、今麦郎凉白开、全体育传媒、泰格豪雅、万好绿色照明、迈克达威。2018年，中职篮官方赞助商增加了卡特彼勒、水性科天2家企业。版权方面，咪咕、优酷、腾讯共享中职篮新媒体版权，CCTV5等19家电视台及CCTV5+客户端将继续转播中职篮。

---

[1] 吴明怀.中国职业篮球联赛（CBA）市场营销策略研究[D].北京：北京建筑大学，2018.
[2] 李海，姚芹.体育赛事管理[M].重庆：重庆大学出版社，2018.

（2）联赛经费收入

可以看出，从初期的全部外包给其他公司运营到如今自己开发的五级赞助体系，中职篮的商业运作之路并不容易，可以说，在2012年以前，俱乐部能拿到的联赛经费屈指可数。但所幸的是，随着中职篮影响力的不断提升，国内企业开始关注和赞助联赛，从2012年李宁5年20亿元的赞助费开始，之后各俱乐部开始有了联赛经费，盈方中国在这5个赛季中平均每赛季向中国篮协支付约3.36亿元。在扣除应向国家缴纳的流转税，以及中国篮协留取的女篮发展专项基金、俱乐部青少年篮球发展专项基金和中职篮风险储备金外，中职篮每年的收入还剩下2.7亿元，其中2亿元按照每家俱乐部1000万元分配给了20家俱乐部作为比赛经费补贴。此外，再扣除各项赛事运行所必需的费用，剩余4000万元，由20家俱乐部平均分配，每家俱乐部约200万元。也就是说，每家俱乐部每个赛季可以从中国篮协分到1200万元。

2016年CBA公司成立，全面提升联赛的商业运作模式，中职篮的20家俱乐部共同担任公司的股东，每家俱乐部平均占股5%，也在联赛运营经费的分配上更加透明。随着中职篮价值不断被认可，超大规模的企业加入赞助商行列，随之而来的就是各家俱乐部获得的联赛经费增加。虽然很多俱乐部没有对外公布，但从2017年在新三板上市的龙狮篮球俱乐部年报中可以看出，2017年联赛经费收入约为1200万元，2018年联赛经费收入约为2100万元。另一家上市俱乐部南京同曦2019年年报显示，报告期内联赛经费收入3315万元，同比增加了1367万元，也就是说2018年联赛经费收入约为1948万元，与广州龙狮俱乐部基本持平。2021年龙狮篮球俱乐部年报公布了2020年年报，年报中显示，俱乐部从CBA公司获得的经费为2639万元，在新冠肺炎疫情影响下，能有这样的收益实属不易。上述两家俱乐部的数据表明，在联赛经费方面，俱乐部已经得到了实实在在的补贴。

三、俱乐部盈利模式评述

（一）独特的冠军盈利模式

冠军盈利模式特指俱乐部通过获得总冠军而盈利的模式，虽不能广泛推广，但在中职篮却真实存在。2009—2010赛季，广东宏远队夺冠后获得近2000万元奖金，其中广东省体育局60万元、东莞市委和市政府800万元、东莞南城街道

500 万元、东莞银行 400 万元、长安镇政府 30 万元、广东世纪城集团 200 万元，总计 1990 万元[1]。这一数字随着社会经济发展也在不断升高，2017 年新疆队成为中职篮冠军球队，球队老板拿出 3000 万元奖励球员和工作人员[2]。除了高额的冠军奖励，总决赛的门票销售也是重要的盈利点，近几年，总决赛门票都在几百元到几千元不等，一场比赛门票收入也有几百万元。因此，通过总冠军奖励而实现俱乐部盈利的个案还是存在的。

(二) 上市俱乐部逐渐迈入盈利正轨

中职篮球队的真实经营状况一般不会公开，但由于广州龙狮俱乐部和南京同曦大圣俱乐部均为上市企业，所以需要公布年报，两支球队的经营状况也随之公开。从公布的年报来看，近几年他们开始盈利。2017 年，广州龙狮俱乐部在新三板上市，挂牌新三板之前，其处于亏损状态，2015 年、2016 年净利润分别为 -2618.30 万元、-2484.18 万元，但其在 2017 年、2018 年净利润分别为 348.07 万元、813.62 万元。另一家俱乐部南京同曦大圣 2017 年也在新三板上市，2019 年营业收入约为 5790 万元，较 2018 年同期增长 16.97%，净利润为 1397 万元，而在 2017 年南京同曦大圣俱乐部的净利润为 508.74 万元。新三板最直接的融资功能也开始逐渐显现，两支球队也有望获得更多社会资本助推，从而完成更多体育产业布局，帮助球队更加健康的运转。如 2007 年 11 月 14 日，广州龙狮俱乐部发布了 2017 年第一次股票发行方案：向广州尚东资产管理有限公司发行股票 500 万股，募集资金 1.25 亿元，全部用于购买集球队训练及俱乐部办公经营于一体的多功能综合场馆。当然，通过上市盈利的模式不一定适合所有俱乐部。但有一点是肯定的，两家上市俱乐部经营状况不断向好，而且他们的成绩在中职篮俱乐部并不是强队 (2019—2020 赛季常规赛南京同曦宙光队排名第 14、时代中国广州队排名第 18)，这些俱乐部能够通过上市的层层监管，不断提高改进自身的经营业绩，给中职篮其他俱乐部，特别是竞技实力稍差的俱乐部提供了模板。

(三) 俱乐部篮球名片的广告效应

目前还有一大部分俱乐部并不以盈利为目的，而是以推动篮球运动发展、促

---

[1] 周方平. 广东宏远举行庆功晚宴 俱乐部获奖金至少 2000 万 [N]. 羊城晚报，2010-04-29.
[2] 王天丰. 2016—2017 赛季 CBA 联赛前三强俱乐部运行现状与发展对策研究 [D]. 温州：温州大学，2019.

进城市建设、树立企业名片为主要动力,这部分俱乐部多是超大型企业投资的俱乐部,企业投资篮球的目的就是企业老板个人对篮球的热爱和对城市建设、篮球事业的支持,其中比较有代表性的俱乐部是新疆广汇,2000—2009 年广汇集团累计投入资金超过 2.4 亿元,使新疆队由最初的一支乙级队历经十年磨砺得以"剑出天山",并在 2016—2017 赛季夺得中职篮总冠军。广汇集团董事局主席孙广信先生寄语广汇飞虎男篮:"历经十年征途,已不仅仅是一支球队,也不仅仅是广汇资助的球队,从某种意义上看,它已经是全国人民认识广汇的一张名片、认识新疆的一个符号,我们只能做好它。"

在中国男子篮球职业化改革的道路上,中职篮俱乐部的盈利模式不能一概而论,面对目前俱乐部经营困难的困境也不可能立刻解决。但可以肯定的是,提高球队竞技实力、增加比赛互动、丰富现场观众观赛感觉、增加观赛动机,进而增加门票收入是一项必然措施。增强球队实力也会带来良好的赞助合同,这一项在俱乐部的比重也越来越大。另外,随着 CBA 公司在商业推广模式上的不断完善,作为股东之一的各家俱乐部在联赛经费上的受益也一定会越来越多。除了增加收入,合理控制球员工资、降低俱乐部的支出也是俱乐部盈利需要考虑的。2020—2021 赛季 CBA 公司设置的工资帽制度,是对目前俱乐部开支较大的球员工资进行的有效制约,未来改革中一定要完善执行。总之,现阶段中职篮俱乐部的盈利情况虽不算乐观,但联赛管办分离的改革红利已初步显现,相信不远的将来俱乐部一定会发掘到职业化运营和资本推动蕴含的强大力量,从而推动俱乐部不断向好发展。

第四节　中国男子篮球职业联赛俱乐部文化建设改革

文化是人类在历史发展过程中所创造的物质财富和精神财富的总和。篮球文化可以概括为人们在从事篮球运动过程中所创造的、涉及的各种物质的、制度的、精神的,以及各种有形的、无形的包括参与者价值观念、思维方式、审美情趣等所有形式的总和[1]。近年来,随着中职篮水平的不断提高,文化建设也越来越受到 CBA 公司和俱乐部管理者的重视和共识,提升俱乐部篮球文化内涵、加快篮球文化发展,既是推广俱乐部品牌发展的需要,也是体育强国和文化强国

---

[1] 赵珊珊. 篮球文化的结构与特征研究 [J]. 运动,2018(20):139-141.

建设的有力体现。本节将从中职篮俱乐部物质文化、制度文化和精神文化三个方面的改革展开分析。

一、俱乐部物质文化建设

物质层面是文化的最外层面，是文化的表现层面和基础层面。篮球物质文化是篮球竞赛得以进行所必须依赖的最基本的物质条件，如篮球场馆、内外部环境设施，以及球队名称、标志物等具有文化象征意义的物品。

（一）俱乐部物质文化条件分析

1. 比赛场馆分析

（1）场馆容量及位置

对2019—2020赛季中职篮19家俱乐部的主场场馆进行分析可以看出，中职篮各俱乐部篮球场馆设置差别较大，有可以举办NBA比赛性质的场馆（如北京凯迪拉克体育中心、东莞银行篮球中心、青岛国信体育馆等），也有超过万人的体育馆（如东方体育中心、深圳大运中心体育馆等），还有容量4000~5000人的体育馆（如乌鲁木齐红山体育馆、晋江市祖昌体育馆、杭州滨江区体育馆等）（表5-6）。体育馆的容量大小一方面反映了俱乐部所在地篮球消费状况，另一方面也体现了管理者、经营者对篮球服务质量的注重程度。一般来说，球队成绩好，比赛场馆相应会更大些，这在中职篮2019—2020赛季的排名中可以看出，排名前四的只有新疆队比赛场馆不足万人，其他三家俱乐部主场场馆都在万人以上，北京首钢和广东宏远的比赛场地更是国内首屈一指。而新疆广汇俱乐部的红山体育馆4500人容量与俱乐部整体形象不符，亟须扩建或者新建增加容量，以满足俱乐部发展和球迷观赛的需要。整体来看，中职篮的比赛场馆不断扩容，座位数超过10000人的有7个，而俱乐部所使用的篮球场馆在所在省（区、市）也都是级别最高的，虽然很多是有偿使用的，但也充分说明政府对于体育事业发展的支持。另外值得一提的是，广州龙狮俱乐部的天河体育馆是目前中职篮唯一直接运营主场体育馆的俱乐部。

表 5-6　2019—2020 赛季中职篮俱乐部主场场馆简介

序号	俱乐部名称	球馆名称	主场场馆简介
1	广东宏远华南虎俱乐部	东莞银行篮球中心	2014 年建成，可容纳 16000 名观众，满足 NBA 比赛要求
2	辽宁沈阳三生飞豹俱乐部	辽宁体育馆	2007 年建成，2018 年改造，可容纳 12000 名观众
3	北京首钢俱乐部	北京凯迪拉克体育中心	原五棵松体育馆，北京 2008 年奥运会篮球项目比赛场馆，可容纳观众 18000 人
4	新疆广汇飞虎俱乐部	红山体育馆	2002 年建成，可容纳 4500 名观众
5	深圳新世纪领航者俱乐部	深圳大运中心体育馆	2011 年建成，可容纳 18000 名观众
6	青岛国信海天俱乐部	青岛国信体育馆	2009 年建成，可容纳 12500 名观众，满足 NBA 比赛要求
7	上海久事大鲨鱼俱乐部	东方体育中心	2011 年建成，可容纳 18000 名观众
8	南京同曦大圣俱乐部	江宁体育馆、五台山体育馆	江宁体育馆 2007 年建成，可容纳 4300 名观众；五台山体育馆 1975 年建成，可容纳 10000 名观众
9	吉林九台农商行东北虎俱乐部	长春体育馆、九台区群众文化体育活动中心	长春体育馆 1956 年建成，可容纳 4300 名观众；九台区群众文化体育活动中心 2019 年建成，可容纳 6000 名观众
10	四川金强蓝鲸俱乐部	四川省体育馆	1989 年建成，2011 年改造，可容纳 9064 名观众
11	山东西王王者俱乐部	山东西王大球馆	2004 年建成，冠名山东省体育中心体育馆，可容纳 8000 名观众
12	山西国投猛龙俱乐部	山西体育中心	2012 年建成，山西省最大体育场馆，可容纳 8000 名观众
13	广州龙狮俱乐部	广州天河体育馆	1987 年建成，可容纳 7999 名观众
14	北京控股俱乐部	国家奥林匹克体育中心	1986 年建成，2007 年改造，可容纳 6300 名观众
15	江苏龙肯帝亚俱乐部	苏州市体育中心体育馆	2002 年建成，可容纳 6000 名观众
16	浙江广厦猛狮俱乐部	暨阳体育中心	2014 年建成，可容纳 6000 名观众
17	天津荣钢先行者俱乐部	东丽体育馆	2012 年建成，可容纳 4800 名观众

续表

序号	俱乐部名称	球馆名称	主场场馆简介
18	浙江稠州金牛俱乐部	杭州滨江区体育馆	2016年建成，可容纳5000名观众
19	福建鲟浔兴俱乐部	晋江市祖昌体育馆	2002年建成，可容纳4500名观众

（2）场馆硬件设施

场馆容量是人们在比赛现场感受俱乐部篮球物质文化的最大体验，但进入场馆后，座位的舒适程度、灯光设置和大屏幕回放等硬件设施也是俱乐部物质文化的重要体现。2014年，东莞银行篮球中心就设置了观赛包厢，上下两层一共有98个包厢，以年票制打包出售，费用是一年几十万元。

另外，赛场内的大屏幕回放也是现场观赛的重要物质保障，NBA各球馆场地的上方都悬挂着一个四面带有屏幕的显示器。该显示器可以播放或重放比赛的画面，可以显示双方球队的技术统计数据和运动员个人的技术统计数据，也为在高位和远处观看比赛的球迷提供了近距离观看的效果。2012—2013赛季，NBA休斯敦火箭队在主场正式启用了超大屏幕显示器，该超大屏幕显示器耗资1000万美元。火箭队主场高位的观众不仅可以纵观比赛的全景，也可以通过超大屏幕显示器观看到比赛的细节，超大屏幕显示器无疑为现场观众带来了无与伦比的视觉享受。而对于这一设施，CBA公司在俱乐部准入制上面没有明确要求，目前受限于已有的赛场设计，容量为几千人的俱乐部几乎没有现场大屏幕，只有少数几个NBA级别的俱乐部拥有这一设施。

（3）赛场内的互动环节

一是啦啦队互动，一般在比赛开始前、节间休息、中场休息、暂停等时间进行表演，也是活跃赛场气氛的重要内容，目前中职篮的啦啦队员也是效仿了NBA的模式，穿着性感服饰，跳动节律舞蹈。二是观众互动，也是在比赛间歇中经常出现的内容，一般以投篮比赛和发放赞助商的纪念品为主。三是吉祥物表演，目前CBA各俱乐部都有自己的吉祥物，一般是由人穿着体形较大的玩偶大布套构成的。每个球队的动物品种各不相同，但样子都十分可爱、高大。在比赛间隙，吉祥物经常会与部分运动队员、裁判员、工作人员、观众等进行幽默的沟通和接触，起到活跃赛场氛围、调动观众情绪的作用。四是赛场观众口号，观众口号式的个性化语言也是比赛中观众互动的重要组成部分，赛场口号可以起到活跃赛场气氛、激励球员斗志、表达个人或群体诉求、宣泄社会情绪等作用。如四川队"雄起"口号最早在足球赛场看台上被喊起，后来在 CBA 也被使用，现今已经成为一种社会性语言，其鼓励、加油、积极的语义被人们高度认可与广为传扬。另外，当主队发挥特别好的球员在上场或下场时，现场 DJ 和球迷也会及时地喊出"MVP"，以表示对该球员的认可和赞誉。除此之外，"防守（Defense）"等词语也常常被球迷喊出以鼓励主队加强防守。近几年，优秀的主场特色口号也开始出现，如辽宁队的"我爱辽篮"等，但也有部分不文明的口号，如"傻×"等语意明显指向客队的口号，具有一定的攻击性、侵略性，应及时纠正。

2. 俱乐部球队名称分析

俱乐部名称是俱乐部对外宣传的重要符号，也属于体育物质文化的一部分。按照中国篮协规定，俱乐部球队的命名顺序依次为：地方名（省、自治区、直辖市、军队）+企业名（可空缺）+吉祥物名+俱乐部名+冠名赞助商名（限制在 6 个字以内）+篮球队名，简称为地方名（省、自治区、直辖市、军队）+冠名赞助商名（限制在 6 个字以内）。如北京首钢篮球俱乐部曾连续十年获得北京金隅集团冠名，其俱乐部全称是北京首钢俱乐部北京金隅篮球队，简称为北京金隅。近几年，由于俱乐部发展的资金需要及企业对俱乐部品牌的认可，越来越多的企业开始赞助俱乐部，使得俱乐部球队名称不断发生变化。

俱乐部的球队冠名是一种常态化，根据表 5-7 可以看出，目前中职篮 19 家俱乐部中，球队名称变化超过（包含）10 个的有 5 家俱乐部，俱乐部允许球队寻求冠名赞助商，而由于种种原因，球队的冠名赞助商合同时间并不长，一般为 1~3 个赛季。球队名称更换次数最少的是 4 次，共有 6 家俱乐部，分别是浙江稠州金牛俱乐部、北京首钢俱乐部、青岛国信海天俱乐部、南京同曦大圣俱乐部、深圳新世纪领航者俱乐部和北京控股俱乐部；冠名次数最多的是吉林九台农商行东北虎俱乐部 12 次，所幸的是该球队所在地只有一支中职篮球队，才不会产生混淆。但对于一个城市有两家俱乐部的情况，频繁地更换球队名称会让球迷不能很快地找到想看球队的比赛时间。但同时可以看出，近几年，部分俱乐部已经看到球队名称对于俱乐部文化建设的重要性，不再出售球队冠名赞助商。如北京首钢篮球俱乐部在 2014—2015 赛季与北京金隅的球队冠名赞助合同到期后，便不再续约，球队重新换回"北京首钢"的名称至今。而上海久事、青岛国信双星、北京控股、苏州肯帝亚等俱乐部由于股权转变，重新建立俱乐部时间不长，需要通过联赛扩大自身俱乐部的宣传,在 2019—2020 赛季也没有选择出售球队的冠名赞助权。

表 5-7 2020—2021 赛季中职篮俱乐部和球队目前名称及更改次数统计表

序号	俱乐部名称	球队名称	球队名称更改次数
1	广东宏远华南虎俱乐部	广东东莞大益	5
2	辽宁沈阳三生飞豹俱乐部	辽宁本钢	5
3	江苏龙肯帝亚俱乐部	苏州肯帝亚	10
4	山东西王王者俱乐部	山东西王	5
5	浙江稠州金牛俱乐部	浙江稠州金租	4
6	北京首钢俱乐部	北京首钢	4
7	上海久事大鲨鱼俱乐部	上海久事	8
8	吉林九台农商行东北虎俱乐部	吉林九台农商银行	12
9	新疆广汇飞虎俱乐部	新疆伊力特	9
10	福建鲟浔兴俱乐部	福建豹发力	6
11	山西国投猛龙俱乐部	山西汾酒股份	5
12	浙江广厦猛狮俱乐部	浙江广厦控股	6
13	天津荣钢先行者俱乐部	天津先行者	5
14	青岛国信海天俱乐部	青岛每日优鲜	4
15	广州龙狮俱乐部	时代中国广州	10
16	四川金强蓝鲸俱乐部	四川五粮金樽	5
17	南京同曦大圣俱乐部	南京同曦宙光	4
18	深圳新世纪领航者俱乐部	深圳领航者	4
19	北京控股俱乐部	北京紫禁勇士	4

注:数据统计截至 2020—2021 赛季结束。

另外,近两个赛季俱乐部收购情况也不断发生。2019 年 5 月久事集团正式完成对上海东方篮球俱乐部的收购后,俱乐部名字全称为上海久事大鲨鱼俱乐部;2019 年 9 月三生制药入股辽宁篮球俱乐部,辽宁衡润飞豹篮球俱乐部正式更名为辽宁沈阳三生飞豹篮球俱乐部;2018 年山东高速篮球俱乐部更名为山东西王篮球俱乐部；山西汾酒男篮退出投资后，山西省国有资本投资运营有限公司接手球队成为新投资人，俱乐部也由山西汾酒职业篮球俱乐部变更为山西国投猛龙篮球俱乐部。由于投资方的变更，俱乐部名称必然需要变更，但整体上对于俱乐部体育文化建设影响不大，因为首先俱乐部所在省（区、市）没有改变，另外比赛时常用的还是球队名称，而非俱乐部名称。

3. 俱乐部标识分析

队徽是一个球队的符号、象征，一般由特定内涵的物体和球队的名称组成。回顾中职篮俱乐部球队的队徽发展历程可以看出，早期的中职篮球队队徽以动物造型为主，配以汉语拼音或者中文汉字的组合。

以 2017—2018 赛季中职篮球队队徽为例可以发现，从颜色搭配上看，普遍以黄色、橘色作为主色调，因此，队徽颜色搭配差异不明显。从造型上看，队徽主图案以动物为主，如老虎、豹子、狮子、牛、龙、海豚、大鲨鱼、鸭子、鹰、蓝鲸、猴子等。以老虎为队徽造型的就有广东队、新疆队、吉林队 3 支球队，广东队是华南虎、新疆队是飞虎、吉林队是东北虎，这在职业联赛里是很少出现的。选择老虎作为队徽原因很简单，因为老虎有"山中之王"的寓意，使用老虎作为队徽的球队也是希望能成为"王者"，拿到冠军。另外，天津队和浙江广厦队都使用狮子作为队徽，辽宁队和深圳队都使用豹子作为队徽，江苏队和北控队都使用龙作为队徽，这几种动物也都是现实或传说中的威猛动物，寓意也是成为让人畏惧或很强大的球队。上海队使用大鲨鱼、四川队使用蓝鲸也是希望能像两个海中的王者一样强大，青岛队使用鹰是想成为空中的王者，同曦队使用孙悟空同样是显示强大，浙江稠州队使用牛也是让人望而生畏，只有北京队的鸭子显得可爱，和凶猛无关。队徽比较简单的是山东队和山西队，都是以篮球作为背景。没有使用动物和篮球作为背景的球队有两支，八一男篮使用火箭是希望能一飞冲天，寓意很好，也没有与其他球队重合；广州队的队徽"龙狮"两个中文字，整体上看非常醒目。

中职篮球队队徽的共性是往往一家俱乐部投资主体变化，就会带来各种变动，队徽作为一支球队的标志之一也会进行较大的改变，很难真正做到延续。有的球队还只是进行小的改变，至少是沿用了球队的吉祥物，只是在设计和其他细节上进行改变，但有的队徽却是面目全非，如辽宁猎人队的队徽曾经因为区别于很多球队的动物元素，选择别具一格的枪口冒着烟的猎人而被众多球迷铭记于心，但随着辽宁队从2002—2003赛季开始更换赞助商，猎人的形象被彻底更换。队徽大改过的还有浙江队，从松鼠到万马再到金牛，浙江队是改了又改。浙江万马时期，万马变成旋风又变成旋风马。山东队则从火牛变成京剧脸谱的金狮再到现在的篮球背景，队徽从当年看起来气势汹汹，很能代表山东人直率、硬朗和勤恳奋勇的性格，到现在的队徽，几乎看不出特殊的含义。

正是基于目前中职篮球队队徽重复率高、缺乏特色的弊病，CBA公司在广泛征集的基础上，聘请专业设计团队对各球队队徽进行了重新设计。2019—2020赛季9个球队更换队徽，分别是北京紫金勇士队、深圳领航者队、南京同曦宙光队、时代中国广州队、上海久事队、山东西王队、山西汾酒股份队、天津先行者队和浙江稠州银行队。其中，北京紫金勇士队队徽采用紫色和金色为主，另外在设计上也别具一格，队徽形象有两把紫金宝剑交叉，守护着上方的城门和下方的篮球，凸显了北京元素，新颖别致。深圳领航者队队徽的形式简洁，领航者比拟一架飞行战斗中队中领飞的头机，象征着队员在球场上对空中权力的控制，特征点的选择重点在旋转的螺旋桨上，用以代表速度，机翼上配置的飞弹用以代表力量，力量和速度的结合，也是对球队整体战斗力的图形诠释，是斗志与作战能力的浓缩；飞机上方则是深圳（中文）及队名的字样（英文），队徽与队名搭配合理，容易让人记住。山东西王队的队徽配色方面取自泰山日出开始时阳光和云朵交织的紫色和漫山遍野植物的绿色为主色，绿色整体提炼得更加鲜亮，给人一种生机勃勃、充满新生力的感觉；紫色预示着紫气东来，选取了饱和度低一些的紫色，使LOGO整体的颜色更般配；最后黑色辅助色的选取含义，取自泰山上的岩石和山体在日出时背光面的颜色。可以说，新队徽在颜色搭配、元素选取上都独具匠心。

2020年8月，中职篮官方网站公布辽宁、吉林、新疆、浙江广厦、福建5支球队的最新俱乐部标识，新标识将于2020—2021赛季开始正式使用。该次升级，是在综合俱乐部的主观意愿和保证新的视觉体系的前提下，对俱乐部标识的优化升级，保留了球队原有的核心元素，改善了原标识在年轻化、国际化方面的不足，并且还将各家俱乐部的球队精神、城市元素都独具匠心地展现在全新的LOGO中。按照计划，CBA公司将在近几年对联赛所有球队的队徽进行升级。

（二）俱乐部物质文化建设探索

1. 固定主场位置，建立稳定的球迷关系

俱乐部主场是球队和球迷见面最多的场所，也是双方紧密联系的纽带。回顾近三个赛季俱乐部的主场位置，更换比较频繁。仅在 2019—2020 赛季，就有 3 家俱乐部更换了主场。上海久事大鲨鱼俱乐部主场变更为东方体育中心，此前从 2009—2010 赛季起俱乐部一直在源深体育馆进行比赛，而俱乐部未来的主场则是徐家汇体育公园。虽然东方体育中心曾在 2017 年承办过 NBA 季前赛，也是 2019 年国际篮联篮球世界杯赛场之一，硬件设施堪称顶级，为运动员和观众提供了很好的赛场体验，但球队主场馆的搬迁肯定会对老球迷的情感产生影响。除上海队外，吉林队的主场也有变化，吉林九台区群众文化体育活动中心也在 2019—2020 赛季成为吉林队除长春体育馆外的又一比赛场地；2019—2020 赛季南京同曦俱乐部主场由江宁体育馆和南京青奥体育公园体育馆变更为江宁体育馆和五台山体育馆，离开南京青奥体育公园也是球队运营的无奈之举。

综上所述，建议未来俱乐部决定变更主场时，能进行充分考虑，争取能长时间保持固定，以稳定俱乐部和球迷的关系。

2. 改造升级硬件设施，提高观赛体验

首先是提供观赛包厢服务。包厢是为有特殊需求的观众提供的观赛设施，但仍有部分中职篮俱乐部场馆由于各方面原因，没有设立包厢，包厢既能满足高消费人群的观赛体验，又能给俱乐部带来可观的经济效益。2004 年 NBA 中国赛，贵宾包厢票价就达到了 10 万元[1]。缺少包厢服务对观众和俱乐部都是重大损失。另外，赛场内的大屏幕回放也是提升现场观赛体验的重要途径，《2020 年 CBA 球迷商业价值研究报告》显示，球迷认为现场体验最需要提升的需求前三名为现场大屏幕精彩镜头回放、球员和球迷的现场互动、座位舒适度[2]。现场大屏幕回放可以让观众全方位、多角度地欣赏比赛中的精彩镜头，提高观赛体验。现场舒适的体验能让联赛获得球迷的充分肯定，促使球迷进一步消费。因此，场馆改造将是俱乐部未来的工作重点与难点。

3. 改革互动环节，增强观众观赛体验

中职篮赛场互动环节虽然内容丰富，但具体方式上仍有待改善。如啦啦队表演，目前的模仿 NBA 啦啦队表演会使人产生审美疲劳，由于中美文化价值观差异巨大，中国传统文化又博大精深，可以适当选取一些与篮球比赛相匹配的中国

---

[1] 钟若凝. 美国职业篮球联盟（NBA）在中国的活动及其影响 [D]. 广州：暨南大学，2010.
[2] CBA 球迷研究和商业价值报告 2020 年 [C] //上海艾瑞市场咨询有限公司. 艾瑞咨询系列研究报告. 2020：2-58.

元素融入其中，才会使观众耳目一新，增强观众观看中职篮比赛的认同感。观众互动方面，由于参与人数受到限制，能参加投篮互动和得到纪念品的只有少数观众，不能满足广大观众和球迷的参与需求。吉祥物表演方面，形式单一，仅仅是在赛场走上一圈、发一发礼物就结束了，此环节需要俱乐部创新思维，增强吉祥物的存在感，突出俱乐部的独特性。总之，在互联网高度发达的今天，可以考虑通过使用手机 App（应用程序）功能开发互动软件，扩大参与人数。而互动的礼物也可以多样化，如单场比赛门票、球员签名球衣等。这些措施将会极大提高与观众的互动效率，从而激发观众良好的观赛体验。

4. 慎重更改球队名称，增加归属感

从商业的角度而言，冠名权属于俱乐部的无形资产，无论是进行出售或是投资方重新命名都无可厚非。从短期收益来看，通过出售冠名权能吸引投资，解决俱乐部经营的燃眉之急，但在队名的频繁交替更换中，俱乐部文化受到了极大的消耗，球迷很难产生归属感，而球迷的支持和忠诚，恰恰是俱乐部的核心文化资产之一，从长期效果来看，频繁更换队名更像是饮鸩止渴，对俱乐部文化品牌构成伤害。

2018—2019 赛季，因赞助商更换共有 8 支球队进行了球队更名，尤以江苏肯帝亚队最为惋惜。江苏队是中职篮 12 支元老球队之一，最早的队名是江苏诚怡大业队，次年（1996 年）改名为江苏南钢龙队，自此"江苏南钢"的大名威震四海。江苏队也是为中国篮球输出人才较多的沃土之一，胡卫东、胡雪峰、唐正东、张成、易立等人，都是江苏篮球人才的杰出代表。虽然中间改过冠名商，但"江苏队"三个字从来都是江苏球迷的骄傲。如今江苏肯帝亚队改名为苏州肯帝亚队，再加上此前另一支江苏省球队"江苏同曦"改名为"南京同曦"，自此"江苏队"的名字绝迹江湖。很多江苏球迷表示心里难受，就像失去了精神寄托。因此，从俱乐部文化建设的角度来看，应尽量保持俱乐部球队名称的稳定性，进而实现俱乐部物质文化建设的连贯性。

球队名称更换方面，近几年 CBA 公司也在积极进行有益探索。2019—2020 赛季有 4 支球队并非赞助商的原因更换队名，而是将球队与所在城市特色进行有机结合。结合北京历史背景，北京控股队将队名北京农商银行改为北京紫禁勇士，给人耳目一新的感觉，记忆点十足。深圳作为中国设立的第一个经济特区，堪称"时代领航者"，以其举世瞩目的"深圳速度"和"深圳精神"引领着中国改革开放的方向,因此,深圳猎豹在2019年5月将队名从深圳马可波罗升级为更能诠释城市精神的深圳领航者,球队也成为该城市的名片。天津滨海云商改名为天津先行者,不仅是向早期从事这项运动的先行者们致敬,也希望球队在未来成为篮球运动改革发展的先行者,寓意深远,文化内涵丰富。

因此,未来的球队名称应尽量固定,在选定时充分融合当地历史、文化、风俗、习惯,能增加球迷和观众的认同感和归属感,提升俱乐部的影响力。

5. 继续挖掘,设计特色鲜明的俱乐部队徽

队徽作为每支球队最经典的标志和最能代表球队的一种文化载体,长期以来却没有被俱乐部认真对待,频繁更换队徽会导致队徽的辨别度低,进而影响球迷归属感,最终使俱乐部的文化建设和品牌效应降低。CBA公司成立后,对俱乐部队徽的重新升级,意在重新树立队徽在球队宣传中的重要作用,其中部分新的队徽已经受到好评。在未来俱乐部物质文化改革探索中,CBA公司应和俱乐部通力合作、深入挖掘,设计特色鲜明的俱乐部队徽,使之成为俱乐部的一个亮点,从而推动俱乐部文化建设的不断提升。

6. 参与主场运营,提升无形资产

目前,19家俱乐部都能满足场馆硬件设施,但只有广州龙狮一家俱乐部拥有自己独立运营的主场馆,其他俱乐部的场馆基本都是租用的。由篮球俱乐部直接运营(或参与运营)主场体育馆,这在NBA早已是行业惯例。尽管NBA目前大多数球队所使用的场馆所有权并不属于NBA球队,但NBA球队会通过球馆建造时出资入股、竞标获得场馆运营权,或者入股场馆运营公司等商业模式来参与场馆运营。俱乐部独立运营场馆的优势有以下两点:一是借助中职篮这一核心竞赛产品可以让场馆拓展出青少年体育培训、业余体育联赛、体育健身、体育休闲娱乐等上、下游产业链条,甚至跨行业吸引娱乐表演业务,从而提升场馆的综合使用率,拓展出多元化经营模式。二是借助球队的辐射效应,以场馆为核心形成一个辐射力巨大的体育综合体。NBA球队场馆往往搭配餐饮、影业、娱乐、媒体、购物、文旅、高端公寓、酒店、会展中心、商业写字楼等高端综合产业。不仅能提升该地区的人流量和消费水平,而且还能吸引大量知名企业入驻[1]。

目前,中职篮球队主场馆主要是由政府出资修建并由国家事业单位负责运

---

[1] 黄鄢铃子,陈元欣. 全球著名体育场馆运营经验与启示[J]. 体育文化导刊,2019(7):100-104.

营，受限于体制，场馆运营模式单一，盈利困难。龙狮篮球俱乐部运营天河体育馆，创新性地提出"媒体+场馆+俱乐部+娱乐"四位一体的市场化运营模式。具体措施有：增加场馆的优质活动内容数量，提升场馆利用率；提升天河体育馆的篮球专业运营水准，确保球员、球迷、媒体和赞助商获得更好的场馆体验感；加强与演艺活动的资源联动效应，提升体育馆的品牌形象更加高端和年轻化；通过互联网技术的应用，搭建出"场馆+互联网"的智能运营管理模式[1]。这些措施都可以为其他俱乐部场馆运行提供参考，从而提升俱乐部的无形资产。

7. 探寻俱乐部与球队冠名商合作共赢的模式

在经济学范畴中，"谁出资、谁管理、谁受益、谁所有"是企业市场化运作的基本原则，但很多冠名商在中职篮球队管理和经营方面话语权很低，导致他们与俱乐部经常产生矛盾而最后终止合作，从而下个赛季俱乐部不得不又将冠名权出售给另一个企业。稳定而又有历史积淀的球队名称是俱乐部无形资产的重要组成部分。欧美著名的职业篮球、足球俱乐部很少出售冠名权，并且严禁球队名称含有商业信息，球队名称经久不变，承载着数十年的球队文化和几代球迷的深厚情感。中职篮中，如北京首钢、上海久事大鲨鱼、吉林九台农商行东北虎、福建鲟浔兴、浙江广厦猛狮、北京控股等俱乐部逐渐开始探索以俱乐部企业或者下属企业冠名球队的模式，也是一种可行之路。另外，在寻找新的球队冠名商时，应充分考虑其企业文化、冠名动机等，争取让冠名企业认同俱乐部的战略发展，促进球队文化的延续和传承，达到合作共赢的局面。

二、俱乐部制度文化建设

俱乐部的制度文化位于篮球文化系统的中间层次，是俱乐部文化系统的支架，是俱乐部健康发展的基本条件与保障，主要包含俱乐部层面和运动员、教练员等的管理制度。

（一）俱乐部层面的制度分析

历史上，对于中职篮俱乐部发展影响较大的有两种制度：一种是升降级制度；另一种是准入制度。

---

[1] 阚焱. 全民健身背景下竞技体育建筑规划设计与可持续利用研究［D］. 广州：华南理工大学，2020.

1. 升降级制度

（1）升降级制度历史回顾

升降级制度是从1995年甲A联赛成立以来实行的，升降级制度按照"升2降2"原则实行，即每个赛季结束后，按照联赛积分排名进行排序，积分最后的两支球队被降级到甲B联赛，而甲B联赛积分排名前两名的球队可以升级到甲A联赛。1995—1996赛季，中职篮12支队伍参赛，八一男篮获得冠军，南京军区男篮和前卫男篮排在第11名和第12名被降级到甲B联赛。1996—1997赛季，上海东方队、四川熊猫队成为当赛季"升班马"，经过一个赛季的激战最终留在甲A联赛，而浙江松鼠中欣队和济南军区男篮被降级到甲B联赛。1997—1998赛季，甲B联赛冠军济南军区男篮和浙江松鼠中欣队进入甲A联赛，而沈阳军区男篮和四川熊猫队被降级到甲B联赛。

1998—1999赛季，四川队主场迎战吉林队时，比赛中发生了记录台记录员的严重失误，吉林队第三节比赛中投中的一个三分球被误记到两分格内，致使吉林队一分惜败。中国篮协针对上述事件及四川蓝剑俱乐部在球员转会上出现的违规舞弊行为，做出处罚决定：取消四川队1998—1999赛季全国男篮甲A联赛第10名的成绩，球队直接被降至甲B联赛。当年与四川队一起被降级的还有双星济军男篮，而甲B联赛的前卫男篮和南京军区男篮则晋级1999—2000赛季的甲A联赛。

1999—2000赛季，发生了所谓的"合并"风波，使除了正常升级的前卫男篮和南京军区男篮，湖北队"意外"地加盟了中职篮。因为北京奥神队和升入甲A联赛的前卫万燕队合并成一家俱乐部后，仍旧要以两支球队身份同时参加中职篮，其中北京奥神队赛季更名为前卫万燕奥神队，而原前卫万燕队想以卫士亿安队的名义征战中职篮，结果此举遭到其余10家俱乐部的联合反对，后来中国篮协不得不取消了卫士亿安队的参赛资格，由当时的甲B联赛第3名湖北队升到甲A联赛添上这一空缺。该赛季结束后，新军湖北队和南京军区男篮不幸被降级至甲B联赛，而双星济军男篮和沈部鞍山男篮成功返回下赛季的甲A联赛。

2000—2001赛季，"升班马"双星济军男篮和沈部鞍山男篮双双被降至甲B联赛，深圳润迅易康队、陕西队当年升至甲A联赛成功。2001—2002赛季，老牌劲旅北京奥神队和新军深圳润迅易康队被降至甲B联赛，香港飞龙队和新疆广汇队升至甲A联赛成功。2002—2003赛季，明基新浪狮队和升班马香港飞龙队不幸被降至甲 B 联赛。

2004 年，为实现中职篮向新的职业化联赛平稳过渡，篮管中心决定将 2004—2005 赛季中职篮参赛队伍扩军为 14 支，这 14 支球队包括 2003—2004 赛季甲 A 联赛的 12 支球队和当年甲 B 联赛的 "升班马" 河南队和福建队，也就是说取消了降级制度，这样一来该赛季本该被降级的辽宁盼盼队和浙江万马队成为中职篮改制的最大受益者。篮管中心同时决定，从 2005—2006 赛季起中职篮实行 "准入制度"，通过审核来确定新加盟俱乐部的参赛资格。

（2）升降级制度效果分析

升降级制度是中职篮建立初期对于俱乐部未来发展的一种规定，对于增加球队的竞技实力、推动甲 B 联赛的发展都起到了积极作用。但随着联赛的发展，升降级制度逐渐展现弊端。第一，升降级制度是当时甲 A 联赛弱队最害怕的制度，因为他们无力打出好成绩，又难逃被降级的风险，于是为了争取最好的成绩把希望都寄托于主力队员身上，从而不断地增加主力队员的上场时间，而忽视有潜力的和年轻的队员，使他们得不到锻炼，致使球队的后备力量难以成长。第二，处于被降级边缘的球队在最关键的比赛中会采用不正当手段影响比赛结果，如 1998—1999 赛季，四川队在保级的两场关键比赛中，主场与山东队比赛时，记录台让比赛少打 3 分钟，帮助四川队保住胜利；在对阵吉林队的比赛时，记录台记录员将一个三分球 "误记" 到两分格内，致使比分出现错误，帮助四川队最终以 1 分优势获胜。第三，赞助商不愿长期赞助球队，因为赞助的球队可能因为成绩不好而失去下赛季中职篮参赛资格。最终，中国篮协在 2005—2006 赛季取消升降级制度，改为准入制度。

2. 准入制度

（1）准入制简介

按照中国篮协官方说明，依据《公司法》及我国职业篮球俱乐部发展的实际情况，中国篮协制定了《中国男子篮球职业联赛俱乐部准入实施方案》，该实施方案包括《中国男子篮球职业联赛俱乐部准入办法》和《中国男子篮球职业联赛俱乐部准入标准、评估细则》两个部分。

《中国男子篮球职业联赛俱乐部准入办法》（以 2014—2015 中国男子篮球职业联赛俱乐部准入办法为例）包含第一章（总则）、第二章（参赛队伍规模、参赛权、准入评估资格)、第三章（申报及评估检查）、第四章（累积扣分制度）和第五章（附则）。《中国男子篮球职业联赛俱乐部准入标准、评估细则》（以2014—2015中国男子篮球职业联赛俱乐部准入标准、评估细则）共涉及俱乐部制度及管理（主要内容：俱乐部产权、注册资金、投资主体、与所在地省级体育部门的合作）、俱乐部运营（主要内容：商业机构设置、独立财务管理、门票销售、球队冠名、俱乐部标识、赛事推广、啦啦队）、参赛保证金、运动队建设及管理（主要内容：球员注册、训练、球员转会、二线队伍建设、教练员团队）、俱乐部主场及硬件设施（主要内容：主场所在城市、同一省市设置俱乐部的数量、比赛场馆的地理位置、内部设施、分赛场选定标准、比赛客队接待）、俱乐部推广工作（主要内容：球迷、赞助商、媒体的服务）6个方面、37条标准，根据准入的要求，每一条准入标准均设置了相应分值，最低1分、最高12分。同时规定俱乐部每被扣1分，相应核减该俱乐部联赛经费2万元，累积扣分达到12分或超过12分的，除按上述标准核减联赛经费外，还将取消该俱乐部下赛季准入评估资格。

（2）实行准入制度后中职篮俱乐部数量变化

准入制度对于中职篮的参赛俱乐部给出了具体标准和评分细则，因此通过准入制度进入中职篮就成为俱乐部必须遵守的最低标准。在准入制度实行以后，东莞新世纪俱乐部（2005年）、浙江广厦俱乐部（2006年）、天津荣钢俱乐部和青岛双星俱乐部（2008年）先后进入中职篮，联赛规模达到18支。2009—2010赛季，云南红河俱乐部因未达到准入制度相关标准，该赛季参赛资格被取消，此后中职篮就一直只有17支球队参赛。2013年四川队获得新赛季参赛权，中职篮在时隔5年后又恢复了18支球队的规模。2014年，中国篮协在天津召开中职篮委员会，通过投票确认江苏同曦和重庆三雄极光加入联赛。自2014—2015赛季起，中职篮球队数量由18支增加到20支。2020年10月，中国篮协宣布八一男篮不再参加中职篮比赛，八一富邦篮球俱乐部退出中职篮，2020—2021赛季中职篮剩余19家俱乐部。

（二）俱乐部制度文化改革探索

中职篮目前针对俱乐部管理推出的准入制度，给俱乐部的建设提供了方向和标准，从俱乐部的性质、运营到比赛主场的选定，甚至是比赛场馆内灯光的亮度等都有了非常详细的规定。在准入制度的规定下，各俱乐部都在按照标准不断完善，努力达到最佳，可以说，俱乐部运转越来越顺畅，准入制度为俱乐部的职业道路提供了保障。

但准入制度在推进过程中，也出现一些问题。如为了避免排名靠后的球队不思进取，准入制度规定，本赛季后 3 名的俱乐部，如果在第二赛季仍然位居后 3 名，且常规赛胜率未超过本赛季者，一次性扣 3 分，常规赛胜率超过本赛季者，一次性扣 1 分。如果在第三个赛季仍然位居后 3 名之列，且常规赛胜率未超过第二个赛季者，一次性扣 6 分，常规赛胜率超过第二个赛季者，一次性扣 2 分。如果在第四个赛季仍然位居后 3 名之列，且常规赛胜率未超过第三个赛季者，一次性扣 12 分，常规赛胜率超过第三个赛季者，一次性扣 4 分。

但对 2017—2021 四个赛季的常规赛最终排名后三位的球队统计发现，这些球队的胜率只有 20% 左右，其中，天津队 3 次（2017—2018 赛季、2019—2020 赛季、2020—2021 赛季）、南京同曦 2 次（2018—2019 赛季、2020—2021 赛季）出现在后 3 名（表 5-8），这些球队虽然没有因为违反准入制度规定而被取消中职篮参赛资格，但长期排名靠后也使球迷对球队的观赛热情大打折扣，这必将影响俱乐部的商业运作，进而对中职篮的整体形象造成不利影响。除此之外，四川队在近 3 个赛季的常规赛两次排在第 17 名，也是联赛的困难户。针对这种情况，有学者曾提出可以考虑恢复升降级制度，以推动落后的俱乐部积极行动，增加危机意识，提高球队竞技实力。同时，升降级制度的推行，也能给 NBL 俱乐部的发展注入强心剂，由于目前的准入制度不扩军，NBL 成了独立于中职篮的又一支中国男子职业篮球联盟，双方是平行的关系，但大家对 NBL 的关注度远低于中职篮。升降级制度的推行会使 NBL 更有看点，球员也更有拼劲。

本文认为，俱乐部准入制度的整体规定是好的，也是经过多年验证对俱乐部建设行之有效的制度，对俱乐部的资金规模、商业运作方式、青年队训练、比赛场地等方面都做了很好的规定，这是升降级制度所不能解决的，因此，准入制度决不能被轻易否定。但在目前落后俱乐部未能有效提升比赛成绩的现状层面来看，CBA 公司还需要重新制定针对性政策，督促部分俱乐部认识错误并积极改正，确保俱乐部自身和整个中职篮的健康发展。

表 5-8 2017—2021 赛季中职篮排名后 3 位球队及胜率统计

排名	2017—2018 赛季	2018—2019 赛季	2019—2020 赛季	2020—2021 赛季
18	天津滨海云商 （21.1%）	八一南昌 （23.9%）	时代中国广州 （23.9%）	天津先行者 （20.4%）

续表

排名	2017—2018 赛季	2018—2019 赛季	2019—2020 赛季	2020—2021 赛季
19	四川品胜 （21.1%）	南京同曦大圣 （23.9%）	天津先行者 （17.4%）	南京同曦宙光 （16.7%）
20	八一双鹿电池 （7.9%）	北京农商银行 （17.4%）	八一南昌 （13.0%）	苏州肯帝亚 （14.8%）

数据来源：中国男子篮球职业联赛官方网站，https：//www.cbaleague.com/data/#/rank。

三、俱乐部精神文化建设

精神文化是指人类在社会活动中所产生的各种价值观念、审美情趣、思维方式等主观的因素，篮球精神文化的发展方向决定着篮球物质文化和制度文化的发展方向，是篮球文化系统中最重要、最核心的部分。中职篮俱乐部的精神文化是俱乐部投资人、管理者、运动员、教练员等在围绕俱乐部发展和中职篮比赛时所产生的各种思想观念及理论体系的综合。

（一）有关篮球俱乐部发展理念的分析

中职篮在成立初期，为了建立规范的篮球竞赛制度，时任中国篮协常务副主席兼秘书长杨伯镛在全国篮球竞赛训练工作会上郑重宣布：1995年全国男篮甲级联赛将实行主客场、跨年度的新赛制。同时也指明未来三年的目标是逐步进行篮球俱乐部职业化初级阶段的发展探索。从当时参加俱乐部的性质来看，以部队为代表的官方性质球队居多，这与当时我国整体的经济体制及体育政策有关。在当时的计划经济下，我国的体育政策最突出的特点是"举国体制"，体育发展离不开政府的大力支持，因此，在中国篮协主导的甲A联赛中，军队球队是主要参与者就不难理解了，而俱乐部在联赛中的发言权非常有限，通常是中国篮协制定规则，各俱乐部积极配合，此时要求俱乐部独立产权明显不合时宜。因此，早期的俱乐部发展理念仍以竞技篮球为主。

2004—2005赛季，随着"北极星计划"的推出，中职篮迈入了新时代。此时，早期的6支军队球队只有八一男篮留在联赛中，其他军队球队或者解散，或者重组更名，同时，2005—2006赛季起中职篮实行"准入制度"，更是取消了实行10年的升降级制度，要求评估每一家俱乐部的参赛资格，俱乐部的自身建设不再是一纸空谈。联赛内容也发生巨大改变，南北分区、一周三赛的新赛制是希望联赛的质量真正提高,让运动员们在相对高强度和密度的联赛里得到更大的锻炼。推出了"服务球迷、服务赞助商、服务媒体"的办赛思想,使得联赛以更热烈的态度向大众、媒体、赞助商开放,至尊鼎、冠军戒指使得中职篮总冠军具有了巨大的荣誉感,同时采用国际上比较成熟的"TOP 计划"进行招商,增加联赛的赚钱能力。这些措施的改革,使人们对 CBA 俱乐部更加期待,从外部上看,中职篮俱乐部开始重视文化建设,职业化道路被寄予厚望。如 2006—2007 赛季联赛手册的前言中指出,要坚持"服务备战、深化改革、协调发展"的联赛主题,以"国际化、职业化、规范化"为宗旨,联赛本身是服务于国家队的,中职篮与国家比赛相比是个体与集体的关系,体现了中国传统文化观念中个人服从集体的传统价值观。同时在发展宗旨中提到"国际化、职业化、规范化",表达了中国篮协对中职篮发展理念的认识。事实上联赛的发展必须先规范化,才能实现职业化,实现了职业化才能真正地走向国际化,职业化是从规范化做起的。但这个阶段联赛在很多方面也存在不规范的现象。如技术统计方面,经常出现较为明显的时间和犯规次数等统计错误;在服务媒体方面,尽管已经制定了相关的文字规定,但在具体的实施方面却不尽如人意,有关记者反映,赛场视线不好,位置不佳,甚至还存在没有设置记者席的场馆,同时还存在场馆对记者证产生怀疑而发生冲突的现象发生等。而最令俱乐部难过的是,俱乐部经营持续亏损。2011—2012 赛季,中职篮俱乐部年均投入 3800 万元,17 家俱乐部总投入超过 6 亿元。2014—2015 赛季,这一数字涨到 14 亿元,俱乐部年均投入 7000 万元左右[1]。但值得肯定的是,截至 2015—2016 赛季结束,俱乐部的产权关系不断明晰,20 家俱乐部中,新疆、福建、广东等 9 家俱乐部是民营企业投资的,北京首钢、山西、青岛、北控 4 家是国企投资的俱乐部,辽宁、浙江稠州、江苏、山东 4 家俱乐部是省体育局与民营企业合股投资的,八一男篮是军体与民营企业合作的模式,俱乐部产业化发展不断推进。该时期俱乐部对于篮球的发展理念是有条件地进行职业化改革,但俱乐部投资人多数以打造企业名片的性质看待俱乐部运作,俱乐部职业化、商业化运作仍有待加强。

近几年,中国篮协持续推进中职篮"管办分离"改革,改革必须把国家利益、俱乐部利益和各方利益捆绑在一起,才能实现改革的目标和利益的最大化。在改革过程中,得到了国务院、国家体育总局领导的关心和指导,以及各省

---

[1] 吴明怀. 中国职业篮球联赛(CBA)市场营销策略研究[D]. 北京:北京建筑大学,2018.

(区、市)体育局、俱乐部投资方等各方面力量的支持。另外,中职篮各家俱乐部投资人,也以自己的方式表达了对改革的关注和建议,对改革的推进发挥了积极作用。在各方达成高度共识、经过修改和完善后的改革方案,2016年7月得到国家体育总局批准后,迅速展开了实施方案包括成立CBA公司等一系列内容。2016年10月,中篮联(北京)体育有限公司(简称CBA公司)成立。2017年4月,CBA公司大股东中国篮协将所持有的30%股权转让给中职篮20支球队,但对中职篮承担监督职责,并陆续将中职篮的竞赛组织权也移交给CBA公司。此番让渡股权,中国篮协为包括中超在内的中国职业体育联赛改革树立了一个标杆,也充分展现出了新一届中国篮协领导集体勇于自我改革的决心和诚意。CBA公司的理念就是坚定地推行联赛的职业化,并从球员管理、赛事运营、球迷体验、商务开发和品牌推广进行升级,种种变化,就是为了帮助中职篮俱乐部的发展朝着职业化方向坚定迈进。而随着中职篮的不断健康前进,参赛俱乐部的职业化道路也将越来越清新。

(二)有关篮球比赛价值观的分析

1. 娱乐价值观

篮球在本质上仅仅是一项游戏。作为一项游戏,其最原始的功能和价值在于娱乐性和健身性。无论篮球运动怎样演变,篮球运动的娱乐健身功能和价值不会变。中职篮在发展过程中,也在效仿NBA,包括在比赛间隙增加内容多样的娱乐活动,以提高比赛的观赛性,但似乎还是缺少味道。而在娱乐性质得到最大限度发挥的全明星赛方面,近几年也进行了多项改革,如推出的草根运动员参赛制度、明星一对一、元老参赛等活动,但由于历史原因,球员还是将比赛结果、球队排名放在首位,篮球的竞技性明显高于篮球运动的娱乐价值,而作为一种体育无形产品,观众希望在比赛中看到内容丰富的篮球比赛,娱乐元素不可缺少。因此,希望俱乐部统一思想、加强认识,将比赛提升到既有竞技又有娱乐的综合观赛体验的品质。

2. 经济价值观

目前中职篮俱乐部整体盈利情况逐步好转,但亏损的俱乐部也并非少数,由于俱乐部背后有强大的企业支持,多数投资人对于俱乐部的盈亏似乎并不关心。实际上,国际上比较有名的体育俱乐部一般也是商业运转良好的俱乐部,俱乐部的经济发展是整体运转的重要标志，俱乐部运转的良好也会吸引更多优秀篮球人才的加入，从而进一步提高球队竞技水平，扩大影响力，随之赞助商也会主动寻求合作。这就是篮球俱乐部发展的"马太效应"。因此，虽然当下俱乐部背后的企业可以不断补贴俱乐部发展，但这不能作为长久之计，俱乐部自身必须认识到经济独立的重要意义，虽然艰难，但可喜的是，新冠肺炎疫情之前，两家上市篮球俱乐部的年度报告显示都在盈利，而 CBA 公司也正在全力以赴为各俱乐部争取利益，帮助大家走上良性发展的俱乐部商业运作道路。

不可否认，中职篮俱乐部的文化建设有很多不完善的地方，如物质文化方面的场地内部设施有待提升、球队队名不稳定，制度文化方面俱乐部准入制度对于下游球队缺乏有效管理，精神文化方面俱乐部投资人包括球员对于职业比赛的认识还有待深入等，但作为不足 30 年经历的中职篮，不能要求过高。我们仍需要看到，中职篮的管办分离已经迈出实质性步伐，中职篮的场馆容量不断增加，俱乐部的标识设计更有活力。CBA 公司在俱乐部的文化建设方面正进行的改革探索，将在未来俱乐部的文化建设中得到进一步印证，值得我们拭目以待。

主要参考文献

[1] 中国篮球运动发展研究课题组. 中国篮球运动发展报告（2021）：总体特征与多元价值认知 [M]. 北京：社会科学文献出版社，2021.

[2] 吴晓宇. 产品整体概念视角下的中国IP电影产品优化研究 [D]. 济南：山东大学，2020.

[3] 盛保桦. CBA联赛赛制发展现状研究 [D]. 长沙：湖南师范大学，2019.

[4] 姚健. CBA联赛竞赛制度改革的目标分析与保障路径 [J]. 沈阳体育学院学报，2016，35（6）：22-28.

[5] 李娟，商光昊. CBA全明星周末发展历程回顾 [J]. 辽宁体育科技，2020，42（5）：30-33，43.

[6] 牛维娜. 对CBA联赛选秀大学生球员的研究与分析 [J]. 安徽体育科技，2020，41（3）：91-95.

[7] 蔡林杰. CBA联赛选秀制度研究 [D]. 武汉：武汉体育学院，2021.

[8] 杨杰，冯鑫. CBA联赛工资帽制度的SWOT分析 [J]. 哈尔滨体育学院学报，2021，39（5）：68-74，81.

[9] 赵述强，汪作朋，韩重阳. 我国职业篮球俱乐部文化体系建设的困境、构思与策略 [J]. 哈尔滨体育学院学报，2022，40（1）：15-21.

[10] CBA风雨十年. 中国男子篮球甲A联赛十年权威史料：连载一 [J]. 篮球，2005（8）：47-55.

[11] 徐济成. 小团体与大联盟：关于前卫、奥神"合并、重组、更名"的思考 [J]. 篮球，1999（23）：18-19.

[12] 邢金明，崔佳琦，赵子祺. 中国篮球职业联赛裁判员职业化改革推进策略研究：基于人力资源管理的视角 [J]. 体育与科学，2019，40（5）：113-120.

[13] 姜思远. 公司化运营下中职篮裁判员管理研究 [D]. 北京：首都体育学院，2020.

[14] 穆海鹏. 我国男子职业篮球人才培养的发展前景分析 [D]. 成都：成都体育学院，2019.

[15] 邹俊峰，陈家起，高奎亭.CBA 联赛（2014—2019）竞争性平衡：趋势与对策［J］.吉林体育学院学报，2020，36（5）：69-77.

[16] 张晨颖，李希梁.美职篮"工资帽"制度的反垄断法分析：兼评中职篮"工资帽"制度的合法性［J］.竞争政策研究，2020（6）：47-62.

[17] 黄维.广州自由人解散因难进 CBA.［N］.广州日报，2012-9-06.

[18] 王天丰.2016—2017 赛季 CBA 联赛前三强俱乐部运行现状与发展对策研究［D］.温州：温州大学，2019.

[19] 王恒同.NBA 职业联盟发展运行及成功经验研究［J］.广州体育学院学报，2021，41（2）：22-25.

[20] 三丰.CBA 与羊城报业离合纪实［J］.篮球，2001（22）：24.

[21] 吴明怀.中国职业篮球联赛（CBA）市场营销策略研究［D］.北京：北京建筑大学，2018.

附 录

表 1 专家基本信息表

姓名	职称	单位
张 *	教授	北京体育大学
宫 *	项目负责人	中国篮球协会
谢 *	副教授	天津体育学院
焦 *	副教授	南京体育学院
王 *	副教授	武汉体育学院
武 *	教授	河南科技大学

访谈提纲：

1. 您怎么看待目前的中国男子篮球职业联赛（CBA）？
2. 您认为 CBA 目前发展的优势是什么？
3. 您认为 CBA 目前发展的劣势是什么？
4. 您认为 CBA 目前发展的机遇是什么？
5. 您认为 CBA 目前发展的挑战是什么？
6. 您对目前的 CBA 赛制改革有哪些建议？
7. 您对目前的 CBA 球员管理有哪些建议？
8. 您对目前的 CBA 俱乐部管理有哪些建议？

表 2 2020—2021 赛季中职篮俱乐部和球队名称变化表

序号	俱乐部名称	球队名称
1	广东宏远华南虎篮球俱乐部	华南虎（1995—2002 赛季）、广东宏远药业（2002—2004 赛季）、广东宏远宝玛仕（2004—2008 赛季）、广东东莞银行（2008—2020 赛季）、广东东莞大益（2020—2021 赛季）
2	辽宁沈阳三生飞豹篮球俱乐部	辽宁猎人沈飞（1995—2002 赛季）、辽宁盼盼（2002—2011 赛季）、辽宁衡业（2011—2013 赛季）、辽宁药都本溪（2013—2016 赛季）、辽宁本钢（2016—2021 赛季）
3	江苏龙肯帝亚篮球俱乐部	江苏诚仪大业（1995—1996 赛季）、江苏南钢龙（1996—2003 赛季）、江苏南钢同曦（2003—2006 赛季）、江苏南钢大华（2006—2008 赛季）、江苏德玛斯特（2008—2010 赛季）、江苏国信地产（2010—2011 赛季）、江苏南钢（2011—2012 赛季）、江苏中天钢铁（2012—2015 赛季）、江苏肯帝亚（2015—2018 赛季）、苏州肯帝亚（2018—2021 赛季）
4	山东西王王者篮球俱乐部	山东火牛（1995—2002 赛季）、山东金斯顿狮（2002—2006 赛季）、山东黄金（2006—2014 赛季）、山东高速（2014—2018 赛季）、山东西王（2018—2021 赛季）
5	浙江稠州金牛篮球俱乐部	浙江松鼠中欣（1995—1998 赛季）、浙江万马（1998—2009 赛季）、浙江稠州银行（2009—2020 赛季）、浙江稠州金租（2020—2021 赛季）
6	北京首钢篮球俱乐部	北京首钢（1995—2003 赛季）、北京万丰奥特（2003—2004 赛季）、北京金隅（2004—2014 赛季）、北京首钢（2014—2021 赛季）
7	上海久事大鲨鱼篮球俱乐部	上海东方大鲨鱼（1996—2004 赛季）、上海西洋（2004—2005 赛季）、上海东方大鲨鱼（2005—2006 赛季）、上海汇中（2006—2007 赛季）、上海西洋（2007—2009 赛季）、上海玛吉斯（2009—2016 赛季）、上海哔哩哔哩（2016—2019 赛季）、上海久事（2019—2021 赛季）
8	吉林九台农商行东北虎篮球俱乐部	吉林野力东北虎（1998—1999 赛季）、吉林大舜东北虎（1999—2000 赛季）、吉林恒河东北虎（2000—2001 赛季）、吉林吉粮东北虎（2001—2002 赛季）、吉林一汽东北虎（2002—2003 赛季）、吉林通钢东北虎（2003—2005 赛季）、吉林博啸东北虎（2005—2006 赛季）、吉林森工（2006—2007 赛季）、吉林迈尔通达（2007—2008 赛季）、长春大成生化（2008—2009 赛季）、吉林龙润茶（2009—2012 赛季）、吉林九台农商银行（2012—2021 赛季）

续表

序号	俱乐部名称	球队名称
9	新疆广汇飞虎篮球俱乐部	新疆广汇飞虎（2002—2004赛季）、新疆广汇（2004—2009赛季）、新疆广汇汽车（2009—2011赛季）、新疆沃尔沃（2011—2012赛季）、新疆广汇能源（2012—2014赛季）、新疆天山农行（2014—2016赛季）、新疆喀什古城（2016—2018赛季）、新疆广汇汽车（2018—2019赛季）、新疆伊力特（2019—2021赛季）
10	福建鲟浔兴篮球俱乐部	福建浔兴（2004—2006赛季）、福建浔兴SBS（2006—2011赛季）、福建泉州银行（2011—2017赛季）、福建浔兴SBS（2017—2018赛季）、福建晋江文旅（2018—2019赛季）、福建豹发力（2019—2021赛季）
11	山西国投猛龙篮球俱乐部	河南仁和（2004—2006赛季）、山西中宇（2006—2009赛季）、山西汾酒集团（2009—2015赛季）、汾酒控股（2015—2016赛季）、山西汾酒股份（2016—2021赛季）
12	浙江广厦猛狮篮球俱乐部	浙江广厦猛狮建设（2006—2007赛季）、浙江广厦建设（2007—2009赛季）、浙江广厦控股（2009—2010赛季）、浙江广厦明凯（2010—2012赛季）、浙江广厦（2012—2014赛季）、浙江广厦控股（2014—2021赛季）
13	天津荣钢先行者篮球俱乐部	天津荣钢（2008—2013赛季）、天津融宝支付（2013—2016赛季）、天津泰笛生活（2016—2017赛季）、天津滨海云商（2017—2019赛季）、天津先行者（2019—2021赛季）
14	青岛国信海天篮球俱乐部	青岛双星（2008—2016赛季）、青岛潍坊高新（2016—2017赛季）、青岛国信双星（2017—2020赛季）、青岛每日优鲜（2020—2021赛季）
15	广州龙狮篮球俱乐部	陕西麒麟盖天力（2001—2005赛季）、陕西汉斯（2005—2007赛季）、陕西蔚利信（2007—2008赛季）、陕西亚旅（2008—2009赛季）、陕西锂源动力（2009—2010赛季）、佛山能兴怡翠（2010—2011赛季）、佛山友诚金融（2011—2013赛季）、佛山农商银行（2013—2016赛季）、广州证券（2016—2018赛季）、时代中国广州（2018—2021赛季）
16	四川金强蓝鲸篮球俱乐部	四川爱家168（2013—2014赛季）、四川野马汽车（2014—2015赛季）、四川金强（2015—2016赛季）、四川品胜（2016—2018赛季）、四川五粮金樽（2018—2021赛季）

续表

序号	俱乐部名称	球队名称
17	南京同曦大圣篮球俱乐部	江苏同曦（2014—2017赛季）、南京同曦（2017—2018赛季）、南京同曦大圣（2018—2019赛季）、南京同曦宙光（2019—2021赛季）
18	深圳新世纪领航者篮球俱乐部	东莞新世纪（2005—2007赛季）、东莞马可波罗（2007—2015赛季）、深圳马可波罗（2015—2019赛季）、深圳领航者（2019—2021赛季）
19	北京控股篮球俱乐部	重庆三雄极光（2014—2015赛季）、北京北控水务（2015—2016赛季）、北京农商银行（2016—2019赛季）、北京紫禁勇士（2019—2021赛季）

数据截至2020—2021赛季。